向自然寻答案

神奇的仿生学

靳会超　刘振泽◎著

科学普及出版社
·北　京·

图书在版编目（CIP）数据

向自然寻答案：神奇的仿生学 / 靳会超，刘振泽著．
北京：科学普及出版社，2025. 8. -- ISBN 978-7-110
-10983-0

Ⅰ. Q811-49

中国国家版本馆 CIP 数据核字第 2025UA4573 号

责任编辑	孙海婷
封面设计	金竹林
正文设计	中文天地
责任校对	邓雪梅
责任印制	李晓霖

出　　版	科学普及出版社
发　　行	中国科学技术出版社有限公司
地　　址	北京市海淀区中关村南大街 16 号
邮　　编	100081
发行电话	010-62173865
传　　真	010-62173081
网　　址	http://www.cspbooks.com.cn

开　　本	710mm × 1000mm　1/16
字　　数	286 千字
印　　张	17
版　　次	2025 年 8 月第 1 版
印　　次	2025 年 8 月第 1 次印刷
印　　刷	北京顶佳世纪印刷有限公司
书　　号	ISBN 978-7-110-10983-0
定　　价	68.00 元

编委会

主编： 靳会超　刘振泽

编委： 李明佳　李子源　孙　吉　胡闻捷
臧一凡　赵竞博

顾问： 田丽梅（女，吉林大学教授，教育部重大人才工程奖励计划特聘教授，英国曼彻斯特大学访问学者，国际仿生工程学会企业委员会秘书长，吉林大学威海仿生研究院常务副院长，吉林省中青年科技创新领军人才及团队负责人，中国农业工程学会第七届青年科技奖获得者。长期从事仿生功能表面研究工作。）

前　言

自然界是人类最伟大的老师之一。从翩翩起舞的鸟儿到波涛中坚韧生存的海洋生物，从沙漠中顽强生长的植物到微观世界里不可思议的生命形式，每一种生物都诉说着自然的奇妙设计与无穷智慧。这些生命的特性不仅令人赞叹，更为科学与技术的发展提供了宝贵的启发。

仿生学，作为一门独特的交叉学科，以探索和模仿自然界的设计与原理为目标，正在悄然改变我们的生活。从蜘蛛丝的轻盈与强韧到蝙蝠的回声定位，从植物的光合作用到沙漠生物的耐旱机制，科学家在自然界中不断汲取灵感，研发出令人惊叹的技术与产品。这不仅体现了人类对自然智慧的学习与致敬，更让我们看到一个充满可能性的未来。

本书将带你走进仿生学的奇妙世界。从揭示自然界的奥秘到展示仿生技术的实际应用，再到畅想未来的发展方向，我们希望通过通俗易懂的语言和丰富生动的案例，让你在科学的旅途中领略自然与技术相结合的无穷魅力。这本书适合学生、科普爱好者及对科学和自然充满好奇的读者。

无论是在建筑、交通、医疗等专业领域还是在日常生活中，仿生学的智慧随处可见。通过了解自然界的奇妙设计和仿生技术的实际应用，你会发现，科技的进步并非偶然，而是建立在对自然深刻观察与理解的基础之上。

愿这本书能激发你对自然的敬畏与热爱，也希望它能启发你以全新的视角观察世界，去发现更多隐藏在自然中的智慧。

著者

2025 年 1 月 2 日

目录

1 走进仿生学

1.1 仿生学 /02
1.1.1 仿生学的定义 /02
1.1.2 仿生学的历史 /04
1.1.3 仿生学研究的意义 /06
1.2 仿生学的大用途 /08
1.2.1 上天、入地、下海、登极 /09
1.2.2 医疗、工业、农业、军事 /15

2 生物的智慧与奥秘

2.1 结构与材料的奇迹 /24
2.1.1 坚不可摧的蜘蛛丝 /24
2.1.2 风吹不倒的竹子 /30
2.1.3 不怕高血压的长颈鹿 /37
2.2 定位与运动的奥秘 /39
2.2.1 蝙蝠的回声定位 /39
2.2.2 海豚听觉与水下通信 /43
2.2.3 鸟类的飞行艺术 /44
2.2.4 鲨鱼的减阻艺术 /50
2.3 生存与适应的智慧 /53
2.3.1 动物捕食与防御的较量 /53
2.3.2 沙漠生物耐渴之谜 /57
2.3.3 深海生物的抗压本领 /65
2.3.4 水下生物如何感知万物 /72
2.3.5 水下生物如何防御污染黏附 /76
2.3.6 群体行为“人多力量大” /82
2.3.7 植物生长的奥秘 /86

3 工程仿生——从自然到技术的飞跃

3.1 建筑仿生 /92
3.1.1 蚁类巢穴“空调”启发的仿生建筑 /92
3.1.2 鸟类巢穴启发的鸟巢建筑 /96
3.2 交通仿生 /101
3.2.1 仿生学重塑高速列车设计 /101
3.2.2 仿生学助力汽车创新 /107
3.3 能源仿生 /112
3.3.1 人工光合作用系统 /112
3.3.2 海洋生物启发的波浪能发电 /118
3.3.3 热能存储中的仿生学 /125
3.4 太空仿生 /131
3.4.1 学尺蠖爬行的“祝融号”火星车 /131
3.4.2 仿壁虎爬行的太空黏附鞋 /133
3.5 农业仿生 /136
3.5.1 土壤动物启发的农业机械 /136
3.5.2 向昆虫学习的人工授粉技术 /139
3.5.3 植物抗虫性的转基因作物 /142

4 医学仿生——健康与生命的守护者

4.1 仿生器官与组织工程 /148
4.1.1 人工心脏瓣膜 /149
4.1.2 仿生皮肤 /153
4.1.3 仿生骨骼 /157
4.2 仿生假肢与医疗机器人 /160
4.2.1 仿生假肢 /160
4.2.2 仿生医疗机器人 /165
4.2.3 关键技术 /170
4.2.4 未来展望 /172
4.3 生物传感器与药物递送 /174
4.3.1 模仿蝴蝶翅膀的生物传感器 /174
4.3.2 模仿植物运输系统的药物递送技术 /180

5 日常仿生——自然智慧改变生活

5.1 服饰上的仿生学 /190
5.1.1 像北极熊毛发一样轻盈保暖的衣物 /190
5.1.2 能够自动保持凉爽的衣物 /194
5.1.3 像荷叶一样自清洁的衣物 /197
5.1.4 模仿蝙蝠的翼装飞行服 /200
5.2 日常用品上的仿生 /203
5.2.1 受藤壶启发的超强胶水 /204
5.2.2 受牛蒡毛刺启发的维可牢尼龙搭扣 /207
5.2.3 飞蛾眼睛上的秘密让眼镜不起雾 /210
5.2.4 受贝壳启发的超强玻璃 /213

6 仿生学的未来展望

6.1 仿生学与人工智能的融合 /218
6.1.1 智能仿生机器人 /218
6.1.2 仿生神经网络 /230
6.2 仿生学的伦理问题与可持续性 /239
6.2.1 仿生学的伦理问题 /239
6.2.2 仿生学的可持续性 /248
6.3 如何成为仿生学的探索者与实践者 /253
6.3.1 如何学习仿生学 /253
6.3.2 仿生学的学习资源 /258

致谢

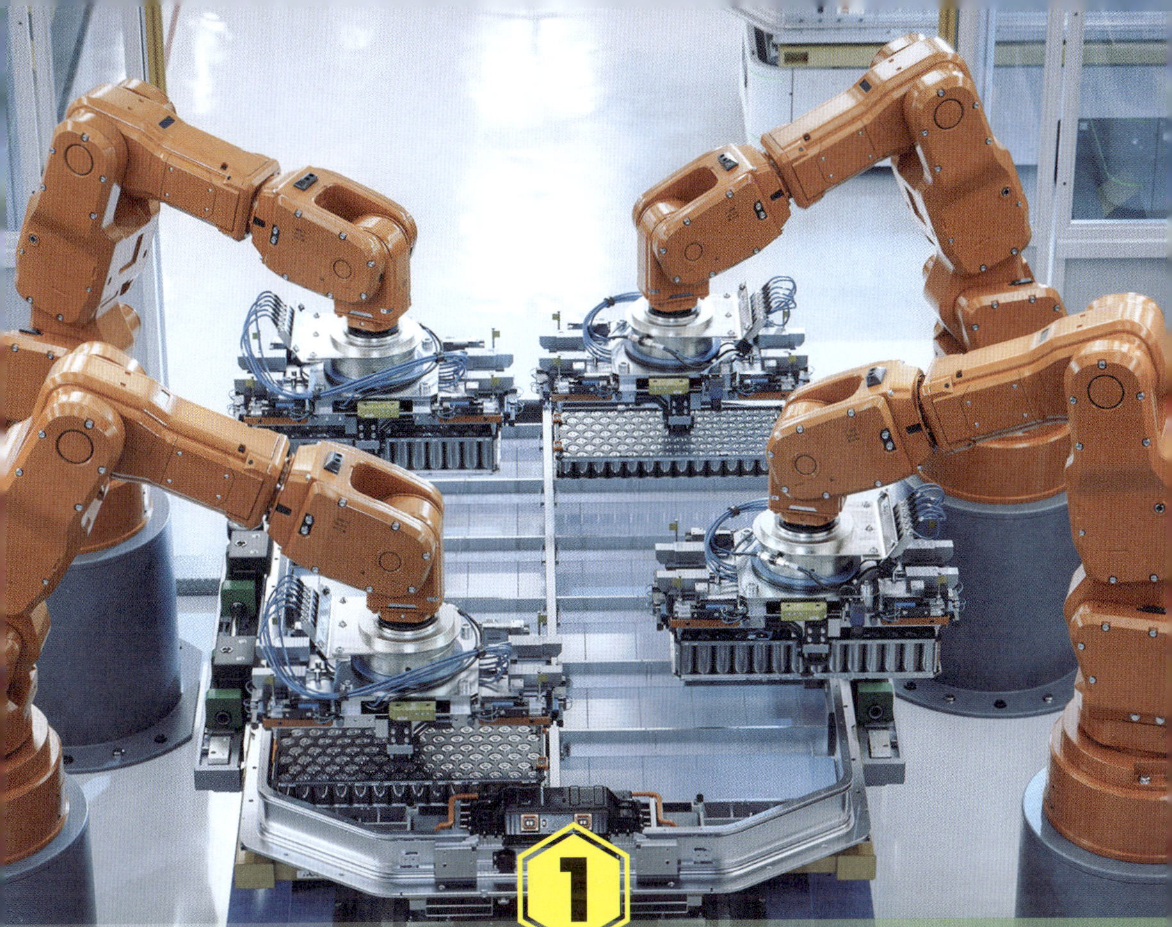

1

走进仿生学

人类在探索未知与创新的征途中，大自然始终是最伟大的导师。从飞鸟翱翔天际到鱼儿悠游深海，生物界的种种奇妙现象激发了人类无限的想象力与创造力。正是在这份灵感的驱动下，仿生学这门独特的科学，应运而生。它架起了一座桥梁，连接着生物界的智慧与人类技术的辉煌，让我们得以深入探索自然界的奥秘，并将其转化为推动社会进步的力量。

仿生学，这一融合了生物学、物理学、工程学等领域研究成果的学科，致力于从生物的结构、功能、行为中汲取灵感，设计出更为高效、环保、智能的技术解决方案。从蝙蝠的回声定位到蜘蛛网的强度设计，从荷叶的自清洁功能到鸟类的流线型身体，每一处自然的杰作都是仿生学研究人员眼中的宝藏。

1.1 仿生学

本书将带你体验一段探索自然智慧与人类智慧交汇融合的奇妙旅程。在这里，我们将见证科技如何探索生命的奥秘，创造出超越传统、引领未来的创新成果。让我们一同揭开仿生学的神秘面纱，感受自然之灵与科技之光交织的璀璨光芒。

1.1.1 仿生学的定义

在人类文明的长河中，自然界一直是技术思想、工程原理及重大发明的重要源泉。随着科技的不断进步，人们逐渐认识到生物系统在研发新技术中的巨大潜力，从而孕育出仿生学这门综合性学科。仿生学，是一门模仿生物的科学，它通过研究生物系统的结构、功能、特质、能量转换和信息控制等优异特征，并将这些特征应用到技术系统中，以改善现有的工程技术设备，从而创造出新的工艺程序、建筑构型和自动化装置等。仿生学的研究范围较为广泛，有力学仿生、分子仿生、能量仿生、信息与控制仿生等。按照不同研究内容，仿生学也可分为结构仿生、功能仿生、材料仿生、控制仿生等（图 1-1-1）。

结构仿生

结构仿生通过研究生物体的结构特点，将其应用于工程技术领域。

例如，蜂巢由无数个正六边形的巢室组成，这种结构既坚固又节省材料。建筑师从中受到启发，设计出了具有类似结构的建筑，提高了建筑物的稳定性和空间利用率。

自然界中的很多生物有漂亮的外形，如贝壳为了保护柔软的身体和内脏，给自己盖了各种各样漂亮的“房子”。这些“房子”并非越大越好、越厚越好，而是使用有限的材料盖成“薄壳结构”。这种结构不仅外观漂亮，而且内部空间大、坚固耐用。这一理念被建筑师用在了建筑上，建造出的房子外观漂亮、内部空间大且建造成本低。

功能仿生

它是通过研究生物的各种功能，在技术领域实现与生物类似的功能。例如，蝙蝠利用超声波进行定位和导航，科学家模仿蝙蝠的这种能力，发明了超声波雷达，其被广泛应用于军事、航空、航海等领域。

一些植物具有高效的光合作用机制，科学家致力于研究植物的光合作用原理，希望能够研发出更加高效的太阳能转换技术，为解决能源问题提供新的途径。

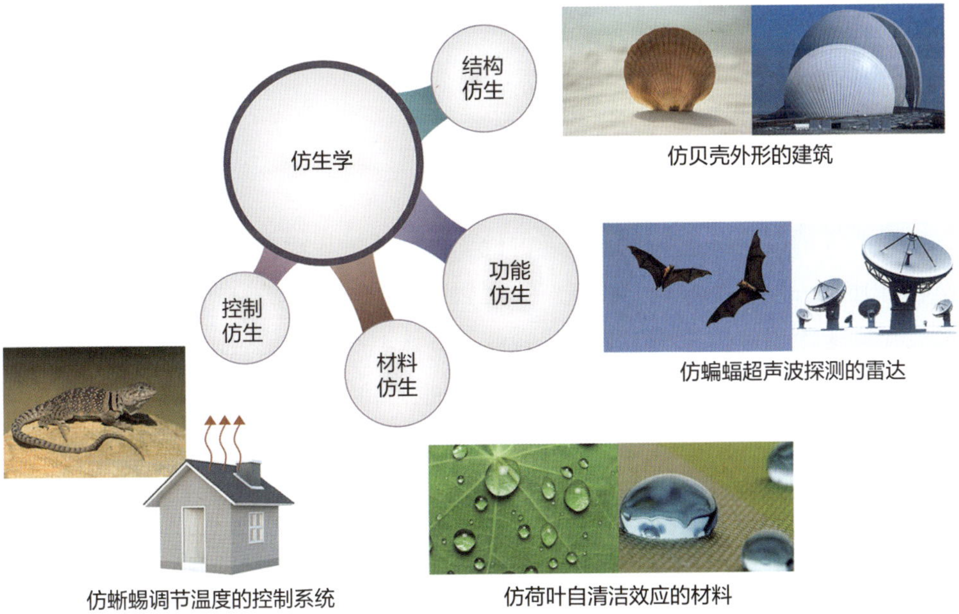

▲ 图 1-1-1 仿生学的分类

材料仿生

它是研究生物材料的组成、结构和性能，并研发出类似的人工材料。例如，蜘蛛丝是一种强度极高、韧性良好的天然材料，科学家通过研究蜘蛛丝的结构和性能，尝试利用生物技术或合成方法制造出类似的高性能纤维材料，以用于制作防弹衣、航空航天材料，等等。贝壳的珍珠层具有优异的力学性能，它是由层层叠叠的碳酸钙薄片和有机物质组成的“砖—泥”结构。材料科学家模仿这种结构，研发出了高性能的复合材料，具有强度高、重量轻等优点。

控制仿生

研究生物的控制机制，如神经系统的调节、生物体内的反馈机制等，并将其应用于自动化控制领域。例如，人体的免疫系统能够识别和攻击入侵的病原体，同时保持对自身组织的耐受性。科学家借鉴免疫系统的这种自我调节和识别能力，开发出了具有自适应能力的智能控制系统，可应用于智能机器人研发、工业生产等。

一些动物能够根据环境的变化调整自身的行为和生理状态。例如，沙漠中的蜥蜴能够通过改变皮肤颜色来调节体温。这种自适应控制机制为开发新型的智能材料和控制系统提供了灵感。

1.1.2 仿生学的历史

仿生学的诞生背景可以追溯到古代。人类通过观察自然界的生物，模仿其结构和功能，以实现技术上的创新。例如，相传早在大禹时期，劳动人民就观察鱼类在水中用尾巴摇摆而游动、转弯，进而在船尾上架置木桨模仿鱼鳍。这是人类模仿生物构造和功能的早期尝试，也是仿生学的萌芽。然而，直到20世纪中期，人们才开始自觉地将生物界作为各种技术思想、设计原理和创造发明的源泉，仿生学作为一门独立的学科才逐渐崭露头角。

在漫长的历史进程中，人类对生物的观察和模仿从未停止。随着时间的推移，到了近代，生物学、工程学等学科逐渐发展起来。科学家开始系统地研究生物系统的结构和功能，为仿生学的诞生奠定了基础。例如，对昆虫的结构和行为的研究，让人们了解到它们如何在复杂的环境中生存和行动，这为后来的机器人设计等提供了灵感。

20 世纪初，一些与仿生学相关的理论开始萌芽。生物力学、形态学等学科的发展，使人们能够更加深入地理解生物的结构和功能与工程技术之间的关系，见图 1-1-2。同时，科学家对生物的研究不断取得新的突破，发现了许多生物独有的特性，如蝙蝠的回声定位。这一发现让人们惊叹于生物的神奇能力，也促使科学家思考如何将这种能力应用到工程技术中。

1960 年，美国空军研究实验室在俄亥俄州的空军基地戴顿召开了第一次仿生学会议，这次会议成了仿生学发展的重要里程碑。会上，科学家深入讨论了将生物系统的概念应用到人工制造的信息加工系统等问题，并正式为这门新兴的科学命名为“Bionics”，即 Bio-（生物的）和 Electronics（电子学）的缩写。1963 年，我国将其译为“仿生学”。至此，仿生学作为一门独立的学科正式诞生。

在仿生学诞生后的早期阶段，科学家积极探索各种生物特性的应用。他们从生物的结构、功能、行为等方面入手，试图将生物的优势转化为工程技术的创新。例如，研究荷叶的自清洁效应，为开发新型的防水材料提供了思路；模仿鲨鱼皮的结构，设计出更加高效的泳衣等。

仿生学的诞生与早期发展是人类不断探索自然、追求创新的过程。从古代的朴素模仿到现代的科学研究，仿生学逐渐成为连接生物世界与工程技术的桥梁，为人类的科技进步和生活改善带来了无限的可能。

▲ 图 1-1-2　受飞蓬草启发的古代马车车轮

1.1.3 仿生学研究的意义

仿生学不是一门专门的学科，它是跨学科科学。仿生学从源头上创新，是推动科技进步的重要力量，进而更好地服务人类社会发展。仿生学的研究意义主要体现在以下几方面。

推动科技创新

仿生学为科技创新提供了新的思路和方法。通过研究生物的结构、功能和行为，科学家可以发现许多自然界中已经存在的优秀解决方案，并将其应用于技术创新。例如，飞机的设计灵感来源于鸟类的飞行，潜水艇的发明借鉴了鱼类的潜水能力。这些仿生技术的应用不仅提高了产品的性能和生产效率，还为解决人类面临的各种技术难题提供了新的思路（图 1-1-3）。

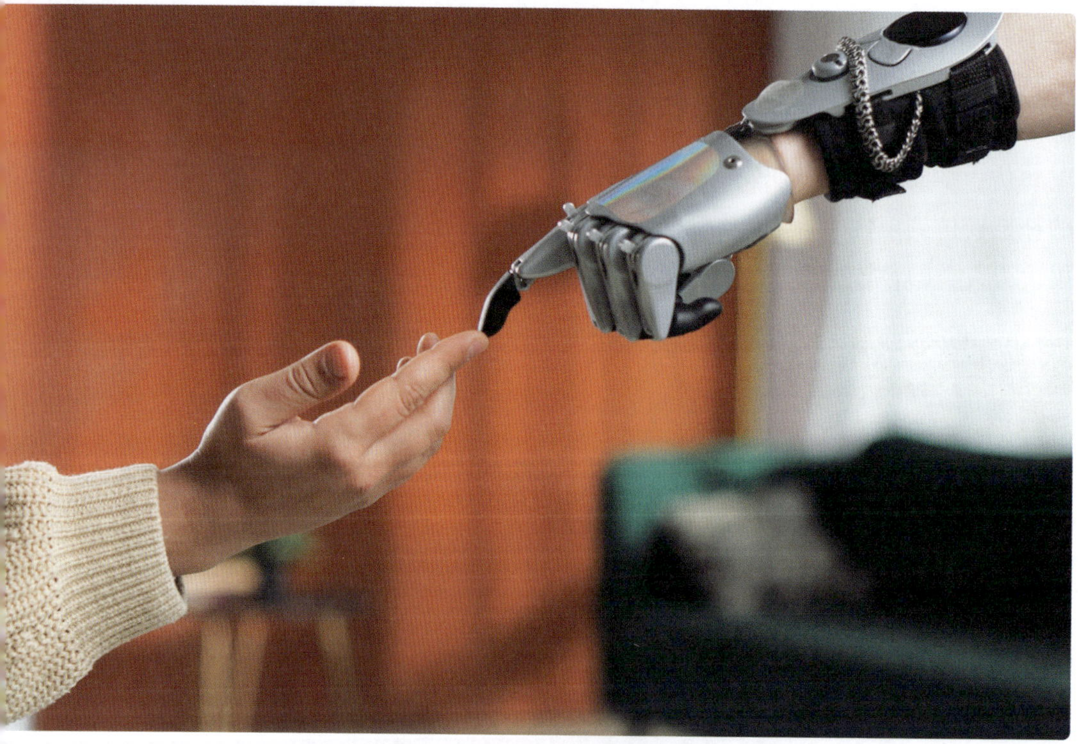

▲ 图 1-1-3　仿生学推动科技创新及服务人类

促进多学科交叉融合

仿生学涉及生物学、物理学、化学、工程学等多个学科，它的研究发展需要不同学科科学家的共同合作。这种多学科交叉融合的研究方式有助于打破学科之间的壁垒，促进知识的交流和创新，推动科学技术的整体发展。

解决环境问题

为解决环境问题提供新方法。随着人类活动对环境的影响日益加剧，环境问题已经成为全球面临的重大挑战。仿生学可以为解决环境问题提供新的思路和方法。例如，利用植物的光合作用原理研发新型的太阳能电池，减少对传统化石能源的依赖；模仿生物的自修复能力，研发具有自修复功能的材料，延长产品的使用寿命，减少废弃物的产生。

提高资源利用效率

生物在长期的进化过程中，形成了高效利用资源的方式。通过研究生物的资源利用机制，我们可以研发出更加高效的技术和产品，从而提高资源利用效率。例如，模仿蚂蚁的群体行为，开发出高效的物流配送系统，减少能源消耗和交通拥堵；研究微生物的代谢过程，研发出新型的生物能源技术，提高能源的转化效率。

丰富人类对自然的认识

深入了解生物的奥秘。仿生学的研究需要对生物的结构、功能和行为进行深入的观察和分析，这有助于我们更加深入地了解生物的奥秘。例如，通过研究蝴蝶翅膀的颜色变化机制，我们可以了解到生物的光学特性和纳米结构；通过研究鲸的潜水能力，我们可以了解生物的呼吸系统和心血管系统的适应机制。

促进人与自然的和谐发展

仿生学的研究让我们更加认识到自然界的智慧和价值，从而增强我们对自然的保护意识。同时，仿生技术的应用也可以使我们的生产和生活更加环保、可持续，促进人与自然的和谐发展。例如，利用仿生学原理设计的城市规划和建筑，可以更好地融入自然环境，减少对生态系统的破坏；研发仿生农业技术，可以减少化肥和农药的使用，提高农产品的质量和安全性。

1.2 仿生学的大用途

在探索自然奥秘与推动科技进步的征途中，仿生学正日益展现出其独特的魅力和巨大的潜力。在仿生学的广阔舞台上，自然界的万物皆可作为灵感之源。从微小的纳米结构到庞大的生态系统，生物界的多样性和复杂性为人类社会提供了无尽的智慧与启示。

通过模仿人手臂的关节，我们研发了空间站上的机械臂，能更好地协助航天员开展科学实验；模仿蝙蝠的回声定位技术，我们开发了超声波测距仪和雷达系统，极大地提升了导航和探测的精确度；借鉴鲨鱼皮肤的微小凹槽结构，我们设计了更加高效的流体动力学表面，应用于飞机、船舶和游泳装备上，显著减少了能耗和噪声；从蜘蛛丝的强度和韧性中汲取灵感，科学家研发出了新型的高性能纤维材料，为航空航天、医疗植入等领域带来了巨大革命。

仿生学的应用领域如此之广。在这一节中将进行仿生学应用的简单概述，使读者快速了解仿生学的大用途。

1.2.1 上天、入地、下海、登极

1999 年，国家科学技术部为推动“九五”科学技术的发展，正式提出了“上天、入地、下海、登极”的八字方针。“上天”就是发展行星科学和深空探测技术；“入地”就是深地探测，探测地球内部的结构成分、结构构造及其规律；“下海”就是大力发展海洋科学，服务国家的海洋事业；“登极”就是开展极地，以及第三极青藏高原的科学考察和研究。在“上天、入地、下海、登极”的科学考察和研究中，仿生学的应用无处不在。

太空中的仿生学应用

目前，近地轨道上一共有两个空间站，分别是国际空间站和中国空间站（又称天宫空间站）。我国的空间站是世界上第三座多舱段在轨组装的空间站，是我国太空探测事业的标志性成就。截至 2024 年 12 月，我国空间站已经发射了 8 艘载人飞船和 7 艘货运飞船，共有 21 名航天员进驻。

灵活的仿生机械臂

当航天员在空间站上开展舱外活动、进行空间站维护及进行有效载荷运输任务时，需要机械臂的辅助。我国空间站上的天和核心舱机械臂臂长 10.2 米，重约 0.74 吨，虽然它自身较轻，但是可以轻松举起重达 25 吨的物体；问天实验舱机械臂，臂长 5 米，最大负载能力达 3 吨。天和机械臂可以对大型物体进行抓取和移动，协助空间站的组装和维修；问天机械臂可以抓取较小的物体，协助航天员进行操作。

这些机械臂上就有仿生学的“黑”科技。它们通过模仿人的手臂，融合了机械、电子、控制及热管理等技术，实现了和人的手臂一样的 7 个自由度。它由 7 个关节组成，采用肩部、肘部和腕部的“3+1+3”设计，见图 1-2-1，从而活动起来非常灵活。

这套机械臂还配备了强大的视觉成像系统，类似于人类神经的触觉反馈系统，可以极大地方便航天员进行遥控操作，或者对空间站外部进行定期巡检。

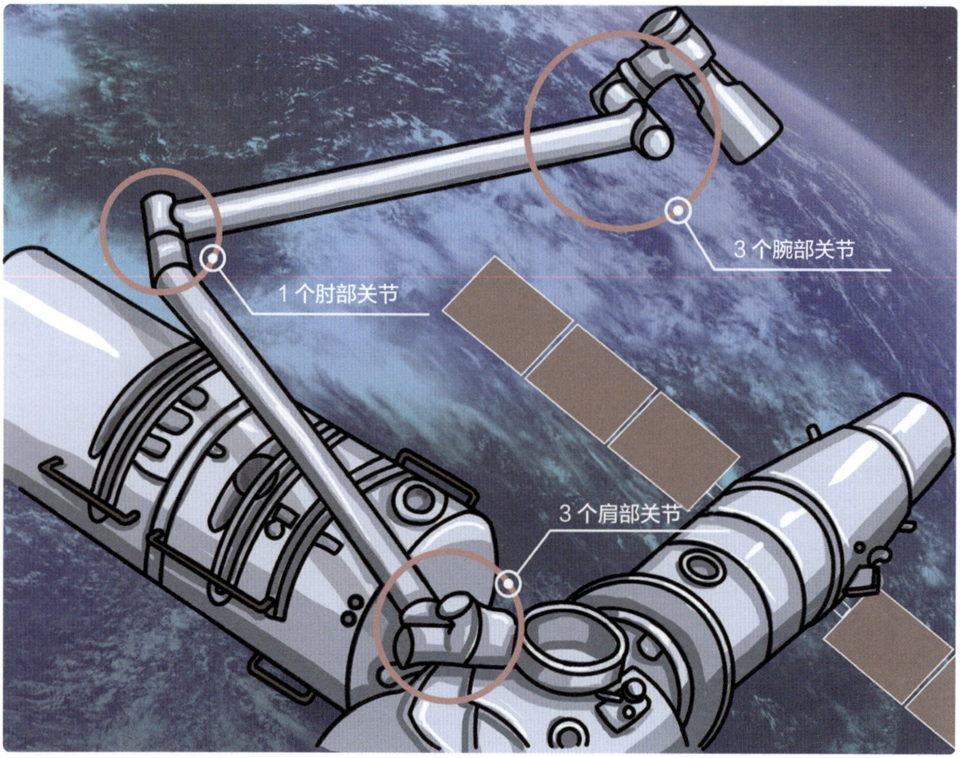

▲ 图 1-2-1 我国空间站上的机械臂示意图

大小机械臂自由组合

国际空间站上的加拿大机械臂，通过桁架上的滑轨进行移动，且移动过程需要人工操纵，无法实现自动化。国际空间站上的日本机械臂安装在日本实验舱段内，有 6 个自由度，只能固定使用。虽然欧洲的机械臂较为先进，可进行 7 个自由度的运动和爬行，但最大载荷重量只有 8 吨。

我国在研发空间站机械臂时也遇到过上述问题。虽然天和核心舱机械臂臂长 10.2 米，但要依靠这个长度，仍然不能照顾到空间站的每个地方。科学家通过使机械臂两端的末端执行器与空间站表面的适配器相连接，使机械臂可以在空间站表面自由的“爬行”，也可以大小机械臂进行组合，这样一来其臂长可达约 15 米，从而照顾到空间站的各个地方，见图 1-2-2。此外，我国空间站机械臂的载荷重量达 25 吨，远超国外水平，标志着我国在机械臂领域已经处于世界先进水平。

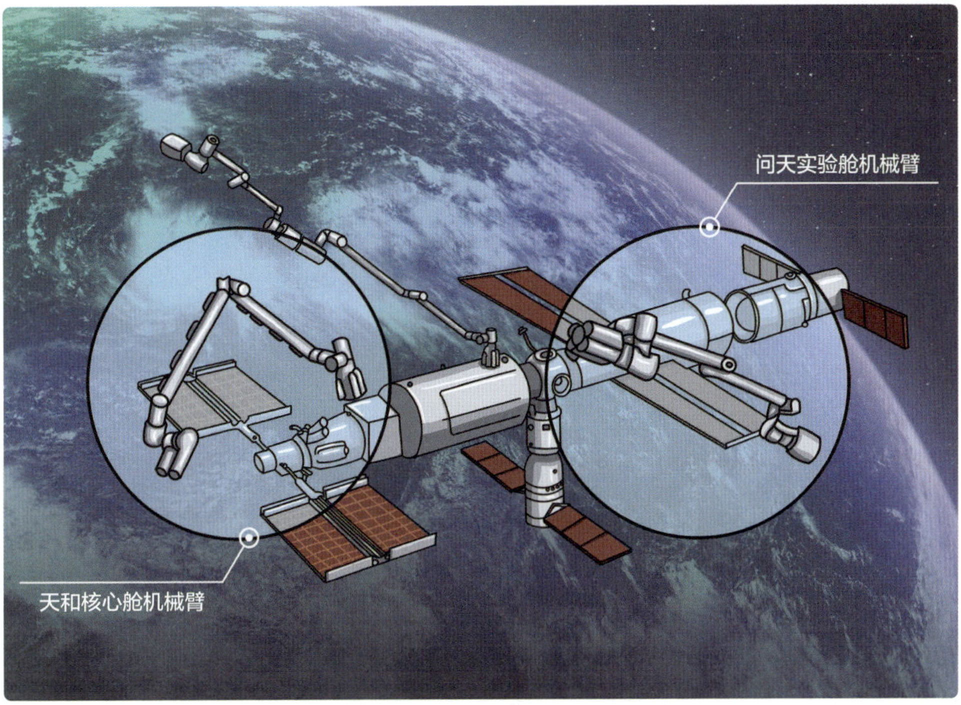

▲ 图 1-2-2 我国空间站上大小机械臂示意图

深地探测中的仿生学

地球内部蕴含着大量的矿物、石油、天然气等资源，通过对深地的探测不仅可以帮助我们对这些资源进行开发，还可以了解地质的成因。1912 年，德国气象学家魏格纳提出了大陆漂移说，认为地球上所有大陆在以前曾经是一块巨大的陆地，从中生代时期（约 2.5 亿年前）开始分裂并漂移到现在的位置。但是这个学说在当时因存在科学无法解释的问题而备受质疑。

1966 年 6 月，美国开始实施一项大范围的钻探计划，即“深海钻探计划”（DSDP）。该计划通过洋壳年龄和磁异常条带证实了，海底曾以每年 2 ～ 3 厘米的速度均匀地扩张，验证了海底扩张说和大陆漂移说。

20 世纪 70 年代起，苏联等国家相继开始进行大陆科学钻探，其主导的“科拉超深钻孔”深度达 12262 米，获得了一系列的地质新发现，但由于资金和技术问题，并没有向下继续钻探。

我国的大陆钻探始于 2001 年，并先后在东北、云南、青海等地区展开钻探工作，由于技术原因，整体钻探深度较浅。

深地钻探对技术要求极高，这是因为钻头在深入地下后，每深入 100 米，温度就要上升 1 ～ 3℃，而且随着深度的增加，压力也逐渐变大，这就需要钻头能够耐高温、耐高压。在地表看起来非常坚硬的金刚石钻具，到了地下几千米深度时，其脆性增加，塑性变形，因此深地钻探困难重重。

为了解决钻头在深地恶劣环境中的工作问题，我国的科学家将目光投到了自然界中的生物身上。他们发现，喜欢在土壤中爬来爬去的蜣螂（即常称的屎壳郎）前胸背板存在凹坑，使得这一区域更耐磨。将金刚石钻头的底唇面设计成蜣螂的凹坑，制成的仿生钻头在测试中表现出更佳的耐磨性，而且凹坑具有储液功能，有利于钻头的冷却，见图 1-2-3。

2018 年，我国“地壳一号”万米钻机在松辽盆地完成首秀，以完钻井深 7018 米创亚洲国家大陆科学钻井新纪录。2019 年 5 月以来，“地壳一号”万米钻机完成在新疆塔里木盆地超深层油气钻井工作，标志着我国是继俄罗斯和德国之后，世界上第三个拥有万米大陆钻探能力的国家。“地壳一号”万米钻机也应用了仿生自平衡钻具，这种钻进技术不依赖钻机和钻杆就能顺利进行钻进，能够保证钻井质量并减少能量损失，尤其在深部钻探中效果更加明显。

▲ 图 1-2-3　具有凹坑的仿生钻头磨损前后对比

海洋探测中的仿生学

海洋，作为地球上最广阔、最神秘的领域之一，蕴藏着无尽的未知与奥秘。人类探索海洋的脚步从未停止过，而仿生学，作为一门借鉴自然界生物特性来创新的学科，正在为海洋探测技术带来革命性的变化。仿生学的灵感来源于自然界的生物。海洋生物在长期的进化过程中，形成了非常独特的适应性特征，能够高效地在海洋环境中生存和活动。人类在模仿海洋生物的设计时，不仅提高了海洋探测的技术性能，还大大拓展了海洋探测的边界。

蝠鲼，常被人们称为“魔鬼鱼”，因其独特的外形而得名。它的身体宽大而扁平，头部呈宽阔的扁平状，胸鳍延伸出来形成两个明显的头鳍，形似魔鬼的角，这一特点使得它在水中显得尤为引人注目。

蝠鲼在水中移动轻松自如，它那巨大的鳍翼以优雅的节奏翻动，每一次拍打都让它前进，仿佛在水中飘浮，几乎没有阻力。与其他鱼类在水中的游动方式不同，蝠鲼的游动更像是在飞行，它那种流畅、优雅的姿态让人联想到夜空中飞翔的蝙蝠，这也是它名字的由来。

中国的科研人员受蝠鲼启发，设计出了一款仿生蝠鲼潜水器，这款潜水器的外形与蝠鲼十分相似，在水中的运动方式也高度仿真。潜水器的两侧装有可调节的三角翼，通过摆动产生推进力，而尾部则配有可调的尾翼，帮助其保持平衡，见图 1-2-4。

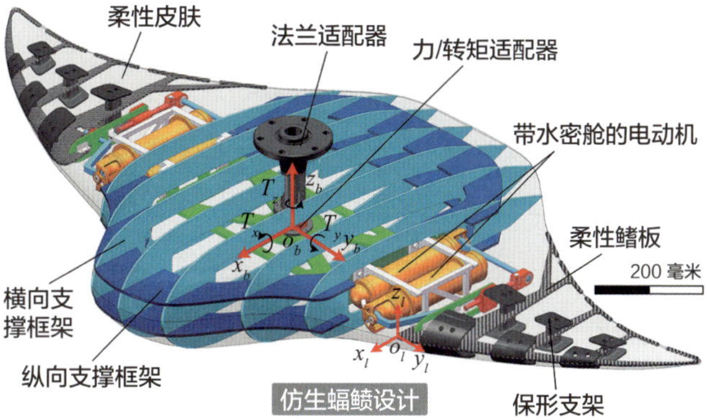

▲ 图 1-2-4 仿生蝠鲼设计

这款仿生潜水器被应用于深海探测任务，能够潜入超过1000米的深度，携带多种传感器和摄像头，实时将数据传回地面。更为关键的是，它在运行过程中不会产生噪声，不会干扰周围的海洋生物，因此被认为是极为高效且环保的深海探测工具。

极地科考中的仿生学

南极，位于地球最南端，是地球轴心与地表的交点。这里的纬度为南纬90度，所有经线都在这里汇聚（北极也是如此）。从南极出发，任何方向都指向北方。尽管南极洲的地面海拔大约只有100米，但其上厚度平均达2000米以上的冰盖使得这里的环境极为严酷。与位于北极圈的北极相比，南极的气温要低得多。南极有记录以来的最低气温为−89.2℃，平均气温为−30～−20℃，而北极的平均气温则为−20～−18℃。

由于地球在绕太阳公转时，地轴是倾斜的，这导致了极地的极昼和极夜现象。在夏季，北半球倾向太阳，北极接收到几乎垂直的阳光，出现极昼现象；而此时南极则经历极夜。冬季则相反，北极进入极夜，南极则迎来极昼。因此，我国的南极科考通常安排在每年的11月至次年3月，这段时间正是南极的极昼时期。

在极地科考过程中，保暖服成为必不可少的物资。人类是恒温动物，要保持热舒适性，最基本的要求就是维持人体的热平衡，即自身产生的热量与散失的热量之间的平衡。然而，传统的保暖服在极地的严寒环境中常常面临“活动时过热，静止时过冷”的问题，难以在保暖与舒适之间找到平衡。为了解决这一难题，我国科研人员研发了极地仿生羽绒服，成功地克服了这些挑战，见图1-2-5，它既能有效“封闭”热量，又能“锁住”温暖。这项突破性的技术源于仿生学的应用。科学家发现，北极熊的皮下脂肪层结构具有非常强的保温能力。通过模仿这种多层脂肪的排列结构，科研人员使羽绒服内部的鹅绒在充绒格内交叠排列，最大限度地减少了绒格之间的空隙，从而保证了保温效果。

正是有了这种仿生羽绒服，极地科考人员才能在强风和严寒的环境下保持身体舒适，以专心完成科学考察任务。更值得一提的是，这项技术不仅在极地

▲ 图 1-2-5 仿生保暖技术助力极地科考

科考中发挥了重要作用，还应用到了民用保暖服装设计中，提升了人们在寒冷环境中的穿着舒适度，让更多人受益于这一“黑”科技。

1.2.2 医疗、工业、农业、军事

仿生学在医疗健康领域的革新

仿生学在医疗健康领域的革新是全面而深远的，它借鉴自然界生物体的优异特性和功能，推动了医疗技术的创新和进步。

生物材料与人工器官的突破

仿生学促进了新型生物材料的研发，这些材料具有优异的生物相容性和力学性能，能够模拟人体组织的结构和功能。通过模仿自然骨骼和软组织的特性，科学家研发出了仿生骨骼和软组织材料，这些材料在骨折修复、关节置换

等手术中发挥着重要作用。此外，仿生学还推动了人工器官的发展，如仿生心脏瓣膜、仿生心脏起搏器等，这些人工器官能够很好地模仿人体器官的功能，提高患者的生活质量。

药物输送与疾病治疗的新途径

仿生学为药物输送系统提供了新的设计思路。通过模仿生物体的运输机制，科学家研发出了仿生脂质体、仿生纳米颗粒等药物载体，这些载体能够精准地将药物输送到目标组织或细胞，提高药物的疗效并减少副作用。此外，仿生学还启发了新的疾病治疗方法，如利用仿生原理设计的智能药物释放系统，能够根据患者的具体情况自动调节药物释放量，实现个性化治疗。

疾病诊断与预防的精准化

仿生学在疾病诊断与预防方面也发挥了重要作用。通过模仿生物体的感知机制，科学家研发出了具有优异灵敏度和特异性的仿生传感器，这些传感器能够应用于生物分子的检测、疾病诊断和环境监测等领域。此外，仿生学还启发了科研人员研发新的疾病预防方法，如利用仿生原理设计的智能健康监测系统，能够实时监测患者的生理指标，提前预警潜在的健康风险。

手术器械与康复设备的智能化

在手术器械和康复设备的研发中，仿生学也发挥了重要作用。通过模仿生物体的运动机制和结构特点，科学家研发出了高精度、高稳定性的仿生手术机器人，这些机器人能够辅助医生进行复杂、精细的手术操作，进而提高手术的成功率和安全性。同时，仿生学还促进了康复设备的发展，如仿生假肢等，见图 1-2-6，这些设备能够帮助残疾人士恢复运动能力，提高他们的生活质量。

▲ 图 1-2-6　仿生假肢

仿生学在医疗健康领域的革新是多方面的，它推动了生物材料、人工器官、药物输送系统、手术器械、康复设备及疾病诊断与预防技术的全面进步。随着科技的进步和跨学科合作的深入，仿生学在医疗健康领域的应用前景将更加广阔，将为人类健康事业带来更多创新和突破。

仿生学在工业技术领域的升级

仿生学在工业技术领域的升级是显著且深远的，它模仿自然界的生物结构和功能，为工业技术的创新和进步提供了源源不断的灵感。

工业材料与设计的优化

仿生学推动了工业材料的革新。通过模仿生物体的特殊结构和功能，科学家研发出了新型的高性能材料，这些材料在强度、韧性、耐磨性和耐腐蚀性等方面具有突出的特点。这些材料被广泛应用于航空航天、汽车制造、机械制造等领域，显著提高了产品的性能和使用寿命。同时，仿生学还促进了工业设计的发展。设计师从自然界中汲取灵感，将生物的结构、形态和功能融入产品设计，创造出更加高效、环保和个性化的产品。

生产流程与效率的提升

在工业技术中，仿生学为生产流程的优化和生产效率的提升提供了重要支持。通过模仿自然界生物的结构和活动流程，企业可以对生产线进行重新设计，提高生产效率和降低能耗。例如，模仿植物的结构设计新型材料，可以提高产品的耐磨性和耐腐蚀性；借鉴动物的协作行为，可以优化团队合作，提高工作效率。此外，仿生学还催生了新的生产技术和工艺，如仿生表面处理技术、仿生加工技术等，这些技术和工艺的应用进一步提高了工业生产的效率和质量。

智能制造与机器人的发展

在智能制造和机器人领域，仿生学也发挥了重要作用。通过模仿生物体的运动机制和行为模式，科学家研发出了具有高精度、高灵活性和高适应性的仿生机器人。这些机器人能够在复杂环境中实现高效、灵活的运动和操作，被广泛应用于工业自动化、抢险救灾等领域，见图 1-2-7。同时，仿生学还促进了智能制造技术的发展，如仿生传感器、仿生控制系统等，这些技术的应用进一步提高了智能制造的水平和效率。

▲ 图 1-2-7　工业机器人

节能环保与可持续发展

在工业技术领域，仿生学还推动了节能环保和可持续发展技术的创新。通过模仿生物体的节能机制和环保行为，科学家研发出了新型的节能环保技术和产品。例如，模仿植物的光合作用原理，科学家研发出高效的太阳能转换技术；模仿海洋生物的结构和功能，科学家研发出了能够收集海洋垃圾的设备，如“鱼鹰机器人”。这些技术和产品的应用有助于减少能源消耗和环境污染，推动工业技术的可持续发展。

仿生学在农业领域的应用

农业作为人类赖以生存的基础产业，面临着越来越多的压力。如何提高作物产量，减少对环境的负担，甚至在气候变化异常的背景下依然保持农业的可持续发展，是摆在农业工作者面前的难题。仿生学，正是从大自然的生物中寻找解决方案。

仿生灌溉系统

植物的根系结构给农业灌溉系统设计带来了启发。许多植物的根系在地下像网状结构一样分布，这种布局能够有效地吸收土壤中的水分和养分。科学家通过模仿这种根系结构，研发出了更加高效的灌溉系统。这种仿生灌溉系统能够模拟植物根系的分布方式，使水分和养分更均匀地分布在土壤中，从而提高作物的生长效率，并减少水资源的浪费。

随着技术的不断进步，仿生灌溉系统的设计和应用也在不断发展。一些新的仿生灌溉系统正结合无人机、物联网和人工智能技术，实现远程监控和自动调整。仿生灌溉系统可以不只是依赖土壤湿度，还能够考虑作物的生长阶段、天气预报和水资源的实际供应，进行更加精细化的管理。

仿生农业机械

现代农业离不开机械化操作，而在农业机械领域，仿生学的应用正促使农机设备变得更加智能与高效。以农田耕作和收割为例，许多农业机械的设计都是从自然界中的动物动作中汲取灵感的。一个典型的例子是仿生割草机。传统的割草机往往依赖简单的刀片或旋转刀具进行割草，但这种设计有时容易被草茎卡住，效率不高。而仿生割草机则模仿了动物，如牛、羊咀嚼草的动作。通过模拟这些动物的咀嚼和对草的剪切方式，仿生割草机能够更加高效地完成草坪和农田的清理工作，避免了卡草现象的发生，提高了工作效率。

植保无人机是现代农业中越来越重要的工具，它们被广泛用于农田喷洒农药、施肥、监测作物健康等工作。借鉴飞行昆虫的运动方式，仿生植保无人机能够进行精准的飞行路径规划，并在飞行过程中通过感应器获取作物的生长状况。这些无人机在作业时不仅能够根据实时数据调整飞行高度和速度，还能避开障碍物，进行高效且不损害农作物的喷洒工作，见图 1-2-8。

此外，现代农业中的自动化采摘技术也受到仿生学的影响。例如，科学家从鸟类和昆虫采集食物的方式中获得灵感，设计了能够“模仿”鸟类觅食的机器人。这些机器人通过精确控制抓取动作和触觉感知，能有效地采摘果实，避免损伤果树，并且能够在不同的气候和地形条件下稳定工作。

仿生学不仅是模仿自然，它通过学习自然界的智慧，帮助人类在农业生产中实现了更高的效率、更少的浪费及更小的环境影响。这些仿生创新技术

▲ 图 1-2-8 仿生植保无人机

将有助于解决全球面临的粮食安全问题，同时推动农业走向更加智能和可持续发展的未来。

仿生学在军事领域的应用

仿生学在军事领域的应用广泛且深入，为军事技术的创新和进步提供了重要支持。

抹香鲸是海洋中令人惊叹的庞然大物，它们不仅体形庞大，还因其卓越的潜水能力而广为人知。根据研究，抹香鲸能够潜入超过 2000 米的水深，并且在水下持续活动超过 90 分钟。抹香鲸的潜水能力，得益于它们独特的生理特征。它们的肺部可以储存大量氧气，而心率控制系统使得它们在潜水过程中能够显著减缓心跳，进而减少氧气的消耗。同时，抹香鲸的骨骼密度比其他大多数海洋生物更高，这可以帮助它们在深海中抵御巨大的水压。

受到抹香鲸这一自然奇迹的启发，人类开始探索设计能够长时间潜水的水下载具——潜水艇。虽然最早的潜水艇设计粗糙、功能有限，但它们为现代潜水艇的研发提供了宝贵的基础。

随着科技的不断进步，潜水艇的设计得到了极大改善。如今的潜水艇不仅具备强大的动力系统，能在水下高速航行，还配备了先进的导航和武器系统，成为各国海洋战略中至关重要的组成部分。

军事装备与武器的研发

仿生学在军事装备与武器的研发中发挥了重要作用。通过模仿生物体的结构和功能，科学家研发出了多种新型军事装备和武器。例如，模仿蝙蝠的超声定位系统，研制出了军用声呐装置，用于探测水下目标和进行导航；模仿海豚的皮肤结构和游动方式，研制出了具有优异减阻性能的海豚皮仿生材料，用于提高舰艇和潜艇的航行速度；模仿蜘蛛丝的强度和弹性，研发出了新型防弹衣和轻质高强度材料，用于提高军事人员的防护能力。

军事战略与战术的创新

仿生学不仅促进了军事装备与武器的研发，还启发了军事战略与战术的创新。通过观察和研究生物体的行为模式和生存策略，军事家从中汲取灵感，制定出更加高效和灵活的军事战略和战术。例如，模仿狼的团队协作和捕食策略，制定出集中优势兵力、各个歼灭敌人的战术；模仿蝙蝠和海豚的超声定位和声呐系统，发展出更加先进的侦察和探测技术，提高军事行动的隐蔽性和准确性，见图 1-2-9。

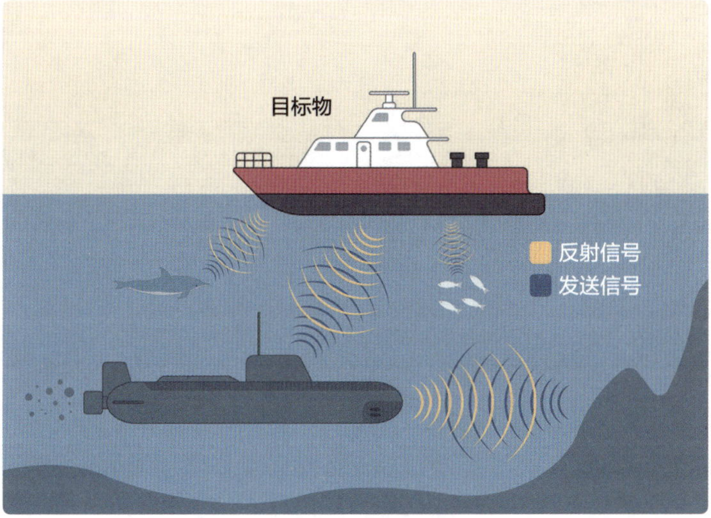

▲ 图 1-2-9　声呐探测目标

军事训练与后勤保障的改进

仿生学在军事训练和后勤保障方面也发挥了积极作用。通过模仿生物体的运动机制和感知能力，研发出更加逼真和高效的军事训练模拟系统和设备，提高军事人员的训练效果和作战能力。同时，仿生学还可以为军事后勤保障提供更加智能化和高效化的解决方案。例如，模仿蚂蚁等昆虫的协作行为和觅食策略，研发出更加高效的物资分配和运输系统；模仿植物的自我调节和适应机制，研发出更加智能化的环境控制和生命保障系统。

仿生学在军事领域的应用是多方面的、全方位的，它不仅促进了军事装备与武器的研发和创新，还启发了军事战略与战术的创新及军事训练和后勤保障的改进。未来，随着科技的不断发展和进步，仿生学将在军事领域发挥更加重要的作用和影响力。

2

生物的智慧与奥秘

大自然中的许多设计，经过了数百万年的演化，展现出了令人惊叹的智慧。从蜘蛛丝的强韧到竹子的坚韧，从蝙蝠的回声定位到鸟类的飞行艺术，生物在复杂的环境中找到了解决问题的独特方式。这些看似简单的自然现象，背后却隐藏着深刻的科学原理，它们不仅帮助生物在自然界中生存，也为人类的生活、生产发展提供了无穷的灵感。

本章将带你走进大自然的奇妙世界，探索一些具有代表性的自然设计。从结构到材料、从运动到适应，生物是如何巧妙地应对各种挑战的？我们将一起揭开这些谜题，并思考它们如何启发我们创造出更新的技术。

2.1 结构与材料的奇迹

2.1.1 坚不可摧的蜘蛛丝

在晨曦破晓之时，一处隐秘角落悄然展示着自然界中细腻而壮观的一面，一张由千丝万缕织成的蜘蛛网横跨其间，悬挂在绿叶与细枝之间，宛如空中飘浮的银色绸缎，见图 2-1-1。每一根肉眼几乎不可见的丝线上都挂着微小的水滴，熠熠生辉，犹如珍珠串联起的梦幻走廊。

在这片细腻天地中，生活着一群精巧而富有智慧的“建筑师”。它们凭借自身独有的天赋与技巧，建造出既美丽又实用的作品。这些“网织大师”不仅以精湛技艺捕捉猎物，还能巧妙利用蜘蛛网与其他生物互动交流，构建了一个错综复杂却又井然有序的小型社会生态。蜘蛛网的构造展现了生命进化的奇迹，同时也激发了人类对生物力学与材料科学的无尽遐想。

实际上，蜘蛛丝蕴含着令人惊叹的特性和潜在价值。它拥有超乎寻常的强度与延展性，远超人工合成纤维材料。经过科学研究证实，蜘蛛丝展现出的强度即便是对比现代工程中常用的坚固材料也不遑多让。试验证明，一根仅几微米宽的蜘蛛丝，其承重能力竟能媲美同等厚度下的钢铁缆线，甚至在拉

▲ 图 2-1-1 蜘蛛网

伸强度方面高出后者 5 倍有余。这样细微而坚韧的丝线，实属自然界一大奇迹。表面看似脆弱，实际却蕴含着超乎常理的力量，足以挑战传统物理学的认知。

不仅如此，蜘蛛丝所具有的弹性同样引人注目。蜘蛛丝的单根丝线能在受力情况下延伸至原长 2 倍以上而不致断裂，这种灵活变形却不失韧性的特质，堪称工程学领域的梦想材料。尤为令人惊奇的是，蜘蛛体内储存的丝浆仿佛无穷无尽，只要条件允许，它们就能持续不断地分泌出这种神奇丝线。这一现象暗示着，从理论上讲，只要有足够蜘蛛并且保证其营养供应，我们便可运营着源源不断的“蜘蛛丝生产线”。

作为生物制品，蜘蛛丝主要成分是由特殊蛋白质构成的丝蛋白，这意味着它是完全可再生且环保的天然资源。相较于合成纤维，这种源自生命的“超级材料”显然具备更多优势：易于降解、生产过程无须消耗化石燃料……种种优点使蜘蛛丝成为当前研发新型绿色材料的重要候选对象。倘若能够突破蜘蛛丝规模化生产瓶颈，无疑将开辟出一块巨大蓝海市场。

蜘蛛丝的多功能性与实用性正逐步得到世人认可，未来有望将其应用于诸多领域，包括但不限于高级防护装备、医疗器械、环境监测传感器、生物工程技术等。随着科学技术不断发展，人类终将揭开蜘蛛丝隐藏的层层迷雾，掌握它背后的全部奥秘，进而创造出更多创新性的科技成果。届时，我们所处的世界必将因这一微小而伟大的发明，迎来新的变化。

蜘蛛丝的结构与组成

蜘蛛丝的主要成分是蛋白质，其中包含多种氨基酸，如甘氨酸、丙氨酸和丝氨酸等。这些氨基酸通过不同的排列方式形成了蜘蛛丝的独特结构。

在扫描电子显微镜下，蜘蛛丝的表面并非光滑无瑕，反而呈现出凹凸不平的质感。当你观察到一个蜘蛛丝样本时，首先映入眼帘的可能是丝线近乎完美的圆柱形轮廓，尽管这个形象随着显微镜放大倍数的变化而变得更为细腻和复杂。蜘蛛丝的直径通常在几百纳米到几微米之间，纤细得难以置信，但即便是在这样微小的尺寸下，其结构依然清晰可见。

深入更细微的层次，你会发现蜘蛛丝的表面布满了微小的起伏和孔隙，这是由丝腺分泌的油脂和水分残留形成的，有时还会夹杂一些灰尘颗粒。对于某类蜘蛛丝，比如捕猎丝，表面还会有一层黏液状物质，这些黏液珠体显得格外明显，犹如一颗颗镶嵌在丝线上的珍珠，增了丝线的黏性，帮助蜘蛛捕捉飞行中的昆虫。

采用蛋白酶处理蜘蛛丝后，可以发现其表面出现了沟壑状条纹结构，这表明蜘蛛丝表面出现了蛋白质的溶解，如图 2-1-2。若再进一步放大显微镜倍数，你会看到蜘蛛丝的纤维内部结构。所有蜘蛛蛋白都有一个共同的初级结构模式，中间为一个由重复模块单元组成的大核心，两侧是非重复结构域（图 2-1-3）。非重复末端结构域具有折叠的球形结构，由 100 ～ 140 个氨基酸组成。这种末端结构域对于蛛丝腺中蛛丝蛋白的储存和纺丝管中纤维的形成至关重要。重复核心序列由模块单元组成，每个单元包含 40 ～ 200 个氨基酸，这些模块单元在核心域内大约重复 100 次。

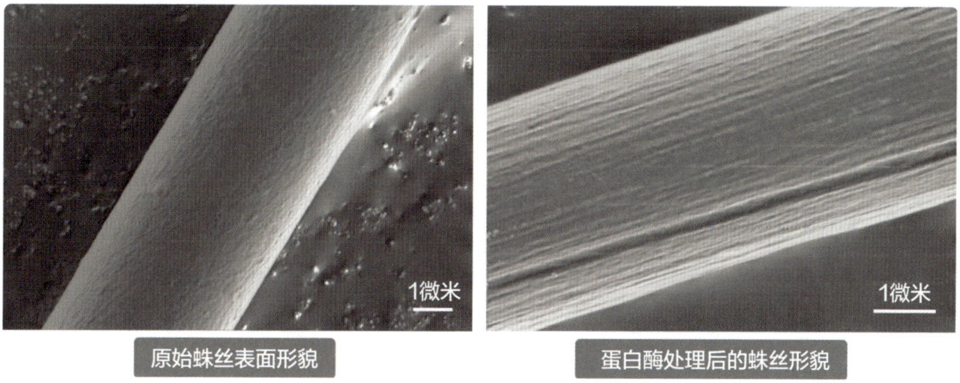

▲ 图 2-1-2 黄金圆蛛的蛛丝扫描电镜图

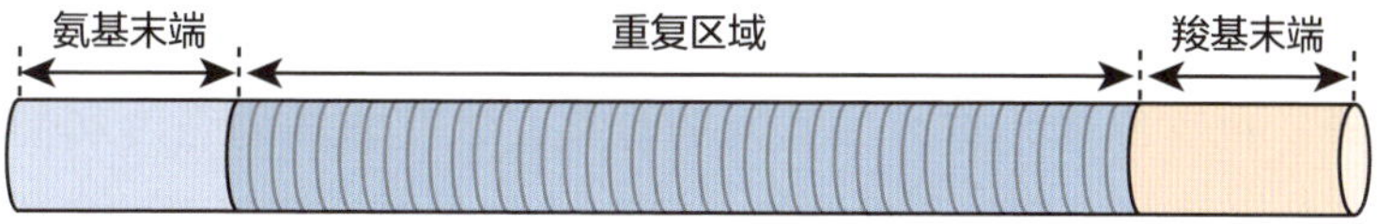

▲ 图 2-1-3 蛛丝蛋白初级结构示意图

你可以将它想象成无数根平行的蛋白质链彼此交织在一起，形成一个错综复杂的网络。这些链并非均匀分布，而是存在着周期性的变化，交替出现的晶态区域和非晶态区域构成了蜘蛛丝的复杂数学几何图案。前者主要由连续排列的丙氨酸链构成，形成了相对稳定的 β- 折叠晶区。这类区域通过氢键相互链接，形成坚固的“堡垒”，抵抗外部侵袭，为蜘蛛丝提供了坚固的基础。而非晶体区内，则散布着甘氨酸主导的 α- 螺旋构象，充当连接各个晶体板块的关键纽带，保持整体制衡与和谐统一，这种连接使非结晶区宛如润滑剂般填补缝隙，保障丝线在拉扯下仍维持完好。这两种截然不同的二级结构相辅相成，互为补充，共同塑造了蜘蛛丝独一无二的力学性质。在更高的层次上，数条蛋白质链会聚集成更粗大的纤维。这些纤维内部，晶态区域与非晶态区域交替分布，形成了一个多层次的网络结构。这种混合结构允许丝线在承受拉力时，非晶态区域首先承担应变，从而防止晶态区域的破裂，提高了蜘蛛丝整体的抗拉强度和韧性。

高强度与高韧性的结合

蜘蛛在其生命中会产生具有不同用途和不同机械特性的丝，主要包括蜘蛛网中放射状的牵引丝（纵丝）和螺旋状的捕猎丝（横丝）、捕食时缠绕食物的包扎丝及用于制作卵囊保护后代的卵囊丝，等等（见图 2-1-4）。

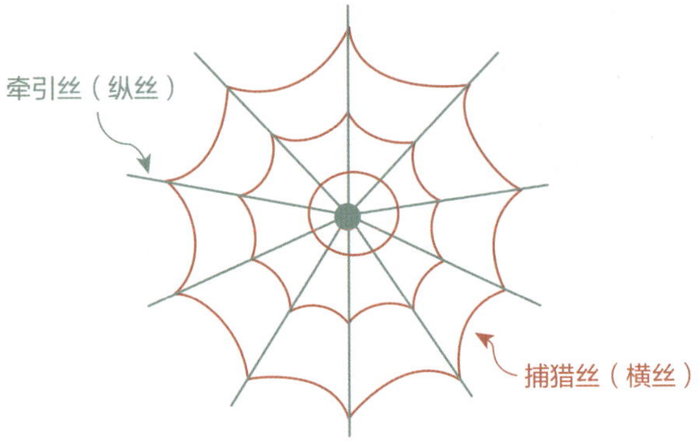

▲ 图 2-1-4　牵引丝和捕猎丝

牵引丝：坚不可摧的生命之索

牵引丝，也称纵丝，作为蜘蛛网的骨架，以其非凡的强度和韧性脱颖而出。牵引丝的断裂强度和制作防弹背心的凯夫拉尔芳香族聚酰胺纤维断裂强度相当，且拥有远超普通钢丝的延展性。数据显示，牵引丝的断裂能是同等直径下钢丝的 5 ～ 10 倍，比碳纤维还要高出 3.5 倍。尤为突出的是，牵引丝的断裂伸长率达到惊人的 35%，显著优于凯夫拉尔的 5%，这意味着即使在承受极大外力的情况下，牵引丝仍能保持出色的刚性和弹性。

捕猎丝：捕捉高手的秘密武器

捕猎丝，也称横丝，构成了蜘蛛网的“黏性网络”，其设计旨在捕捉并束缚任何不慎闯入的猎物。这种丝线以独特的黏着性质著称，表面上布满黏性球体，能在猎物接触瞬间牢牢将其锁住。捕猎丝的核心秘密在于其异常的弹性，能够轻松延伸至原长的 3 倍以上，有效地吸收撞击动能。这背后的科学同样吸引人：捕猎丝中心丝蛋白富含 GPGGX 重复序列，形成一系列紧密相连的 β-转角，最终构成 β- 螺旋结构，类似弹簧般的机制赋予了捕猎丝极高的可压缩性和回弹能力。

蜘蛛丝家族的多样性

除了上述两例，蜘蛛还能织造其他类型的丝线，大多数的蜘蛛至少能制造 6 种蜘蛛丝。不同的蜘蛛丝由不同丝腺所生产，再经由各自的通道，最终由丝疣之处拉出。不同的蜘蛛丝具有不同的物理属性，以实现不同的功能或构建复杂的蜘蛛网。所有蜘蛛丝的共同之处在于它们均基于相似的氨基酸重复基序构建，形成了坚韧且灵活的丝纤维。这一发现启示了科学家探索蛛丝的分子奥秘，为开发新型高性能材料提供了无限可能。

人造蛛丝的应用领域

蜘蛛丝因其极高的强度与弹性，以及生物相容性等优势，近年来成了科研界关注的焦点，其应用前景亦较为广泛。

超级英雄的战衣：新一代防弹衣的诞生

想象一下，在危机四伏的战场或是执行高风险任务时，身穿一件由蜘蛛丝制成的防弹背心，即使面对高速子弹的冲击，也能像电影《蜘蛛侠》中的彼得·帕克一样，化解危险。利用仿生材料技术复制蜘蛛丝独特性能的例子，最具代表性的便是美国杜邦公司开发的凯夫拉纤维，尽管它并非直接源自蜘蛛丝，但其设计理念深受蜘蛛丝启发。凯夫拉纤维是一种超高分子量聚酰胺纤维，自 1972 年推出以来，便因其极高的强度重量比和耐热稳定性而在防弹装备领域崭露头角。凯夫拉纤维的诞生是基于对自然界中最强纤维蜘蛛丝的研究，力求达到类似的力学性能（见图 2-1-5）。

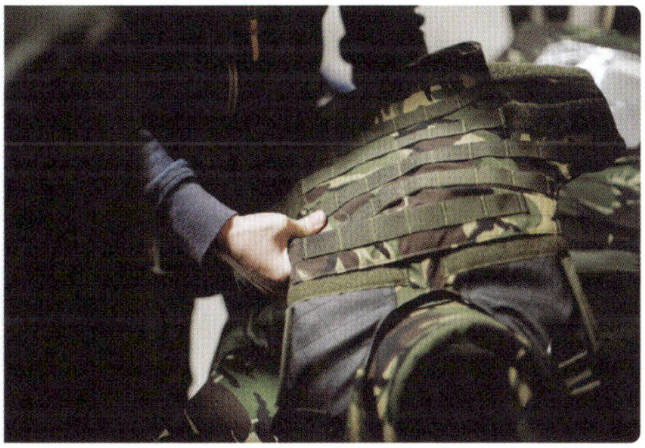

▲ 图 2-1-5　凯夫拉纤维及由其制成的防弹衣

杜邦公司在研制过程中借鉴了蜘蛛丝的微观结构和分子排列方式，虽然未能完全复刻蜘蛛丝的所有特性，但仍取得了惊人成就。凯夫拉纤维的防弹性能远远超过同等重量的传统金属材料，其防切割能力和韧性也让其在个人防护装备领域备受青睐。因此，凯夫拉纤维迅速成为制造高品质防弹背心、头盔、防爆盾等军警装备的重要原料。

例如，美国军队使用的MICH头盔——模块化集成通信头盔（Modular Integrated Communications Helmet）就是采用了凯夫拉纤维材料，极大地提高了士兵在战场上的生存概率。这类装备经受住了实战检验，挽救了无数生命，证明了仿蜘蛛丝材料在提高个人防护装备效能方面的巨大价值。

蛛丝启示下的缝合线革新

在日益追求精密与效能的医疗领域，合成聚合物的生物活性和电子缝合线正悄然引领一场革新风暴，它们凭借减少炎症、促进伤口愈合的双重优势，引起了医疗界广泛的关注。然而，将传感功能集成到生物活性缝线中而不对其机械强度、生物相容性和/或生物活性产生不利影响仍然具有挑战性。面对这一挑战，一项前沿的科技横空出世，它就是仿蜘蛛丝蛋白制备的智能缝合线。

通过汲取大自然的智慧，此款缝合线重现了蜘蛛丝“核—壳”结构的精妙布局，具有多层次的功能性与灵活性。这种独特的“核—壳”架构不仅保持了缝合线的核心力量，而且巧妙地融合了抗菌、监测与治愈多个特点。内部核心坚实可靠，抵御外力侵蚀；外部壳层则如同一位细心的护士，装载着抗菌因子、生长激素、主动干预炎症、抑制感染等功能，同时动态调节组织张力，辅助伤口愈合。生物活性缝合线的关键之处在于，这些功能与实时光学和电子监控功能相结合，能够实时采集伤口信息，反馈给医疗团队，无论是炎症程度还是愈合速率，甚至是缝合线本身的承受力，都能一目了然。这意味着，在治疗过程中，医生可以随时掌握患者的真实情况，适时调整治疗方案，确保最佳疗效。

这种融合生物活性与电子传感于一身的缝合线，不仅大幅缩短了患者康复周期，减少了二次就医的需求，更为患者带来了前所未有的便捷体验。展望未来，这种具有内在感应能力的多功能缝合线无疑将在疾病治疗与预防、创伤管理等方面展现出无穷的潜能，为全球医疗体系注入一股强劲的生命力。

2.1.2 风吹不倒的竹子

翠竹犹如大地之灵的杰作，它傲立风中，韧而不折，其生命力之旺盛、适应力之强，令人赞叹不已。深植土壤之下，竹根错节盘绕，汲取着大地之精华，破土而出的那一刻，即展现出无限生机，如图 2-1-6。然而，竹子真正的奇迹并非仅是外在之美，而是竹身的密布其中的纤维结构与微孔隙布局。正是它们赋予了竹身超乎想象的韧性与刚度，使其即便面对狂风暴雨亦能屹立不倒。这种独树一帜的构造启发了无数科学巨匠，他们在实验室里夜以继日地钻研，试图将翠竹融入人造材质，并成功研发出了轻若鸿毛、硬似钢铁的新一代复合材料。当新型飞机翱翔天际，高速列车驰骋山河，其制造用材，少不了竹子的功劳，也开启了科技与自然完美交融的崭新篇章。

每一根新芽长成竹子的历程，离不开竹子独有的顶端分生组织，仿佛是藏匿于小小身躯里的能量泵站，源源不断地供应养分，驱动着整个生命体以难以置信的速度挺拔向上。科学家由此洞见了生命的奇迹，进而思索如何借鉴这一机制，开发出可自我修复的材料，使人类文明的基石变得更加牢固可靠。试想，未来的都市中，摩天大楼或许不再因岁月流逝而伤痕累累，反而能在破损之际悄然修复，焕发出新的活力；道路桥梁不再惧怕自然灾害的侵袭，能自我修复，还原往昔风采……这一切美妙愿景，皆源自竹林深处传来的呼唤，也是对自然法则最真挚的致敬。

▲ 图 2-1-6　静谧的竹林

从古至今，竹子象征生命不息，进取不止的精神，这也正是仿生学领域研究的核心所在，激励着后来者勇于探索未知。

竹子的结构与生长特性

结构特性

竹子的结构在自然界植物中比较特殊，茎秆与众不同，采用了一种独特的中空设计，这不仅是对传统固体结构认知的一次颠覆，更启发了材料科学家一次次大胆探索。竹子茎秆的空心结构，实质上是一种极致的资源优化方案，它以最少的材料达到了最大的结构效能，如图 2-1-7。如果我们从微观层面窥视，会发现竹子的茎壁是由无数微细的纤维细胞紧密排列而成的，这些细胞如同高楼大厦里的钢梁，彼此交织成网，提供着有力的横向和纵向支持。而木质素，则扮演了类似于水泥的角色，紧紧填充在细胞间，增加结构的连贯性和硬度，使竹子茎壁整体结构更为稳固。这种巧妙组合，彰显出惊人的弹性和持久性。

▲ 图 2-1-7 竹子的空心结构及竹节结构

仅仅靠这些，还不足以使竹子在面对狂风暴雨或是体重超过其几倍的积雪压迫下，依然能够傲然挺立。要深入了解这一现象，我们需要从竹子的生长习性、内部结构及外部形态几个方面来剖析。

首先，竹子拥有一个强大的地下根系，这被视为其能够“站稳脚跟”的基础。竹子的根系不像大多数树木那样深深扎入土壤深处，而是形成了一个横向延伸的根网，覆盖面积广阔。这样的根系结构虽然扎根浅，但却十分牢固，能够有效抓住土壤，防止滑坡，同时也保障了竹子的稳定性。此外，竹子的根系还具有强大的吸水和营养吸收能力，为竹子的快速生长提供了必要的能源和养料。

其次，竹子的茎秆上有着特有的“竹节”设计。这些竹节实际上起到了节点的作用，增强了竹子茎秆的局部强度，形成了一个个独立的承重单元，有效分散了外力冲击。在极端条件下，如台风来袭，这种结构允许竹子弯曲而不折断，待风过后，又能使竹子迅速恢复原状，展现出惊人的弹性与恢复能力。而且，竹子茎秆中的这种中空结构并非一成不变。随着竹子的生长，内部的纤维密度与木质化程度也在不断调整，以适应不同阶段的生长需求。例如，在生长初期，为了追求速度，竹子倾向于形成更多纤维，以加速茎秆的伸展；而在成熟阶段，竹子则注重提高木质化程度，以增加硬度和持久性。这种动态的调整机制，无疑是对自然选择和进化理论的精彩诠释，也为我们展示了生命体如何在不断变化的环境中寻找最优解的智慧。

最后，更令人称奇的是，竹子还具备出色的自我修复能力。在遭受风暴或其他损害后，竹子能够迅速启动修复机制，通过其内部的组织增生，封闭伤口，重建受损区域，维护其生长不受阻碍。这种自我修复机能，让竹子在恶劣环境下依然保持着旺盛的生命力，为自然界增添了一份坚强与韧性。

竹子茎秆的独特构造，不仅为科学研究提供了丰富的灵感，还启发了许多工程技术和设计领域的创新。例如，航空航天领域中的蜂窝状结构，就是受竹子中空结构的启发，通过类似的轻量化设计，大大提高了飞行器的性能和经济性。同样，建筑设计中的管状框架结构，也借鉴了竹子的韧性与稳固性，制订出了既美观又实用的空间解决方案。

生长特性

竹子的生长速度是其最显著的特性之一，特别是在生长初期，速度极为迅猛，有时甚至能听到竹子拔节的声音。根据研究数据，竹子在生长旺季每天可以增长 1.5 ～ 2 米，而在生长速度减缓时，每天的增长速度也能达到 0.2 ～ 0.3 米。不同品种的竹子生长速度有所差异。例如，毛竹在 30 ～ 40 天内能长至 15 ～ 18 米，而巨龙竹则需 100 ～ 120 天能达到 30 ～ 35 米的高度。这种快速生长的能力使得竹子成为世界上生长速度最快的植物之一。竹子的生长周期因品种的不同而不同，这个周期包括从笋芽发育成竹笋，再到成熟竹子的过程。在这段时间内，竹子会经历从快速生长到成熟稳定，最终开花结实并逐渐衰老的阶段。竹子的生长具有明显的季节性，一般在春季开始长笋，而在寒冷的季节会停止生长，直到温度适宜时再恢复生长活动。

竹子还对环境的适应性非常强，能够在多种气候条件下生长。竹子偏好温暖湿润的气候，适宜其生长的地区一般年平均温度为 12 ～ 25℃，1 月份平均气温为 -5 ～ 10℃，极端最低温度 -20℃；年降水量 1000 ～ 2000 毫米，年平均相对湿度为 65%～ 82%（不适用于所有的竹子品类）。这些条件对竹子的生长速度和周期有着重要影响。同时，竹子在生长过程中要求土壤深厚肥沃，富含有机质和矿物元素及偏酸性。这种土壤条件有利于竹子根系的发展，进而影响其生长速度和整体健康。此外，竹子的生长还受到光照、水分等因素的影响。充足的阳光和适量的水分是竹子健康生长的必要条件。

在耐旱、耐寒方面，竹子展现出了较强的适应性。在干旱条件下，竹子通过其发达的根系吸收地下水源。一些品种如黄槽竹、金镶玉竹、黄秆京竹、紫竹、早园竹等，不仅抗旱能力强，还适宜在北方一些寒冷的地区生长。这些能力综合起来，让竹子成为生命力最强大的植物之一。

竹子的机械性能

竹子的纤维素纤维，本质上是聚合物链构成的微观结构，这些纤维被木质素紧密包裹，形成了一个多孔但极度稳定的复合材料。纤维素分子之间的氢键连接赋予了竹子卓越的拉伸强度，而木质素的存在则增强了其硬度和耐久性，共同构筑了一个既能承受拉伸也能抵抗压缩的超强架构。

竹子茎秆的中空结构，加上内壁的纤维素 - 木质素复合层，模仿了生物学中的“负泊松比”效应。这意味着，当竹子受到压力时，它的横截面实际上是向外膨胀而不是向内收缩，这种反常行为有助于分散外力，减少应力集中，从而避免局部破坏。这个特性在工程学中极为罕见，却在竹子身上得到了展示。

从微观角度来看，竹子的每个细胞都是一个小巧的液泡，充满了水分，周围围绕着一层坚韧的细胞壁。这种结构决定了竹子的各向异性，也就是说，沿着不同的方向，其物理性能存在差异。沿着竹子的长度方向，纤维素纤维的定向排列提供了最大强度，而横向则依赖于木质素提供的黏合效果，保证了整株竹子的结构完整性。在应力分析中，竹子的弹性和韧性尤为突出。竹子的弹性模量之高，使其在承受临时或周期性负载时，能够像弹簧一样储存能量并在卸载后释放。这种弹性源于竹子内部纤维结构的有序排布，以及纤维之间精密的氢键网络，使得竹子在弹性范围内经历多次循环加载仍能维持稳定的表现。实验测定显示，毛竹的宏观拉伸弹性模量为 10.22 吉帕，拉伸强度为 151 兆帕，断裂伸长率为 2.34%。这些数据表明，竹子在受到拉伸力作用时，能够保持形状并吸收能量，显示出优异的弹性和柔韧性，使其在建筑结构、家具制造等领域备受青睐。

密度也是竹子引人注目的物理特性之一，同时也是决定其被广泛应用的关键因素。竹子的密度通常为每立方厘米 0.3 ～ 0.9 克，具体数值取决于种类、成熟程度和生长环境等多种因素。在微观层面上，竹子截面从内到外，依次为竹青、竹肉、竹黄，越靠近外围的细胞密度越高。与其他常见的木质材料相比，竹子显得更为轻盈，这是由其独特的生物结构所决定的。其茎秆内部的大量空气腔室，形成了一种中空的蜂窝状结构，见图 2-1-8。这种结构赋予了竹子出色的隔音和隔热性能，以及较高的弹性模量和韧性，使之能够在受到外力冲击下保持很好的回弹性和抗冲击能力。

竹子密度的差异，主要是由纤维素和木质素含量的变化导致的。纤维素和木质素是竹子茎秆的主要组成部分，它们的分布和比例直接影响了竹子的物理特性。一般而言，幼年期的竹子竹身密度较低，随着年龄的增长，竹子的密度会逐渐增加，成熟期时达到峰值。成熟的竹子积累了更多的纤维素和木质素，

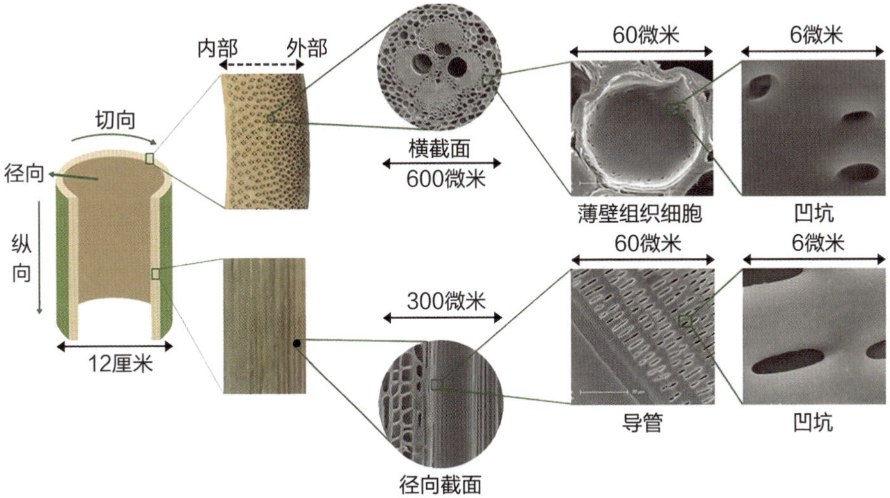

▲ 图 2-1-8　竹子结构的扫描电镜图像

提高了其硬度和密度，从而使竹子能够更好地应对环境挑战，如风力、重压等。

不同种类的竹子，其密度也会有所不同。例如，毛竹、箭竹等硬质竹种的密度较高，接近于某些硬木的水平；而软质竹种，如巨龙竹，尽管体形庞大，但由于其纤维素含量较少，密度相对较低。因此，在选择竹材用途时，了解其具体的种类及其密度是非常重要的，以确保满足特定的应用需求。

竹子的密度特性，为其在多个领域的应用开辟了广阔的前景。在建筑业中，竹子的轻质特点使得它成为一种理想的建筑材料，既便于搬运和安装，又能在不牺牲结构安全性的情况下减轻建筑的总体重量，减轻地基负担，节省成本。在家具制造业，竹制品因其轻巧而耐用，越来越受到消费者的青睐。在交通运输业，竹材的使用也有助于车辆减重、提高燃油效率，符合当今绿色出行的趋势。

竹子在仿生学领域的深度探索：材料科学、生物医学、建筑与设计。

材料科学：超越自然的创新

竹子复杂的微观结构和卓越的力学性能为材料科学家提供了无尽的灵感。最引人瞩目的是竹子的纤维素与木质素的精细交织，这种结构不仅赋予了竹子极高的强度与韧性，还保证了其轻量化特性。受此启发，研究人员致力于开发新一代高性能复合材料，力求模仿竹子的天然优势。在材料科学领域，竹子的结构启发了纳米技术的进步，尤其是碳纳米管和石墨烯的研究。这些材料虽然是人工合成的，但在结构和性能上试图复刻竹子的特征，创造出超轻、超高强度的材料，以用于航天器部件、防弹衣，甚至未来电子产品的小型化与轻量化制造。通过深入解析竹子的分子级组成，科学家不断调整碳纳米管的结构参数，以期达到最优的力学表现，使这些材料在极端环境下依然保持优异性能。

生物医学：自愈与再生的启示

竹子的自愈能力和抗菌特性为生物医学领域开辟了全新的探索方向。自然界的这种自我修复机制为组织工程和再生医学提供了研究模板，尤其是对于开发伤口敷料、人造皮肤乃至器官移植材料或可发挥重要作用。通过模拟竹子的自修复过程，研究人员正在努力研发可以感应外部刺激并作出响应的智能生物材料，这有望加速创伤愈合并减少感染风险。此外，竹子提取物的天然抗菌活性也在开发新型医用材料方面展现了潜力，其可用于生产更加卫生、环保的医疗器械和手术工具，为患者提供更安全的治疗环境。

建筑与设计：可持续性与创新性融合

在建筑设计与施工领域，竹子的应用早已超出传统范畴，进入了一个全新的维度。竹材的轻质、高弹特性，结合其天然美感，吸引了建筑师的目光，他们开始尝试将竹子融入现代化建筑。不同于以往的简单木材替换，现在的竹构建筑追求结构创新，利用竹子的柔韧度和弹性，设计出可以抵御地震、风暴等自然灾害的弹性建筑结构。此外，竹子的快速生长周期和低碳足迹，使得竹建成为实现绿色建筑目标的理想选择，从竹子制成的外墙系统到室内装潢材料，每一步都体现了对可持续生活方式的追求。

2.1.3 不怕高血压的长颈鹿

长颈鹿，无疑是地球上最为独特的动物之一，它以拥有超长的脖子而闻名。作为陆地上的庞然大物，长颈鹿站立时由头至脚长度可接近惊人的 6 米，其脖子长度通常为 1.5 ～ 2.5 米。长颈鹿脖子超乎想象的长度给其血液循环系统带来了前所未有的挑战。

如此长的脖子意味着长颈鹿的心脏必须具备强大的动力，能将血液泵送到极高的位置，且要求在输送过程中确保大脑能够获得充足的氧气供应，以维持其正常的生理功能。为了应对这一艰巨挑战，长颈鹿在漫长的进化历程中，历经无数次的自然选择和适应性变化，逐渐形成了一套独特而精妙的血液循环机制。

它们的颈动脉极为粗壮，是坚固的生命通道。在这粗壮的颈动脉内部，布满了密集的网状结构，此结构被科学地称作“颈动脉窦”。这个特殊的结构能够高效地减缓血液流动的速度，就如同一个精密的调节器。当血液在长颈鹿长长的脖子中上升时，颈动脉窦可以避免血液以过高的速度冲击大脑，从而保护了大脑。

与此同时，长颈鹿的心脏也格外强大，如同一个不知疲倦的动力泵。它能够产生高达 260 毫米汞柱的血压，这一数值远远高于大多数动物。如此强大的心脏完全有能力将血液源源不断地泵送至颈部顶端，确保身体各个部位都能得到充足的营养和氧气供应，见图 2-1-9。

长颈鹿把头放得太低会使头部的血压急剧升高，再次抬起头它应该会导致相应的颅血压下降。人类突然站起来时经常发生头部不适的情况，而长颈鹿则不会。

▲ 图 2-1-9 长颈鹿不同身体部位的血压分布及低头时的头部血压

此外，长颈鹿的腿部血管也很奇特。当血液在重力的作用下回流时，这些血管能够起到减压作用，就像一个个巧妙的缓冲装置。它们有效地防止血液对心脏产生过度冲击，维持了血液循环的稳定和平衡。

这个复杂而精妙的血液循环系统，是长颈鹿在漫长的进化过程中与自然环境相互作用的结果。它使得长颈鹿能够到高处的树叶，悠闲自在地觅食，不必担心血液循环的问题。这充分展现了自然界中生命进化的奇妙与无穷智慧。

科学家通过这些原理，设计出了抗荷服。抗荷服通过充气装置对血管产生压力，使航天员在飞船速度提升时血压保持正常。同时，航天员腹部以下部位套入抽去空气的密封装置，以减小腿部血压，利于身体上部的血液向下肢输送。从最初的充气式抗荷服，到后来的充液式抗荷服，再到我国研制的新型一体化防护服，不断提高了航天员的安全保障。

2.2 定位与运动的奥秘

2.2.1 蝙蝠的回声定位

在幽暗的夜空中，一只蝙蝠轻盈划过，它的身影似乎融入了无边的黑暗，却不迷失方向。这是因为蝙蝠有一套非凡的回声定位系统，这套生物雷达的核心在于利用声波的物理性质进行空间感知，它不仅揭示了声音的深层次运用原理，也为生物学、物理学及工程学提供了丰富的研究素材。

回声定位的基本原理

高频声波发射与接收

蝙蝠的回声定位基于一个简单的物理现象：声波传播与反射。蝙蝠的回声定位始于它们体内特殊的“发声器官”。大多数蝙蝠通过喉部产生声波，尤其是高频超声波，这部分超出人类听力范围。这些声波经口腔或鼻腔发射，通常频率在 2 万赫兹以上，最高可达 10 万赫兹以上。之所以如此高频，是因为高频声波具有较短的波长，有利于提高分辨率，尤其是在小范围的环境中区分物体细节。声波以球面波的形式向外扩散，遇物体表面会发生反射，如图 2-2-1。由于蝙蝠的声波能量密集，即便是微小的昆虫也能引起显著的回声。值得注意的是，高频声波的衰减较快，这意味着蝙蝠必须快速并连续地发射声波以保持持续的环境感知。回声返回的时间与原始声波发出的时间差直接对应目标的距离。声波在空气中的传播速度约为 343 米 / 秒（标准大气压条件下），蝙蝠可以精确测量这个往返时间，转换成距离信息。例如，若测得时间为 0.5 毫秒，则可推算目标距离约 8.6 厘米。

生理基础与神经解码

蝙蝠的听觉系统极其灵敏，能够接收并处理微弱的回声信号。在耳朵内部，毛细胞感受声波振动，将其转换为神经冲动。大脑内的特定区域对这些信息进行高速解码，利用声波的时间差、幅度差异及双耳效应，构建立体空间图景。通过分析回声的强弱变化、延时及频谱特性，蝙蝠不仅能判断物体的方位和距离，还能识别目标大小、质地，甚至是移动状态。蝙蝠能根据不同场景调整其声波参数，以优化性能。在开放环境中，它们倾向于使用较低频率，扩大

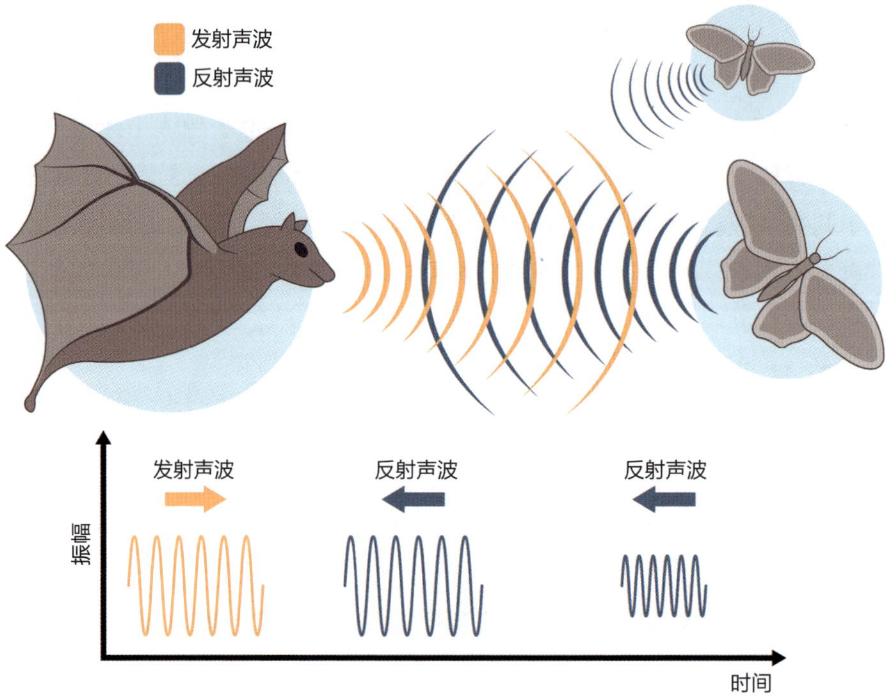

▲ 图 2-2-1 蝙蝠利用超声波定位

探测范围；而在密集的森林或隐蔽的洞穴中，则采用更高频率，以增强细节分辨力。此外，面对杂音干扰，蝙蝠会改变声波模式，降低误报率，保证捕猎成功率。在追逐猎物或避开障碍时，蝙蝠会提高发射频率，缩短回声间隔，以便实时更新目标信息。这种快速反馈机制允许蝙蝠即时调整飞行路线，展现出了蝙蝠高超的飞行技巧。

回声定位是进化史上的一次重大飞跃，展示了生命体如何巧妙利用物理规律，发展出高效的功能系统。蝙蝠的这一能力不仅展现了自然界的创造力，也启发了人类在工程设计和技术革新方面的研究方向。

回声定位技术

医学领域诊疗的革命

在医学领域，回声定位技术引领了一场前所未有的诊疗革命。最具代表性的是超声成像技术，其灵感源自回声定位的核心理念，通过发射和接收声波来获取物体的空间信息。超声成像以其无创性、实时性和经济性的优势，迅速成为临床实践中不可或缺的诊断工具。借助于高频超声波的反射特性，医师能够获得人体软组织的高分辨率图像，其揭示内部结构的精细细节，对于早期疾病检测与评估起到关键性作用。例如，超声心动图为心血管疾病的研究与管理提供了关键支持，能够实时监测心肌功能、瓣膜状态及血流动力学变化，助力个性化治疗计划的制订，见图 2-2-2。同时，高强度超声聚焦治疗作为新兴技术，实现了真正意义上的微创治疗，将声波的能量聚焦于病灶，实现局部热消融，最大限度地保留周边健康组织，开启了非侵入式治疗的新纪元。

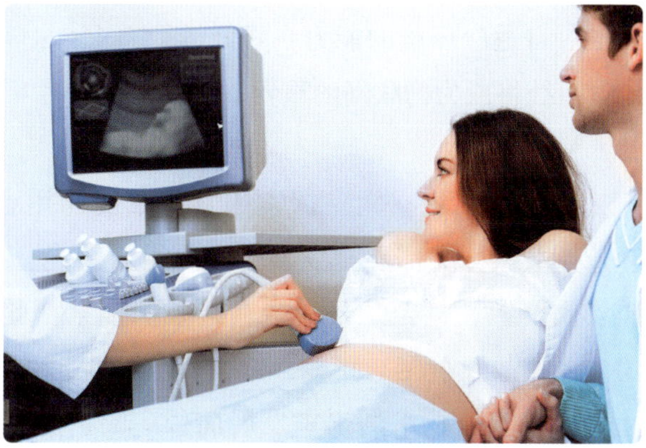

▲ 图 2-2-2　B 型超声波健康检查

地球科学探索的利器

回声定位在地球科学领域的贡献亦不容忽视。地质学家利用声波探测技术，即基于回声定位的变体，深入研究地球内部结构，特别是对矿产资源的定位与评价。此技术用于向地下发射特定频率的声波，随后分析接收到的反射信号，借此推断岩石类型、孔隙度及含液性质，进而指导油田勘探、水资源管理和矿产开发。

灾害预警体系的先锋

自然灾害预警体系的完善，离不开回声定位技术的支持。特别是在地震预测与监测中，利用回声定位原理发展起来的地震预警系统，已经成为防灾减灾的关键。科学家致力于研发更加灵敏的地声监测网络，捕捉地震前兆释放的微小震动，并结合其他多维数据进行综合分析，力求尽早分析出地震事件的发生趋势，为社会提供及时、可靠的预警信息，以最大程度减少人员伤亡和经济损失。

回声定位技术的未来发展及潜力

高精度与多功能集成

未来，回声定位技术将朝着更高精度的方向迈进，实现更细腻的物体辨识与更广范围的定位覆盖。结合深度学习与计算机视觉技术，回声定位系统将能够识别和解析复杂环境下的声学数据，增强在动态场景的适应性。此外，多模态感知将是发展趋势，即将回声定位与其他传感器（如光学、电磁感应等）相结合，形成互补效应，提供更为丰富的信息维度，增强回声定位整体性能。

小型化与智能化

随着微型化电子元件与低功耗设计的进步，回声定位设备将进一步小型化，便于携带和部署，拓宽应用场景。同时，嵌入式智能技术将使得设备拥有自我校准、自适应环境的能力，降低维护需求，提升可靠性与操作性。未来的回声定位系统将成为物联网的重要节点，实现即时互联，增强数据共享与协同作业。

空间探索

回声定位将在太空探索中发挥重要作用。“月球基地建设”“火星殖民”等长期载人任务需要建立自主生存循环系统，回声定位可用于监测地下水源、矿物质资源，甚至是外星生命迹象的搜索。此外，针对极端环境，如宇宙飞船内部的故障检测与维修，亦可借鉴回声定位原理，实施远程非视距操作。

回声定位技术的未来发展前景广阔，随着基础研究与应用实践的不断推进，将逐步渗透各行各业，从而改善人们生活质量，赋能产业发展。跨学科合作与技术创新将是回声定位技术持续发展的驱动力，为塑造更加智能、可持续与包容性的未来世界提供技术支持。

2.2.2 海豚听觉与水下通信

海豚，这种令人着迷的海洋哺乳动物，长久以来一直以其卓越非凡的听觉系统及复杂精妙的通信能力而声名远扬，见图 2-2-3。

▲ 图 2-2-3 海洋中的海豚

海豚的耳朵虽然看似正常地位于头部两侧，然而它们的听觉系统却展现出令人惊叹的灵敏，其能够感知到水下数百米之外极其微弱的声音。海豚的听觉器官不但结构复杂得令人咋舌，而且还具有强大的功能。它们的耳蜗内部犹如一个神秘的微观世界，充满了错综复杂的神经纤维。这些神经纤维相互交织，共同协作，能够以令人难以置信的精度分辨出不同频率和强度的声音。无论是低沉的轰鸣声，还是细微的滴答声，都能被海豚敏锐地捕捉到。这种卓越的听觉能力，赋予了海豚在水下环境中独特的优势。它们能够轻松地捕捉猎物，即使猎物隐藏在昏暗的角落或是行动声被水流声掩盖，海豚也能凭借其敏锐的听觉将其准确地定位。同时，海豚还能巧妙地避开天敌，在危险来临之前，它通过感知微弱的声音信号提前做好准备。此外，海豚还可以与同伴进行复杂的社交互动，通过声音传递情感、分享信息，构建起一个丰富多彩的水下社交世界。

更令人惊叹的是，海豚还具备独一无二的水下通信能力。它们能够发出复杂多变的声波。这些声波在水中传播时，就如同携带了一本百科全书，记载着诸如位置、情绪、意图等大量的信息。海豚通过接收和细致分析这些声波，能够与同伴进行精准无误的沟通和协作。这种通信方式不仅让海豚能够在广阔无垠的海洋中始终保持紧密的联系，而且还能在捕食、繁殖等至关重要的时刻，充分发挥出集体的智慧和力量。在捕食时，它们可以通过声波交流，共同制定策略，提高捕食的成功率。在繁殖季节，海豚也会利用声波来传递求偶信号，寻找合适的伴侣。

海豚的听觉与水下通信能力，犹如一扇神奇的窗户，向我们展示了海洋生物的奇妙天赋和生命进化的无穷智慧。它们在海洋中的生存之道，让我们对大自然的创造力和生命的奥秘有了更深刻的认识。

声呐是声音导航与测距的英文缩写“SONAR”的音译，其利用声波在水下的传播特性，通过电声转换和信息处理对水下目标进行探测、定位的电子设备。

科学家在研究海豚时发现，海豚依赖回声定位进行捕食，甚至可以用高声强击晕猎物。这启发了科学家利用类似的原理设计人造声呐系统。随着电子超声波声呐系统的发展，其已在水下导航、反潜艇侦察及鱼群监测等方面起到很重要的作用。例如，在海洋科学考察中，声呐系统被用于探测海底地形、测量水深、监测海洋生物等。

2.2.3　鸟类的飞行艺术

从微小的蜂鸟至庞大的秃鹫，每一只鸟都有属于自己的飞行诗篇，它们的每一次振翅，不仅是生命的赞歌，更是大自然赋予的能力。鸟类的飞行奇迹源自其精密的身体构造，尤其是那对精心雕琢的翅膀。轻盈却坚韧的骨架，搭配上丰满的羽毛，不仅减轻了鸟类身体的重量，更为它们提供了飞越千山万水的能力。鸟类的翅膀犹如艺术品，是力量与美的结合，让其得以在空中自如穿梭，展现着令人类艳羡不已的空中绝技（图 2-2-4）。

▲ 图 2-2-4　鸟类的飞行

不仅如此，鸟类还将飞行融入社交与繁衍活动之中。孔雀的尾羽在阳光下绽放，成为求偶仪式中不可或缺的一环；雄鸟间的领地标定，则常常伴随着壮观的飞行竞技，展现着力量与勇气。鸟类的每一次飞行，不仅是向同伴展示自我价值的方式，也是维系社群纽带的重要环节。

鸟类的飞行艺术，是生命对自由渴望的具象表达，它教会我们欣赏每一个美好的瞬间，提醒我们要勇于追逐梦想，即便是在逆境中也不忘抬头仰望星空。在这片广阔天地间，让我们一同感受那份来自高远之处的宁静与激情，共同赞叹这个星球上最为优雅、最为迷人的飞行者们所演绎的生命华章。

鸟类飞行的空气动力学：探秘天空之旅

空气动力学在鸟类飞行中扮演着至关重要的角色，它是解释鸟类如何翱翔云端的关键科学原理。首先从空气动力学角度，对鸟类飞行的基本原理进行深入解析，揭示这一自然奇观背后的力学之美。

鸟类能够起飞并在空中持续飞行，主要归功于升力的产生。升力源于鸟类翅膀的特殊设计及其与空气相互作用的方式。鸟类的翅膀呈明显的翼型，即翼面上方呈曲线，下方较为平直。当鸟挥动翅膀，向前推动空气时，翅膀的形状使其上方空气的流速提升，导致上方压力减小，而下方空气流速相对较慢，压力较大。根据伯努利原理，如图 2-2-5，这一压差产生了指向上的升力，正是这股力量克服了鸟类的重力，使其得以离开地面，展翅高飞。在天空中，鸟类还能够通过对翅膀的各种微妙调整来控制飞行的方向和姿态。例如，通过改变翅膀的倾斜角（攻角），鸟类可以增加或减少升力，以实现高度上的升降变化。此外，翅膀末端的细微扇动可以帮助鸟类进行转弯，而整个翅膀的展开程度也能影响阻力和升力的平衡，帮助它们在不同速度下高效飞行。

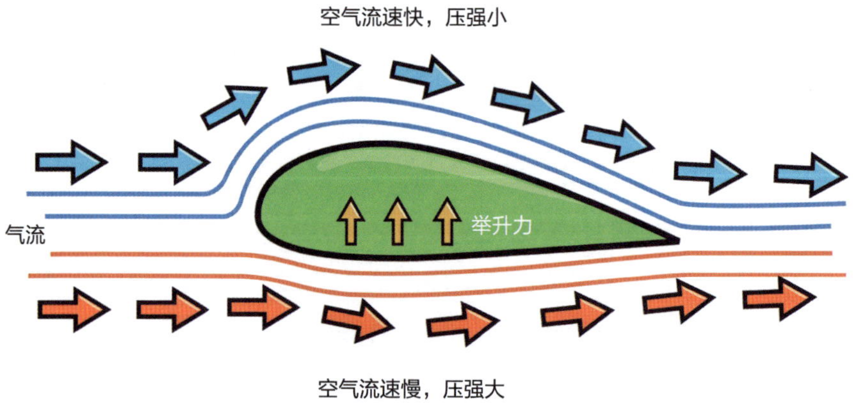

▲ 图 2-2-5　伯努利原理

鸟类利用动力飞行与滑翔来优化飞行效率。在动力飞行中，鸟类频繁振动翅膀，主动产生升力和推进力，适合于启动、加速或垂直爬升。而在滑翔阶段，鸟类伸展翅膀，利用先前获得的速度和高度，借助大气条件如热气流和风，以较少的能量消耗维持飞行。这种混合使用策略使得鸟类既能节省能量，又能跨越广阔的地理距离。

鸟类的羽毛不仅美观，它们在飞行中也发挥着不可替代的作用。羽毛的微结构与布局，如同小型舵手般，能够精细调整飞行方向与姿态，实现了对气流的精准操控，使鸟类无论是在捕捉猎物时的俯冲，还是在逃避捕食者时的急转，都能从容不迫。此外，羽毛还具备减阻效果，边缘羽的特殊排列与质地，减少了鸟类在飞行过程中的涡流形成，避免了能量的无谓消耗，使鸟类在长距离迁徙或高速飞行时，能够以更低的能量消耗维持稳定前行。这一点在面对广阔海洋或漫长旅途时显得尤为关键，羽毛的这一属性成了鸟类跨洲越洋的重要保障。

羽毛还承担着另一个重要职责，那就是飞行中的噪声抑制。部分鸟类，尤其是夜间活动的种类，其羽毛具有特殊的吸音结构，能够有效减弱飞行中产生的声浪，帮助鸟类在无声中接近目标，提高狩猎成功率，或是避免不必要的暴露。这一体征，再次证明了自然界的每一个设计都蕴藏着深厚的生存智慧。

鸟类飞行的解剖学揭秘：骨架、肌肉与器官协同运作的艺术

鸟类飞行的非凡表现，实则是多系统协同工作的结果：骨骼的轻量化设计确保了低能耗的飞行前提；肌肉系统的高功率输出提供了前进的动力；呼吸系统的优化则保障了其持久的耐力。这一系列的解剖学特色，构成了鸟类飞行能力的基石。

骨骼系统的独特构造

鸟类的骨骼结构经过数百万年的演化，形成了轻质而坚固的特点，显著区别于其他脊椎动物。鸟类骨骼中存在大量的气室结构，即骨骼中存在大量的空洞（气腔），这样不仅减轻了其整体重量，而且保持了其足够的结构刚性。尤其重要的是胸骨的发育，其前端形成显著的龙骨状突起，为胸大肌提供了强大的附着点，是驱动翅膀振荡的主要机械基础。

发达的肌肉系统

鸟类的肌肉分布与哺乳动物有着显著的区别，特别强调提供飞行所需的强大推力。胸肌，特别是胸大肌，在鸟类中的占其身体肌肉比例远高于哺乳动物，占据了体重的近四分之一。这些肌肉与骨骼紧密结合，通过精细的神经系统控制，能够迅速且有力地促使翅膀上下挥动，进而产生飞行所必需的升力。此外，围绕翅膀基部的肌肉群负责调节翅膀的位置和角度，确保鸟类在飞行过程中的动态稳定与灵活性。

先进的呼吸系统与能量供应

鸟类呼吸系统的进化，是其维持长时间飞行能力的另一核心要素。相较于传统肺泡结构，鸟类拥有一套独特的气囊体系，与主呼吸道连通，形成了所谓的双重呼吸机制。在每次呼吸周期中，新鲜空气先经由后气囊流向前气囊，实现了更高效的氧气交换，确保鸟类即使在高速飞行时亦能保证氧供充足。这一高效的气体交换机制，加之心脏的强化泵血，确保了鸟类在飞行过程中新陈代谢的需求得到满足，也为肌肉提供了不间断的能量。

仿生学应用

鸟类在空中翱翔时展现的非凡能力和精湛技巧，自古以来便是科学家和工程师关注的焦点。从航空工程、材料科学到能源生产与机器人技术，鸟类飞行的精妙机制激发了一系列跨领域的创新，将自然界的智慧转化为推动人类社会进步的技术力量。

深入航空工程的变革

鸟类的飞行能力首先是体现在其优美的气动外形和灵活的飞行控制上。研究人员观察大型鸟类如何在风中翱翔，特别是在改变翼形来适应不同飞行条件的方式上汲取灵感，研发出更为节能高效的飞机和无人机技术。借鉴鸟类翅膀的弯折和扭转，现代飞机的翼尖被设计成类似形状，如图 2-2-6，显著减小了飞行过程中的气动阻力，提升了燃油效率。同时，这种设计也有助于降低飞行噪声，减少环境污染。在无人机技术中，同样应用了仿生概念，尤其在微型化和智能化趋势下，模仿鸟类翅膀的灵活性和反应速度，提高了设备的机动性和隐蔽性，拓宽了其在军事侦察、灾害监测等方面的运用范围。

▲ 图 2-2-6 鹰飞行时翅膀末端羽毛的弯曲及飞机翼梢小翼

材料科学的飞跃

羽毛不仅是鸟类轻盈飞翔的关键，其独特的微观结构也蕴含着巨大的科研潜力。研究发现，羽毛表层的纳米尺度结构具有超疏水性和自清洁功能，这启发了科学家对新一代防污、防腐蚀材料的研发。科学家试图复制这些特性，研制出能够抵御恶劣天气且不易腐蚀、易于清洁的涂层，广泛应用于建筑物外墙、汽车涂料甚至是医疗设备，极大地提高了材料的使用寿命和功能性。同时，模仿羽毛的轻质、强韧特性的新材料也在航空制造业、体育器材和户外装备中得到了广泛应用，不仅提升了产品的性能，还兼顾了环保理念。

探索新能源时代的风力技术

鸟类对风力的有效利用，尤其是在迁徙过程中寻找最佳风道的本能，为风力发电行业带来了新的思考。通过对候鸟迁徙路径的细致观测和数据分析，工程师能够更加准确地预测风速和风向，合理规划风电场的布局，最大化能量捕获效率，同时兼顾了对生态环境的保护。此外，参考鸟类在气流中翱翔的飞行策略，如利用热气流上升的技巧，科学家正尝试研发更先进的风力收集技术，探索更加高效、低碳的清洁能源解决方案，为应对全球气候变化贡献力量。

风筝涡轮发电机，是一种创新型风能技术机械，它的设计灵感源自鸟类利用风力的巧妙策略，特别是那些擅长高空飞行的大型猛禽，如鸢、鹰和鹳等，它们能有效利用风力节省能耗在空中盘旋。这一装置试图通过模仿这些鸟类的行为，为风能利用提供了一种全新的视角，即“飞得更高，获取更强风”的理念。大多数鸟类懂得选择最佳的高度飞行，因为高层大气流动更为稳定且风速通常比低空更快。风筝涡轮发电机正是基于这一点，通过将风力发电机升至数十甚至数百米的高空，利用那里丰富的风能资源。

猛禽的飞行模式多样，既能长时间滑翔又能急速俯冲。受此启发，风筝涡轮发电机采用了可调节的飞行轨迹，通过自动升降和循环运动，始终处于风速最优的位置，确保了持续的电力输出。这种模式类似于鸟类的狩猎行为，主动追逐风而不是被动等待，显著提高了能源收获率。在材料与结构方面，为了保证高效运行和长寿命使用，风筝涡轮发电机采用了轻质、高强度的复合材料，模仿鸟类羽毛的韧性与强度，既保证了结构的稳固，又减小了风阻。这种材料选择与设计，使得设备能够在极端气候条件下依然保持良好的性能。

风筝涡轮发电机代表了风能利用的一种新兴方向，它克服了传统地面固定式风力发电机占地面积大、安装成本高、对环境的负面影响大等问题。其可被部署在城市周边或海上不受限制的空域，可为偏远地区供电，为分布式能源网络构建提供新的可能性。因其较高的风能转换效率，对于推进全球清洁能源转型具有重要价值。作为仿生学与工程技术完美结合的典范，风筝涡轮发电机展现了人类如何通过学习自然界中的智慧，制订出可持续发展的解决方案，不仅促进了风能产业的革新，也为探索更加环保、高效的能源采集方式开辟了广阔前景。

2.2.4　鲨鱼的减阻艺术

在自然界中，鲨鱼以其惊人的游泳速度和卓越的水下机动性而著称，这些能力在很大程度上归功于它们独特的皮肤结构。鲨鱼的皮肤表面覆盖着成千上万的微小鳞片，这些鳞片形成了一种特殊的纹理，能够有效减小水流的阻力，提高游动效率。这一神奇的自然现象启发了科学家和工程师，将鲨鱼皮的减阻原理应用于汽车设计，以期达到降低空气阻力、提高燃油效率和减少排放的目的。

鲨鱼皮肤的奥秘

在海明威经典小说《老人与海》中对鲨鱼有一段描述：“鲨鱼来了，它们游得如此之快，仿佛水中的一切都在为它们让路。它们的速度和力量让人惊叹，它们的皮肤在水中闪闪发光，仿佛是水中的战士。”鲨鱼皮肤的独特微观结构是其卓越水动力学性能的关键。这种结构不仅赋予了鲨鱼惊人的速度和敏捷性，也极大地减小了水流阻力，为人类在减阻技术领域的创新提供了宝贵的启示。

鲨鱼的皮肤表面覆盖着大量的微小鳞片，这些鳞片被称为“肤齿”或“盾鳞”。这些盾鳞的尺寸通常在 100 ～ 200 微米，肋条间的宽度为 50 ～ 100 微米，它们的形状和排列因鲨鱼的种类和身体部位而异，见图 2-2-7。盾鳞的最外层为珐琅质，中间层是象牙质，中央是髓腔。这种结构使得鲨鱼皮肤表面呈现出一种肋条状的纹理，这些肋条与水流方向基本平行，且具有间隔。这些肋条状结构的排列对减少湍流涡的形成起到了关键作用。在高速流体流动的情况下，这种结构能够优化鲨鱼体表流体边界层的流体结构，抑制和延迟紊流的发生，从而有效地减小水体阻力。研究表明，这种减阻效果在高速流体流动状况下可达 8%。此外，鲨鱼的盾鳞还具有良好的防污功能，紧密有序排列的盾鳞及分泌的黏液使鲨鱼体表具有较低的表面能和亲水性，可有效防止海洋污损生物的附着。

鲨鱼皮肤与人类科技

鲨鱼皮肤的减阻艺术，不仅让鲨鱼在水中游得更快、更轻松，也启发了人类科技的发展。科学家仿照鲨鱼皮肤的纹理，研发出了仿生鲨鱼皮材料。这种材料具有优异的减阻性能，被广泛应用于泳衣制作、飞机和船舶的表面涂层等领域。

在游泳领域，基于仿生鲨鱼皮材料制成的泳衣，曾在 2000—2008 年帮助专业游泳运动员打破世界纪录，显著提高了运动员的比赛成绩（现在国际赛事中已禁止使用此类泳衣）。

德国汉莎航空技术公司凭借对仿生学的深入研究，成功地从鲨鱼皮独特的结构中获取灵感，进而研制出一款专门用于减小飞机飞行摩擦力的“贴膜”。其功能的实现源

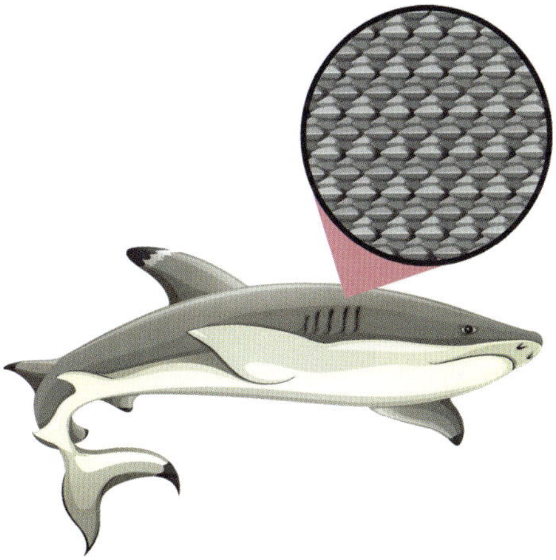

▲ 图 2-2-7　鲨鱼皮肤表面的齿状结构

于对鲨鱼皮结构的精妙模仿。鲨鱼皮上的沟槽状盾鳞结构被精准复制到“贴膜”上。这种结构在减少湍流涡的形成方面发挥着关键作用。在流体力学中，湍流涡的产生会极大地增加壁面摩擦力，而“贴膜”的这种结构能够干扰湍流涡的形成机制，从而达到减小壁面摩擦力的效果。飞机在高速飞行过程中，与周围空气的摩擦会产生较大的阻力，而该“贴膜”的特殊设计使其能够有效应对这一问题。它如同一个高效的“润滑剂”，作用于飞机的表面，减少飞机与空气之间的摩擦，使飞机飞行更加顺畅。在能源利用方面，这款“贴膜”为飞机带来了巨大的优势。使用该“贴膜”的波音 747-400 飞机每年可少用 300 吨燃料，减少约 900 吨碳排放。燃料的减少使用不仅意味着航空公司运营成本的降低，还对全球能源的可持续发展做出了积极贡献。在全球对环境保护日益重视，特别是对温室气体排放严格管控的当下，这种实现减少碳排放的技术具有极其重要的意义。

鲨鱼皮肤的微结构，是自然界中一种卓越的减阻艺术。它不仅让鲨鱼在水中游得更快、更轻松，也为人类科技的发展提供了宝贵的灵感和启示。通过学习和模仿鲨鱼皮肤的微结构，人类已经在体育运动、航空等领域取得了显著的成效。未来，随着科技的不断进步和多学科融合的深入发展，我们有望从鲨鱼皮肤的微结构中汲取更多的智慧，为人类创造更加高效、节能、环保的科技产品。

2.3 生存与适应的智慧

2.3.1 动物捕食与防御的较量

在广袤的自然界中，动物为了生存展开了一场场惊心动魄的较量。它们不断进化出独特的捕食和防御机制，这些机制不仅是动物在残酷环境中生存的关键，更是大自然赋予它们的智慧结晶。从猛禽的高空俯冲，到昆虫的巧妙伪装；从猛兽的强大力量，到海洋生物的奇特防御，动物的捕食和防御机制展现出了令人惊叹的多样性和适应性。

动物为了获取食物和避免成为其他动物的食物，不断调整自己的行为和生理特征。这些机制的形成不仅受到环境因素的影响，还与动物的生存需求和遗传因素密切相关。例如，生活在草原上的狮子和猎豹，它们需要极快的速度和强大的力量来追捕猎物，见图 2-3-1；而生活在森林中的动物则可能更多地依靠伪装和隐蔽来躲避捕食者。

动物的捕食和防御机制也反映了它们与环境之间的紧密联系。动物通过适应环境，进化出了各种独特的生存习性。例如，一些动物会根据季节的变化调整自己的捕食和防御方式；一些动物会利用地形和植被来隐藏自己或

▲ 图 2-3-1 猎豹捕猎

寻找猎物。这种与环境的相互作用使得动物能够在不同的生态系统中生存和繁衍。

动物捕食机制的仿生学应用成果

军事领域

夜视仪和红外探测器：蛇能通过探测周围环境中温度的变化来锁定、捕捉猎物，热追踪导弹的设计正是从蛇的这一能力中得到启发。而基于蛇的这种特性，科学家还研发出了夜视仪和红外探测器等军事装备，提高了军事行动在夜间和复杂环境下的作战能力。

交通领域

高铁车头设计：日本西日本旅客铁道公司的工程师从翠鸟身上获得灵感，把火车头设计成 15 米长的钢制翠鸟喙。翠鸟在水中觅食时几乎不会激起涟漪，这种低阻力的特性被应用到高铁设计中，大大提高了列车的运行效率和节能性。

汽车设计：箱鱼的身体在空气动力学方面表现极佳，梅赛德斯 - 奔驰公司从箱鱼身上汲取设计灵感，研发出了高效能的概念车。这种设计不仅减小了汽车在行驶过程中的空气阻力，提高了燃油效率，还为汽车设计带来了新的思路和方向。

工业领域

外骨骼康复机器人：西安交通大学的徐光华研究团队受螃蟹、龙虾关节结构的启发，首次提出一种具有反向共轭面的刚柔一体的外骨骼模型。其融合了生物关节优势与人体运动特性，克服了目前手功能损伤患者所用的康复辅助设备中普遍存在的体积大、重量大、机械结构复杂、传动效率低、适配性差等缺陷，可用于可穿戴式外骨骼康复机器人。这种仿生设计不仅提高了康复设备的性能，还为工业领域的机械设计提供了新的思路。

先进制造技术： 仿生学龙虾的制造工艺采用了 3D 打印、激光切割等先进制造技术。模仿龙虾的外形和结构，设计出符合仿生学原理的龙虾模型，选择高强度、耐腐蚀、耐磨损的材料，经过精确制造和组装调试，使其具有更好的耐磨性和耐腐蚀性。这种制造工艺在工业领域具有广泛的应用前景，可以提高产品的质量和性能。

环保领域

环保型空气净化系统： 龙虾呼吸系统的仿生原理被用于开发环保型空气净化系统。龙虾在水中生存，其呼吸系统能够有效地过滤水中的杂质和有害物质。借鉴这种原理，开发出的空气净化系统可以更加高效地过滤空气中的污染物，提高空气质量，为人们创造更加健康的生活环境。

环保建筑材料： 龙虾外壳的仿生材料被用于制造环保建筑材料。龙虾的外壳坚硬且具有一定的韧性，其材料特性可以为建筑材料的研发提供参考。利用这种仿生材料制造的建筑材料不仅具有良好的强度和耐久性，还可以减少对环境的影响，实现可持续发展。

动物防御机制的仿生学应用成果

军事领域

新型防护装备： 受到动物硬壳或厚皮防御机制的启发，科学家研发出了新型的防护装甲。例如，借鉴乌龟壳的结构和材料特性，设计出具有高强度和良好韧性的防护装备，能够有效地抵御各种攻击。同时，类似豪猪尖刺的排列方式也被应用于设计新型的防弹材料，提高了防弹性能。

伪装技术： 动物的保护色和拟态为军事伪装提供了思路（图 2-3-2）。科学家通过研究动物如何根据环境改变自身颜色和形态，开发出了先进的迷彩技术，使军事装备能够更好地融入周围环境，提高隐蔽性。例如，模仿变色龙的变色机制，研发出可以根据环境变化自动调整颜色的伪装材料，用于军

▲ 图 2-3-2 橙色橡树叶蝴蝶伪装成橡树叶

事车辆和设施的伪装。

交通领域

汽车安全设计：受动物断尾逃生机制的启发，汽车制造商设计了可溃缩式结构。在发生碰撞时，部分结构能够像壁虎断尾一样主动变形，吸收撞击能量，保护车内人员的安全。此外，借鉴刺猬和豪猪的尖刺结构，在汽车外部设计了一些可弹出的防护装置，在遇到紧急情况时能够提供额外的保护。

飞机安全改进：动物的防御机制也为飞机飞行的安全性提供了借鉴。例如，研究蝴蝶翅膀的结构和材料特性，开发出更加轻盈且坚固的飞机机翼材料，提高了飞机的飞行性能和安全性。同时，借鉴蜜蜂和胡蜂的毒液反击机制，设计了飞机的应急自卫系统，在遇到危险时能够释放干扰物质，保护飞机的飞行。

工业领域

新型材料研发：动物的外壳和外骨骼为工业材料的研发提供了灵感。通过模仿昆虫的外骨骼结构和材料特性，开发出了高强度、轻量化的新型材料，广泛应用于航空航天、汽车制造等领域。例如，利用先进的材料合成技术，制造出具有类似外骨骼结构的复合材料，其具有优异的力学性能和耐腐蚀性。

安全防护设备：受动物防御机制的启发，工业领域开发了各种安全防护设备。例如，借鉴蜜蜂和胡蜂的螯针使用机制，设计了一种可重复使用的安全防护刺针，用于工业设备的防护。当设备受到外力撞击或破坏时，刺针能够自动弹出，阻止设备进一步被损坏。

医疗领域

伤口愈合技术：动物的再生能力为医疗领域的伤口愈合提供了借鉴。例如，壁虎遇到敌人攻击时，肌肉剧烈收缩，尾巴脱落。由于尾巴上存在神经和肌肉，刚掉落的尾巴可以在地上颤抖，从而转移天敌的视线。几天后，壁虎就开始长出新的尾巴。壁虎尾巴可以再生的原因是由于壁虎能够分泌一种叫作“成长素”的激素，尾巴断裂时，这种激素开始分泌，使得伤口快速愈合，形成尾牙基，经过一段时间的细胞分裂和生长，最终会长出一条新的尾巴，见图 2-3-3。尾巴长好后，这种激素就不再分泌了。科学家研究壁虎断尾再生机制，研发出了促进人体组织再生的医疗技术。通过激活人体自身的再生能力，加速伤口的愈合过程，减少疤痕的形成。

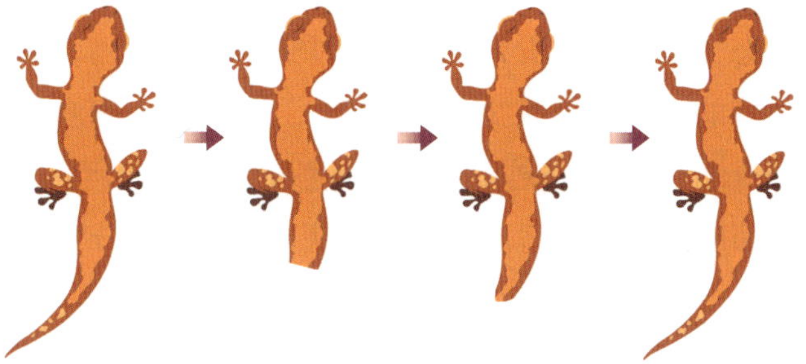

▲ 图 2-3-3 具有再生能力的壁虎尾巴

防护设备：动物的防御机制也为医疗防护设备的设计提供了灵感。例如，借鉴蜜蜂和胡蜂的毒液成分，开发出了具有抗菌和消炎作用的医疗防护材料，用于伤口敷料和防护手套等设备的制造。同时，受动物硬壳和尖刺的保护机制启发，科学家设计了新型的医疗防护头盔和护具，提高医护人员的安全保障。

动物的捕食与防御机制是自然界的宝贵财富，对人类的科技发展和生活有着重要的启示和价值。我们应该更加深入地研究动物世界，从中汲取智慧，为人类的未来创造更加美好的生活。同时，我们也应该保护好自然环境，为动物提供良好的生存空间，共同维护生态平衡。

2.3.2 沙漠生物耐渴之谜

在无垠的沙海中，生命似乎是一种奢望，然而，正是在这片被日光与风尘主宰的疆域里，一些顽强的生命书写着生存的奇迹。沙漠，这个地球上最为严酷的环境之一，却孕育了众多适应极端干旱、高温挑战的独特生物。它们的存在，仿佛是对生命极限的一次次探索。

这些沙漠生灵，无论是身形庞大的骆驼，还是微小至几乎看不见的甲虫，都有其独到的节水智慧。从生理结构的精妙设计，到行为习性的巧妙调整，每一种生物都发展出了一套令人惊叹的节水策略。而在这多元化的求生之道背后，隐藏着共通的理念即追求最小化水分损失，最大化水源利用，以确保在恶劣环境下也能延续生命的火种。

我们将深入探讨几种有代表性的沙漠生物的节水策略，解析它们如何通过生理机制与生态智慧，在这看似不毛之地中找到生存之源。我们不仅能看到骆驼如何凭借独特的代谢系统减少水分蒸发，还能了解到某些植物如何通过改变生长模式来降低水分消耗；更有那些微小生物，它们如何依靠特殊的生活习性，捕捉那稍纵即逝的雨露或清晨的雾气，获得珍贵的水分。

骆驼

骆驼，自古以来便是穿越沙漠的使者与勇士，见图 2-3-4。骆驼之所以被誉为“沙漠之舟”，不仅因为它们强壮的身躯和耐力，更在于其一系列精细而高效的节水机制，使其能够在极端干旱的环境中生存繁衍。

骆驼能够在高达 46℃的极端高温下生存，这一能力的背后隐藏着一套精妙的体温调节机制，以及多层次的节水策略。核心原理之一在于骆驼独一无二的体温调节机制。与多数哺乳动物不同，骆驼采用的是一种被称作“热滞”的体温调节策略。这意味着，在白日酷暑之时，骆驼容许自身的体温逐渐攀升至 46℃左右，而不是立即启动耗水的散热反应，如出汗或加速呼吸。这一机制避免了通过皮肤蒸发水分来散热的损耗，因为汗液蒸

▲ 图 2-3-4　沙漠中的骆驼

发需要大量的水分，而在水资源稀缺的沙漠环境中，每一滴水都是珍贵无比的。

此外，骆驼的鼻子构造亦为一项设计精巧的杰作。它们的鼻腔内布满复杂的褶皱，形成了类似空调般的换热器，能够在每一次呼气时捕获呼出空气中的一部分水分，再通过吸入将这部分水分重新导入体内，大大减少了水分的净损失。同时，这一系统还能过滤尘埃，保护呼吸道免受沙漠风暴的侵袭，可谓一举两得。另一项关键原理在于，骆驼的血液成分与循环系统。它们的红细胞呈现出独特的椭圆形而非常见的圆盘状，这一形状的改变增强了红细胞在高黏稠血液中的流动性，使骆驼即使在严重脱水的情况下，仍然能够保证血液循环的顺利进行，维护生命所需的各种功能不受影响。

驼峰作为骆驼的标志，存储了大量的脂肪。在没有食物和水的情况下，这些脂肪会被分解转换为能量和水，为骆驼提供延续生命所需的必要物资。值得注意的是，这一过程所产生的水分，对骆驼来说至关重要，特别是在极度干旱时期，它可以暂时满足身体的水分需求，延长生存时间。

同时，骆驼的消化系统也非常高效，能够从吃下的植物中最大限度地汲取水分和营养，其肾脏的过滤功能强大到可以生产高度浓缩的尿液，以进一步减少水分的浪费，确保体内水分得到充分的利用。

不仅如此，骆驼的蹄部结构也被演化用于沙漠环境，宽阔的蹄垫增加了其与地面的接触面积，分散了体重对地面造成的压力，防止其陷入松软的沙地，同时也减少了足部皮肤的水分蒸发，为骆驼的整体节水策略添砖加瓦。

沙漠植物

在地球生态系统中，沙漠占据着广阔的版图。在这片看似荒芜的土地上，生命力顽强的沙漠植物，以独特的生存策略和适应机制，勾勒出一抹抹生机勃勃的绿色印记，为干涸之地披上了生命的华服。接下来，我们将深入探讨几种典型沙漠植物，解析它们如何在极度干旱、高温与强烈日照的考验下，绽放出生命的奇迹。

仙人掌：储水与反光的典范

仙人掌家族，以其独特的形态和生理机能，在众多沙漠植物中脱颖而出。它们的主要特征之一便是发达的茎部组织，生长成肥厚的肉质结构，用以存储大量水分。这一特性，不仅是仙人掌干旱时期的救命稻草，还借助其多孔细胞壁，有效地促进水分的吸收与控制水分的蒸发。与此同时，仙人掌表面覆盖着密集的刺毛，一方面防止害虫的侵害，另一方面这些刺毛能反射阳光，降低体表温度，减少水分蒸发，见图 2-3-5。近年来的研究还表明，仙人掌的刺可以收集空气中的水分，当水分在刺上凝结后会沿着刺最终流向根部，供仙人掌吸收。

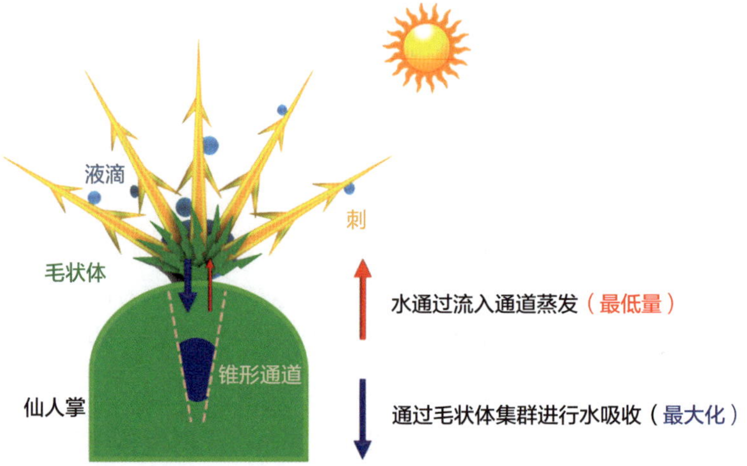

▲ 图 2-3-5　水分在仙人掌刺上的凝结示意图

胡杨林：“不死树”的重生秘密

胡杨，被誉为“沙漠英雄树”，其生存之道集中体现在其根系的惊人适应性与再生能力。胡杨的根系深达地下数十米，可广泛延伸搜寻地下水脉，甚至能在极其恶劣的盐碱环境中吸取水分。更重要的是，胡杨拥有非凡的自我修复能力，其枝条折断后，能够迅速愈合，并在适宜条件下重新发芽生长，这一特质让胡杨得以在沙漠环境中生长繁殖，被誉为“不死树”。

梭梭树：固沙先锋与沙漠绿洲的缔造者

梭梭树，作为另一种典型的沙漠植物，其生存秘诀在于其卓越的抗旱性能和生态重建能力。梭梭树的根系同样强大，能深扎地下，吸取深层水分，它最大的特色在于能防风固沙。梭梭树的种植，不仅有效遏制了沙漠化，还促进了土壤的改良与保护生物多样性，为更多的动植物提供了栖息之所。

叶子退化与光合作用革新

许多沙漠植物为了减少水分蒸发，进化出了独特的叶子退化或变异功能。比如，有的植物将叶面缩小至近乎消失，仅留下细小的针状结构或刺，这不仅能大幅降低水分蒸发速率，还能利用有限的光照进行高效的光合作用。更有甚者，像马齿苋科的部分种类，采用了景天酸代谢（Crassulacean acid metabolism，CAM）途径，即晚上开放气孔吸收二氧化碳，白天关闭气孔以保存水分，同时在夜间进行光合作用的初步阶段，这是一种适应沙漠环境的高效光合策略。

沙漠植物通过上述种种演化与适应，构筑起一道道生命的防线，不仅禁住了自然界的苛刻考验，还为干旱的土地带注入了生命力，见图 2-3-6。这些"绿色战士"的存在，让我们见证了自然界中生命的伟大，也激发了科学家对生命科学与生态保护的无限思考。

▲ 图 2-3-6 胡杨林及梭梭林

沙漠微生物

沙漠中的微生物，虽然渺小，却是自然界坚韧不拔的生命象征。它们栖息于广袤无垠、干燥异常的砂石之间，呈现了独特的应对干旱的生存艺术。为了对抗严酷的缺水环境，这些微小生命体演化出的复杂多样的节水技能，成了它们卓越的生存策略。

以土壤杆菌为例，这类微生物广泛分布于全球各地的干旱区域，应用独特的适应策略，使其能够在极端干燥条件下存活。其中，最具代表性的就是其强大的细胞保护机制。面对干旱胁迫，土壤杆菌能够合成一种名为海藻糖的特殊糖类，这种糖分子能够在细胞内部形成一层保护层，有效维持细胞的渗透压平衡，防止细胞脱水，进而减少水分的流失。此外，它们还会分泌一系列有机酸和抗氧化物，进一步提高细胞抵抗干燥伤害的能力。

微生物表现出极高的响应速度，以充分利用难得的水分补给。比如，沙漠中的藻类，它们能在短时间内迅速激活自身，利用雨水形成的临时积水进行繁殖和光合作用，实现快速生长。沙漠藻类是指生长在荒漠地区的土壤藻类，如蓝藻、硅藻等。它们通过在水循环中所蒸发的水汽生存，降雨时随着雨滴而落入荒漠，最终适应强辐射、营养贫乏、干旱等极端条件。它落入荒漠后，先在沙子表面形成一层光滑平坦的表皮，并且随着土壤中水分含量的增多而扩展；遭受长时间的恶劣天气后，它生长为粗糙的、不规则的结皮。它之所以能在这种极端恶劣的沙漠环境中存活，有几点原因：一是沙漠藻出现在 350 万年前，处于初始发育阶段，属于古老的单细胞物种。它生长在极为恶劣的干旱环境，日照强烈，温差巨大，细胞活性更强，自我保护能力、进化能力也比其他生物更强。二是沙漠藻的细胞壁是由较厚的膳食纤维组成，拥有世界上生命活性最强的细胞生长因子，这是它快速生长并繁殖的原因之一，也是它的细胞在不断分裂中永远保持无变异的关键所在。三是由于沙漠普遍日照时间长、光线强烈，在这种环境下促进了藻类的光合作用，生成了丰富的有机物及其他物质。

对于某些微生物而言，选择适居场所同样至关重要。例如，链霉菌属的一些成员偏好居住于沙漠中的沙土颗粒间隙或岩石表面，这里往往较外围环境湿润，形成了一种“微气候效应”，有助于水分的保存，同时也避免了太阳的直接照射。这样的微生态环境为微生物提供了相对稳定和湿润的小天地，显著提高了它们的生存率。

更神奇的是，一些微生物甚至发展出了与其他生物共生的关系，形成了复杂的生态网络。例如，苔藓和藻类常与真菌共生，形成地衣复合体，后者为前者提供保护和水分，而苔藓和藻类则通过光合作用为其提供碳水化合物。这种合作使得双方都能在极端干旱的环境中生存下来，展现了生态系统中微妙而紧密的合作关系。

沙漠中的仿生技术应用

沙漠生物在极端干旱环境下进化出的储水、节水能力，为仿生科学提供了宝贵的生态恢复和环境保护技术借鉴。通过模仿或利用这些生物的适应机制，开发出新的材料和技术，以科学的方式利用水资源，对干旱和半干旱地区的生态恢复具有重要意义。

生物土壤结皮固沙技术

生物土壤结皮是干旱区和荒漠区地表的重要生物覆盖层，由土壤微生物、藻类、地衣和苔藓等孢子植物类群与土壤颗粒形成的有机复合体。这些结皮在全球干旱区地表广泛分布，在提高荒漠地表的稳定性、固定碳和氮等营养元素、增加土壤肥力及保持土壤水分等方面发挥重要作用。因此，生物土壤结皮在干旱区受损地表的生态修复方面具有广阔的应用前景。中国科学院西北生态环境资源研究院沙坡头沙漠研究试验站的研究团队，经过30余年的努力，成功研发了生物土壤结皮高效固沙技术。这一技术突破了干旱区的水分制约，以土壤生境修复为目标，具有建设周期短、稳定性好、固沙效率高、治沙效果好、适用范围广、操作简易等优点。研究团队通过在野外条件下成功培养出人工结皮，解决了人工结皮固沙技术的关键问题。例如，通过“机械固沙措施+混合藻液喷洒+旱生灌木”的模式，10～16个月后即可形成稳定的固沙层，风蚀量减少95%以上；固沙灌木成活率提高了10%～15%，补苗率降低了近40%，降低了固沙成本。

目前生物土壤结皮高效固沙技术已在宁夏境内推广4000余亩（一亩≈0.0667公顷），取得了良好的经济、生态和社会效益，节约了大量的防沙治沙成本。该技术是宁夏黄河“几字弯”攻坚战主要推广的固沙新技术，其大范围推广和应用将实现沙漠化土地治理的加速、提质和增效。

神经形态智能湿度传感器

骆驼在沙漠中寻找水源的能力十分突出，它的鼻子不仅是一个高效的“湿度探测器”，而且能够在干燥的空气中探测到微小的水分变化。受此启发，中国科学院福建物质结构研究所黄伟国教授和中国科学院上海微系统与信息技术研究所宋健教授在*ACS Nano*学术期刊上发表了具有神经形态的智能湿度传感器的相关研究成果，这种传感器不仅能够检测空气中的湿度变化，还具有定位水源的能力。

骆驼的鼻子内部具有狭窄的卷轴状通道，这创造了一个巨大的表面积，内衬着吸水的黏液。这种结构使得骆驼能够在沙漠中通过感知空气中的湿度变化来寻找水源。这种新型湿度传感器基于多孔聚合物网络，模仿骆驼鼻子内部的较大表面积结构。在其上放置了被称为两性离子的吸湿分子，以模拟黏液随着湿度变化而改变电容的特性，由于两性离子聚合物网络的多孔结构和吸湿特性的协同作用，该传感器在已有的电容式湿度传感器中对湿度变化的响应速度最快，且具有良好的灵敏度和高分辨率。除此之外，研究人员还通过模拟骆驼的寻水行为，使用湿度传感器分析时空两个维度的水分含量梯度变化，来跟踪和定位开阔场地中的水源。这一功能为干旱地区的水源探测提供了新的可能性。

多模态触觉传感器

撒哈拉银蚁生活在沙漠中，是世界上跑得最快的蚂蚁，它们从树荫下迅速冲出，在非洲炎热的阳光下寻找食物，被誉为世界上最耐热的昆虫。研究表明，当银蚁有机体受到机械和热刺激时，离子通道的打开和关闭会产生生理电信号，从而实现力和热的感知，见图 2-3-7。利用这一生物学原理，我国的科学家基于摩擦电纳米发电机的接触通电现象，设计了一种压力 / 温度触觉传感器，用于在高温下感知压力和热刺激。由于非对称结构和耐热传感材料的设计，这种摩擦电传感器的应力响应速度和恢复时间分别为 70 毫秒和 58 毫秒，其最高工作温度可达 200℃，远远超过人体皮肤的高温感应极限（60℃）。此

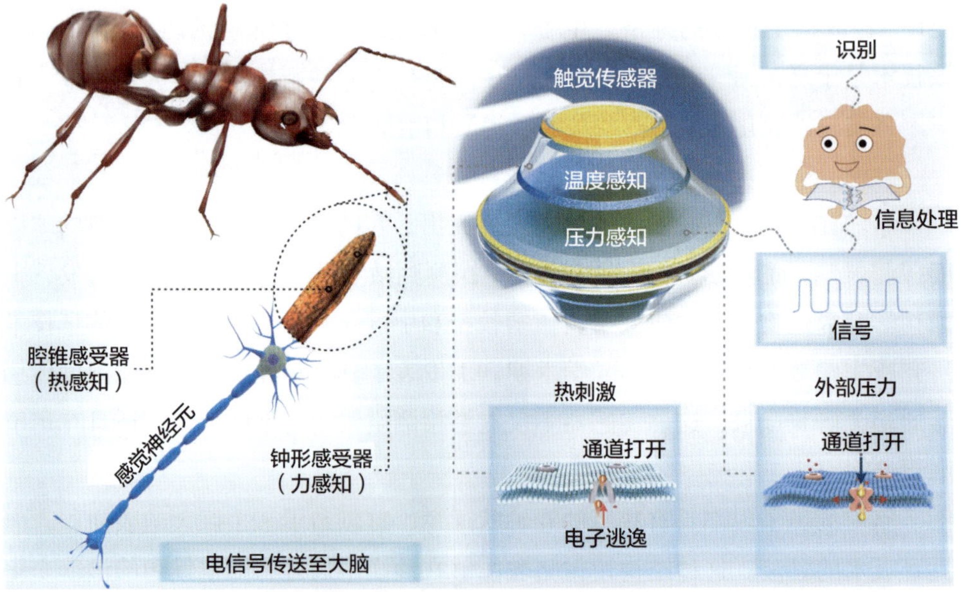

▲ 图 2-3-7 仿生摩擦电传感器原理图

外，通过在机械手上集成摩擦电传感器，实现了在高温下对压力和温度的实时响应，这项技术可以在某些极端环境下应用。

2.3.3 深海生物的抗压本领

在海洋深处，隐藏着地球上未被完全开发的神秘领域。深海，是光线无法触及的地方，巨大的水压及冰冷的温度构成了一幅极端的生存画布。然而，正是在这般严酷的环境中，生活着一群生物，它们以超乎想象的方式适应着深海的压力，挑战着生命的极限。深海生物所展示的抗压本领，不仅让人叹为观止，更激发了科研人员对其深入探索的兴趣，为生物医学、材料科学乃至太空探索等领域带来了新的启示。

深海生物如何承受那相当于数百倍大气压的巨大压迫？是什么样的生理机制让它们能够在如此高压之下自由游弋，甚至繁衍生息？这些问题的答案，如同海底深渊一般深邃，等待着我们去探索。

深海鱼类

鮟鱇鱼：黑暗中的掠食者

鮟鱇鱼一般生活在海平面以下 500 ～ 5000 米的海底。其最显著的特点是雄性体形极小，雌性则拥有庞大的身躯和发光的诱饵。鮟鱇鱼的骨骼柔软且可压缩，肌肉纤维紧密排列，这种特殊结构使它们能够抵御深海的强大水压，同时保持灵活的运动能力。其眼睛虽已退化，但在一片漆黑中，发光器官成为其求偶和狩猎的关键武器。

狮子鱼：冰点之下的舞者

狮子鱼家族成员众多，分布于世界各地的冷水海域，部分物种甚至栖息在接近南极冰层下方的深海。它们的体形扁平，鳍似裙摆，给人以优雅的印象。狮子鱼的体液中含有天然的抗冻蛋白，这是一种防冻剂，它能够防止血液冻结，保持生理活动在极寒环境下的正常运作。此外，它们的皮肤薄而透明，骨骼柔韧，减少了水压的影响，使狮子鱼能够在万米深海的区域自由游弋。

巨型乌贼：传说中的深海巨兽

虽然罕见且难以观测，但巨型乌贼一直是深海中的“明星”。据估计，其成年个体长度可达约 12 米，触手长达约 9 米，被认为是深海中最具威胁性的捕食者之一。巨型乌贼的头部和躯干由一层强健的外套膜包围，内部充满了富含镁离子的液体，起到浮力调节的作用，帮助其在深水中稳定悬浮。此外，它们拥有发达的喷射推进系统，能够在瞬间快速移动，以逃避捕猎者的追击或是主动出击捕捉猎物。其他深海鱼类见图 2-3-8。

▲ 图 2-3-8　深海鱼类

深海甲壳类巨型等足目

等足目生物是一类小型至中型的深海甲壳类动物，其中包括著名的深海巨型等足目。它们可以在数千米深的海沟中被找到，是深海沉积物的主要“消费者”之一。巨型等足目的特征是有着强壮的外壳和较长的腿，使它们能够抵御深海压力并在泥泞的海底爬行。某些物种拥有特殊的鳃，能够在缺氧的环境中生存，这是由于深海底层氧气含量极低，这一适应性让它们能够在其他生物难以立足的环境下生长繁殖。

深海虾

深海虾的代表之一——南极深海螯虾，又称新西兰小龙虾、新西兰挪威海螯虾，虾体形较小，鲜艳清新，与传统龙虾相比，双螯明显细长很多。南极深海螯虾生长在新西兰和南极之间 150 ～ 650 米的深海海域中，该海域因为被合理保护，海水透明纯净，生长在这里的南极深海螯虾品质优良，以其肉质丰满、柔嫩、味道甜美而闻名，从源头到终端始终需要保持冷链物流，远销世界各地。

深海蟹

深海蟹，如雪人蟹，科学家将这种动物命名为“基瓦多毛怪”，它们能够在深海裂缝和热液喷口附近生存。它们具有强壮的爪子和适应低温、高压、硫化物环境的特殊体质。雪人蟹完全没有视觉功能，身上布满了黄色的细菌群落，螯上覆盖着头发般细细的绒毛，它们喜欢将钳子在活跃的冷泉上挥舞，从而令细菌最大化地暴露在所需的化学物质中。而在进食时，它把长毛的钳子刷过像梳子一样的口器，吞下细菌颗粒。科学家认为，这些细菌能消除热泉水的有毒矿物质，从而让“基瓦多毛怪”在危险重重的热泉区存活下来。

深海生态系统

海底热泉系统

海底热泉系统，最早于 1977 年通过美国深潜器“阿尔文”号在太平洋深渊的探险中被揭示，标志着生命科学的重大突破，见图 2-3-9。这些热泉，本质上是海底版的“温泉”，源源不断地向周围的深海环境中喷涌出高热量的液体，营造出一个融合了高温、高压及无光的独特生态圈。在此极端环境下，科学家惊喜地发现了诸如血红巨虫、大尺寸的贝类、甲壳类等多种异彩纷呈的生物种群，这显示了深海生物令人难以置信的适应能力和深海生态的多样性。

在热泉周边，传统的光合作用法则失效，取而代之的是以化能自养型微生物为代表的独特生物圈，它们能在没有阳光的情况下通过化学反应创造生命所

▲ 图 2-3-9 海底热泉系统

需的能量和有机物。这些微生物，主要是极端嗜热的细菌和古菌，能够高效地利用热液中丰富的硫化物进行化能合成，产生的生物能量可达到海洋表层光合作用量的 2 ～ 3 倍，为整个热液生态系统构筑了坚实的生命基础。共生关系在这类环境中尤为显著，成为维系热液生物群落生态平衡的关键纽带。

热泉生物体内的特殊基因和酶，使其在应对类似工业生产条件下的极端环境（如高温、高压）方面显示出巨大潜力，为现代医药研发、基因治疗、食品工业、化工生产乃至环保领域提供了广阔的创新空间。热泉系统中的这些微生物与其他生物间的共生现象，不仅是深海生态学研究的热点，更是未来跨学科应用科学发展的前沿阵地。

海底冷泉系统

海底冷泉系统以其丰富的甲烷产出著称，进化出了一种具有独特生活方式的生物，即以甲烷为能量来源和碳素补给的生物集群，加之所在环境具备生成天然气水合物的理想条件，孕育出了宝贵的自然资源宝库，极具科考价值。

冷泉生态系统的核心是以化能自养微生物为基础的生态网络，构建了一个拥有鲜明特色的生态体系，从而将深海极端环境下的生命界限推向了新高度，见图 2-3-10。研究表明，相较于热液系统，冷泉生态系统虽在生物量上有明显优势，却在生物多样性方面略显逊色。深海冷泉区，尤其在喷口附近，聚集了大量的古菌群落，而负责厌氧甲烷氧化过程的关键共生体，则主要包括甲烷氧化菌与硫酸盐还原菌两大类。这一共生机制为冷泉生物提供了稳定的能量来源，维持着冷泉生态系统的运作。

冷泉系统与热泉系统虽然在生态群落结构上有一定的相似之处，但在生物密度和物种多样性方面呈现出各自的特点。冷泉系统中特有的微生物及其代谢活动，不仅为探索深海生态学开辟了新的研究窗口，更为人类认识生命

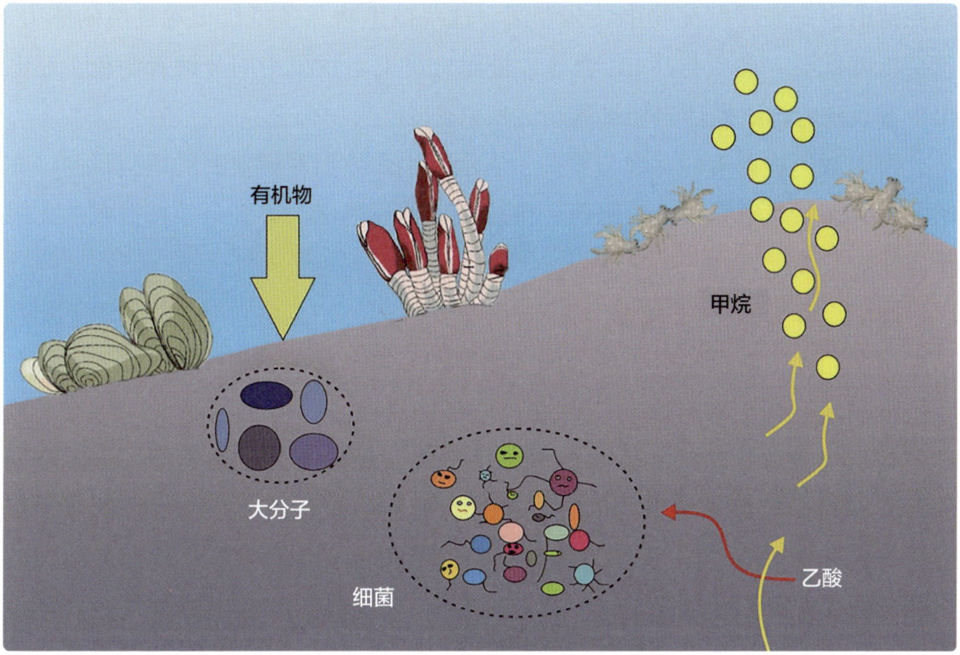

▲ 图 2-3-10　海底冷泉示意图

适应能力与生态环境演变提供了珍贵资料，无疑是对现有科学认知的重要补充和完善。

海山

海山，作为深海环境中的突出地形，其特征在于海拔高出海底基准面至少 1 千米，且山顶仍位于水面下数百至数千米，见图 2-3-11。此环境多由岩石质地构成，成为一系列底栖生物的家园，尤其是那些倾向于过滤营养、偏好附着或固定在一个位置活动的物种，诸如珊瑚、海笔、水螅目生物及海百合等。

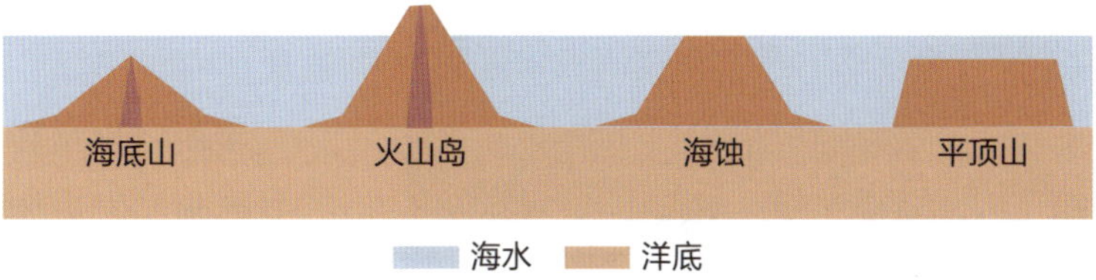

▲ 图 2-3-11　海底山等地形示意图

海山生态系统蕴含极为丰富的生物多样性，其中微生物占据一席之地与深海热液或冷泉系统所倾向的自养微生物相比，海山内的异养微生物在冷清、相对稳定的深海底层沉淀物中长久存活。这些微生物具备抵抗极端环境的能力，包括抵御低温、高压与高 pH 值等，进而扮演生态系统中的分解者角色，对海山生态系统的物质循环与能量流动贡献卓著。

海山微生物群落的存在与繁荣，展示了生命体面对逆境时的适应机制，亦昭示了其在生态研究、生物医药、科技革新及环境保护等多个领域潜藏的无限可能性。

珊瑚生态系统

深海珊瑚生态系统，表现为深水珊瑚礁与深水珊瑚林两种形态，二者虽在碳酸盐利用途径上有所区别，导致其分布格局各异，但仍同属于深海冷水珊瑚范畴，代表着除热液和冷泉的深海环境中一种广布的生态类型。深海珊瑚的存续仰赖于上层水域供给的有机碎屑，加之稳定基底与旺盛水流的双重保障，令其能够在海山、峡谷等各类复杂地形条件下蓬勃发展，构建起壮观的生命绿洲，见图 2-3-12。

与浅海珊瑚依赖光合共生藻类获取能量截然不同，深海珊瑚对自养型微生物的倚重较小，这种差异彰显了深海生物对极端环境的独特适应性。在深海珊瑚生态系统中，微生物扮演着碳酸盐物质循环的催化者角色，它们不仅参与碳酸盐的沉积，推动珊瑚礁与珊瑚林的成型，还为各类海洋生物提供栖息之所，巩固了珊瑚生态系统的根基。

世界上的珊瑚主要分布在印度－西太平洋地区、大加勒比地区以及红海。印度－西太平洋地区，比较著名的有澳大利亚大堡礁，它是世界上最大的珊瑚礁群，绵延伸展长度有 2600 千米，最宽处 161 千米，形成了令人惊叹的自然景观。

▲ 图 2-3-12　美丽的珊瑚礁

珊瑚白化是珊瑚受环境压力影响，失去体内共生藻或藻类失去色素而导致珊瑚颜色消失的一种现象，可能导致珊瑚死亡。受气候变暖及海水污染等因素影响，大堡礁多次发生白化现象。澳大利亚大堡礁海洋公园管理局在2024年4月公布的数据显示，大堡礁正经历有记录以来最严重的大规模白化事件。整体珊瑚礁群的75%出现了白化迹象，近40%的珊瑚礁出现了高度或极度白化。为了保护海洋生态，需要各国在联合国框架内共同努力。

我国的珊瑚礁广泛分布于福建东山以南海域，造礁石珊瑚种类占世界已发现总数的40%，珊瑚礁鱼类近600种。我国政府和民众长期致力于海洋生态保护，对珊瑚礁的保护成绩显著。2023年，各监测区域活珊瑚覆盖率较2020年有所增加，生物群落结构总体保持稳定。

软体机器人的兴起与深海探索

深海环境，因其不可预测的压力、永恒的黑暗及错综复杂的地貌，一直是人类探索的极限地带。长久以来，传统的刚性潜水器虽勇闯深渊，但其局限性，如高昂的成本、烦琐的操作流程及对环境可能造成的潜在破坏，始终困扰着我们深海探索的脚步。然而，近年来，一种革命性的解决方案助力了我们对深海的探索。

软体机器人，设计灵感源自深海生物的世界，特别是那些能够轻松适应严酷条件的乌贼和水母，见图2-3-13。这些生物凭借其柔韧的身体结构，展现了令人惊叹的生存艺术。软体机器人正是汲取了这一优点，采用了弹性聚合物和智能材料，被设计成能够在不规则地形中自如穿梭的设备，极大减少了对敏

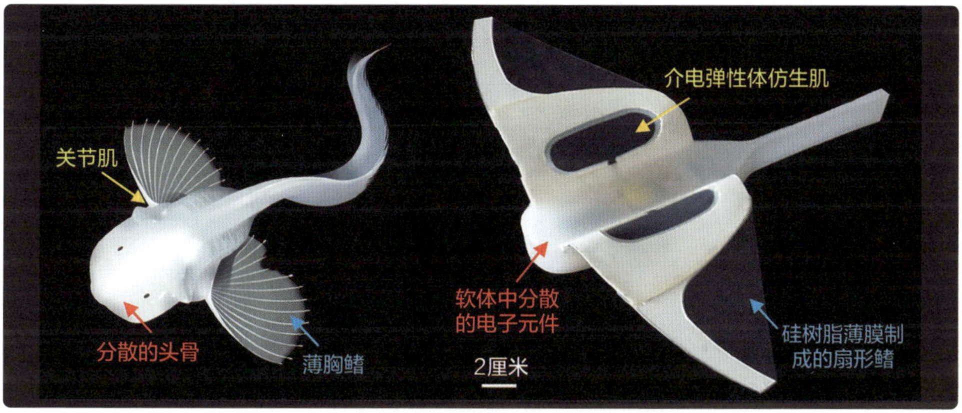

▲ 图2-3-13　我国科学家开发的深海软体机器人

感深海生态的侵扰，同时其也展示了卓越的耐压性和适应性。

其中，最具代表性的例子莫过于由哈佛大学仿生工程研究所开发的Octobot（章鱼机器人）。这款机器人堪称深海探险界的先驱者，全身几乎完全由凝胶状材料构成，摒弃了传统的电线与内置电源，仅依赖外部无线控制下的液压系统和简单的气动控制机制运作，从而达到了极高的灵活性和拥有自给自足的能力。Octobot 的设计参考了乌贼的生物力学原理，通过模仿其触须的动作，使得机器人能够在复杂的深海环境中完成搜索、观测乃至采样等精细作业，为科学研究提供了前所未有的便利。

另一款同样备受瞩目的创新作品来自麻省理工学院计算机科学与人工智能实验打造的软体机器鱼（Soft Robotic Fish，SoFi）。这款机器鱼融合了深海鱼类的优美泳姿，通过精准复制鱼类尾巴的摆动方式，实现了高速且静谧的推进效果。它能够在珊瑚礁之间自由穿梭，几乎如同真正的鱼儿般融入周边环境，收集高清视频资料，为研究海洋生物行为和生态互动提供了前所未有的视角。更为难得的是，它的设计最大限度地减少了对海洋生物潜在威胁，确保了深海探险与生态保护的和谐共存。

我国的科学家受深海狮子鱼启发，设计的软体机器人成功挑战了万米深的马里亚纳海沟。研究人员通过研究狮子鱼的耐压特性，发现这种鱼的头骨，细碎地分布在柔软的身体内。这种特性为水下机器人控制电路板的设计提供了启发。科研人员将电路板“拆开打碎”，以弹性体材料作为机器人的肌肉，将电路板均匀地分散在弹性软体内，从而降低水压对电路板的损坏。除此之外，机器人还需要在水下游动，研究人员利用海水作为离子导电的负板，用机器自带的电量在扇形鳍内外侧产生电势差，从而使人工鱼鳍产生变形，像鱼一样拍动前进。

2.3.4 水下生物如何感知万物

当人类在海洋、湖泊等进行水下探测时，经常由于水下恶劣的环境（例如水体浑浊），受限于视觉的技术可能无法探测到周围环境，从而给探索水下生物造成阻碍。在自然界中，有许多生物不需要通过视觉就能感知周围的环境，这些生物为我们开发新型非视觉类的感知技术提供了极大的帮助。

没有眼睛的洞穴鱼如何“看见”

▲ 图 2-3-14　没有眼睛的洞穴鱼

洞穴鱼是一类生活在地下水体或洞穴环境中的鱼类，见图 2-3-14，这些地方几乎没有任何光线。在这种环境中，眼睛的功能变得不再重要，甚至有些物种的眼睛完全退化。自然选择在这类环境中起到了作用，那些眼睛退化的个体可能节省了更多的能量，使其在极端的生活条件下更具生存优势。

没有光的环境让洞穴鱼失去了对视觉的依赖，取而代之的是它们发展出了其他感知环境的技能。最典型的就是它们的侧线系统，几乎所有的两栖类和鱼类都拥有这个器官，而洞穴鱼的侧线系统尤其发达。

侧线系统能够让鱼类感知环境周围水流方向、强度和速度等信息，这些信息对于鱼类的导航、捕食、逃避被捕食、社交和繁殖等行为至关重要。例如，当水流经过鱼的身体时，侧线感器会感知到水流的压力变化，鱼类可以利用这些信息来确定水流的来源，判断自身位置和方向，并做出相应的反应。

鱼的侧线系统由分布在整个鱼体内的非均匀分布的许多神经丘组成。作为侧线系统的功能单位，神经丘是由机械感觉毛细胞和非感觉细胞组成的小型受体器官。神经丘可以分为两类：浅表神经丘和管道神经丘。浅表神经丘位于皮肤表面，与外界流体直接接触，可以感知流速的变化，灵敏度可达微米/秒；管道神经丘位于皮下的侧线管道中，通过管道孔与周围环境相连，当两个管道孔之间存在压力梯度时，可以感知压力的变化，灵敏度可达兆帕。通过多个神经丘阵列感知目标物引起的周围流场的变化，鱼类便可以感知猎物或障碍物的方位。通过模仿这种功能，科学家制作人工侧线系统传感器，以实现对水下复杂环境中流场的感知，从而大大提高了我们探索海洋的能力（图 2-3-15）。

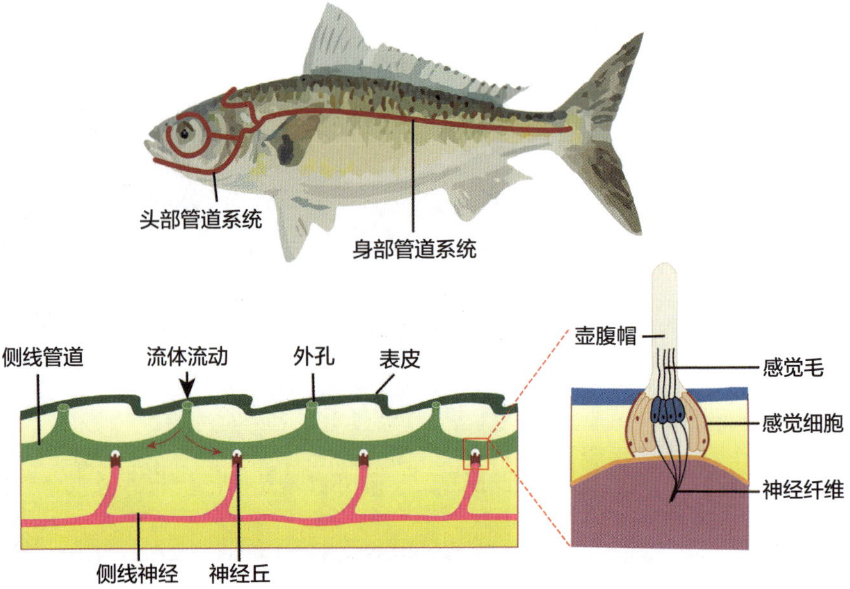

▲ 图 2-3-15　鱼类的侧线感知系统示意图

水母超强的“顺风耳”

水母在海洋中已经生活了超过 5 亿年，早已适应了这个广阔而神秘的环境，见图 2-3-16。或许你会有疑问：“水母和顺风耳有什么关系呢？”事实上，水母在风暴来临之前常常会成群结队地游向深海，这一行为向人们预示着风暴即将到来。那么，水母是如何预测风暴的呢？

▲ 图 2-3-16　漂浮的水母

原来，风暴来临前，海洋上会产生一种特殊的次声波，频率在 8 ～ 13 赫兹，这是由于空气与海浪摩擦所引起的波动。虽然人类的耳朵无法听到这些低频波动，但水母却能感知到。科学家发现，水母的“耳朵”并不像人类那样复杂，而是一种非常特别的结构：水母触手上的一个细柄，顶端有一个小球，里面包含一颗小小的听石。正是这个听石，水母能够感应到由海浪和空气摩擦所产生的次声波。一旦听石受到冲击，水母的神经系统就会被激活，它们便能在风暴来临的数小时前感知到即将发生的变化。

科学家根据水母的这一特性，设计了仿生水母耳风暴预测仪。这种设备能够模拟水母感知次声波的能力，准确地预测风暴的来临。水母的“顺风耳”不仅帮助我们了解了海洋生物的神奇适应机制，也推动了风暴预警技术的进步。

海豹用胡须“看见”百米外猎物

海豹的胡须不仅是触觉器官，它们还可以帮助海豹“看见”远处的猎物。科学家发现，海豹的胡须极其敏感，能够感知周围水流中的微小振动。当海豹在水中游动时，它们通过胡须探测水流的变化，从而“感知”到附近的猎物，哪怕这些猎物距离它们有百米远。

海豹的胡须上覆盖着成千上万根神经末梢，形成了一个复杂的感知系统，见图 2-3-17。水流的细微变化、猎物的移动都会在水中留下痕迹，海豹用胡须通过这些痕迹获取信息。这种能力类似于一种“水下触觉雷达”。海豹可以在完全黑暗的环境或浑浊的水域中，利用胡须感知到水流的波动，从而精准捕捉到猎物的位置，进行有效的捕猎。

科学家通过研究海豹的这种能力，设计出了仿海豹胡须的仿生传感器，可用在水下探测、导航及机器人技术方面。

▲ 图 2-3-17　海豹通过胡须感知流场变化追踪猎物

2.3.5 水下生物如何防御污染黏附

海洋中生活着成千上万种生物。它们形态各异、种类繁多，其中有一类生物喜欢依附在其他生物或岩石表面生长。当船舶经过时，它们也会紧紧附着在船体上。我们在跨海大桥上或海边的码头上常常能看到这些生物的身影。它们附着在船舶上时，不仅会增加航行阻力，还会加速船体表面的腐化，从而增加油耗和维护成本。更严重的是，当一些海域的生物随船舶漂移到新的区域时，可能会对新环境的本地生物构成威胁，这种现象被称为“生物入侵”。这些附着生物被统称为“污损生物”，种类繁多，包括海洋细菌、藻类、藤壶、贝类等，全球已知的污损生物超过 4000 种。

然而，海洋中有些生物，如珊瑚和红树林，它们的表面始终保持洁净，不受污损生物的困扰。那么，它们是如何做到这一点的呢?

像珊瑚一样干净

珊瑚是一种无脊椎的海洋生物，属于珊瑚虫纲（刺胞门）。它的特点是外部或内部骨骼呈现石状、角质状或坚韧状。珊瑚由成群的珊瑚虫组成，珊瑚虫通过分泌碳酸钙形成外壳，构建了珊瑚的骨架。新的珊瑚会在死去的珊瑚骨架上生长，逐渐扩展和积累。珊瑚礁的生长速度通常为每年约 2.5 厘米，经过数百或数千年的积累，便形成了庞大的珊瑚礁。

据估计，全球范围内的珊瑚礁总面积超过 1000 万平方千米。珊瑚礁为许多海洋生物提供了栖息地，成为海洋生态系统中不可或缺的一部分。

我们见到的活体珊瑚表面鲜艳多彩、干净整洁，在微生物丰富的海洋中，珊瑚是如何保持清洁能力的呢？我们一起揭开珊瑚防污的秘密。

像扫帚一样的珊瑚虫

海洋中的水流不断变化，当水流冲击到珊瑚虫时，柔软的珊瑚虫会随水流摆动，珊瑚虫可以靠这种摆动通过口腔吃掉海洋中的漂浮的食物。其实，当污损生物靠近珊瑚时，珊瑚虫群体中的无数个“小扫帚”也会进行摆动，将这些污损生物“扫走”，防止它们附着在珊瑚表面，以使珊瑚表面保持长期的整洁，见图 2-3-18。而且珊瑚虫随着水流冲击产生的摆动，是一种顺应性运动，也不会消耗珊瑚的能量。

吉林大学的研究人员模拟了珊瑚虫的这种防污特性，采用柔软且富有弹性的硅橡胶制作了仿制珊瑚虫表面。试验结果表明，这种表面能够有效防止革兰氏阴性菌和革兰氏阳性菌的附着，展现出优异的防污能力。与一般的防污涂层不同，这种仿生表面不向海洋释放任何杀菌剂，而是通过物理机制抑制污损生物的附着，既具有长效性，又环保。

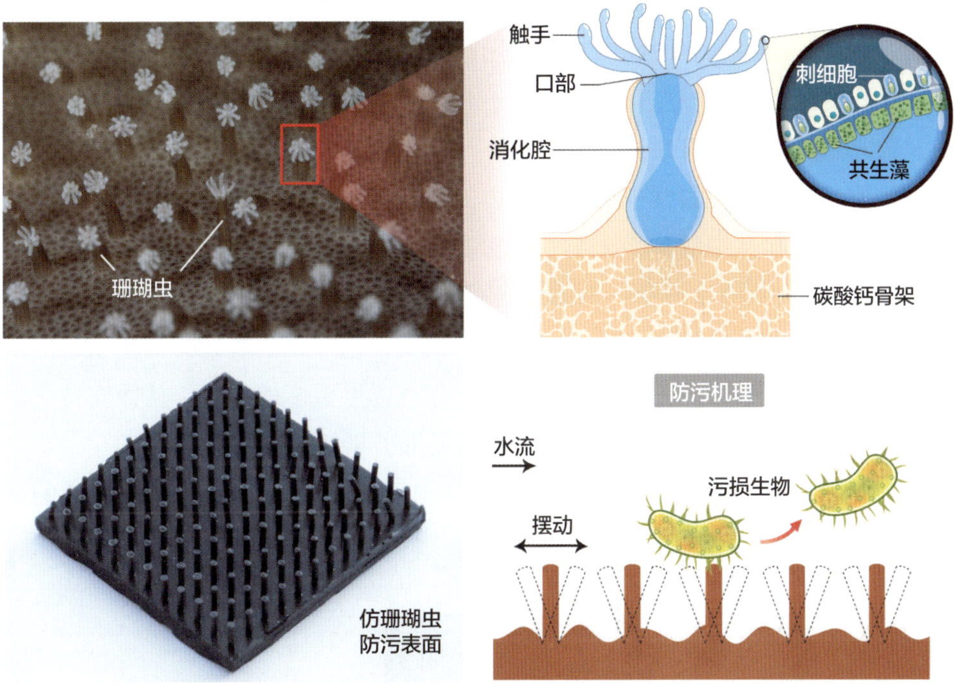

▲ 图 2-3-18 珊瑚虫结构示意图及仿珊瑚虫表面防污机理

分泌天然“抗生素”

迄今为止，科学家已经从珊瑚中分离出了 5800 多种活性化合物。在过去的十年里，研究人员发现超过 52 种珊瑚和 188 种化合物具有防止污损生物附着的作用。这些化合物包括倍半萜、类固醇、生物碱和二萜等。它们通过多种机制，如毒性、生长抑制、干扰神经通路、抗黏附和驱避等，减少污损生物在表面上的附着。

由于珊瑚在海洋中容易受到环境变化的影响，某些珊瑚品种已经变得稀有并需要保护。未来，通过分析珊瑚天然产物的化学结构，科学家有望人工合成类似的化合物或其衍生物。

低表面能的柳珊瑚

在物理学中，表面能是衡量物质表面分子间化学键破坏程度的指标。简单来说，表面能高的材料更容易被液体润湿，而表面能低的材料则不容易被液体润湿。日常生活中的特氟龙不粘锅的涂层（主要成分是聚四氟乙烯）就是低表面能材料，它的表面使得食物不易黏附于锅底。

科学家发现，柳珊瑚已经自然进化出低表面能的表面，使得污损生物无法附着。因此，采用低表面能的材料应用于船舶和其他海洋装备，可以有效减少污损生物的附着。

荧光珊瑚发光驱赶藻类

浅水珊瑚的发光通常来自它们体内的荧光色素，这些色素可以起到防晒作用，保护珊瑚和其中的共生藻类（如虫黄藻）免受阳光的伤害，见图 2-3-19。在 30 ～ 100 米深的水域，一些珊瑚能发出绿色或橙色的荧光，这表明它们仍在产生荧光色素。虽然这些深水区域缺乏阳光，色素无法起到防晒作用，但研究人员认为，这些荧光色素有助于为共生藻类提供更多的光线，从而支持它们的光合作用。反过来，共生藻类又为珊瑚提供了氧气和其他养分。

2022 年 7 月，来自以色列特拉维夫大学和斯克里普斯海洋学研究所的研究人员发现，荧光珊瑚发光还有一个意想不到的作用：引诱猎物。珊瑚利用发光吸引浮游生物等，然后将其捕食。

▲ 图 2-3-19　在黑暗中发光的荧光珊瑚

此外，珊瑚发出的荧光还可以抑制藻类的附着。因为藻类需要叶绿体进行光合作用。有研究表明，微弱的荧光能够干扰藻类叶绿体的结构，从而阻碍其附着过程。受这一发现启发，中国的科学家研发了一种仿生防污表面材料，该表面含有荧光粉成分，可以在夜间或暗处发光，有效抑制藻类附着。这项技术可被应用于船舶制造、建设跨海大桥等领域。

珊瑚的“蜕皮”

在海洋中，珊瑚通过分泌黏液形成了一种独特的防污机制。黏液可以在珊瑚表面形成一层物理屏障，减少污损生物的附着。随着黏液的脱落，表面的污损生物也被清除，珊瑚表面会在几个月后重新生成一层崭新的外壳。这种“蜕皮”机制有效保护了珊瑚不受污损生物侵扰。

类似的防污机制也存在于某些藻类中。研究发现，它们可以通过角质层的剥离来清除表面的污损生物。受到这些自然现象的启发，科学家研发出了多种仿生防污涂层。例如，牺牲防污涂层、自抛光防污涂层和可降解共聚物防污涂层。这些涂层在海水中会像珊瑚黏液一样逐渐脱落或降解，将附着的污损生物一并剥离。随着表层的脱落，新的表面被暴露出来，就像珊瑚“换上新衣”，从而持续发挥防污作用。

红树林的秘密

红树林是一类生长在热带和亚热带沿海潮间带的树木，它们是自然界中不可多得的“多面手”。红树林可以储存大量碳，是对抗气候变化的重要力量；它们还能净化海水，吸附和过滤污染物；在风暴肆虐时，红树林形成的天然屏障能够减缓风浪的冲击，保护沿海地区免受侵害。除此之外，红树林还为许多海洋生物提供了重要的栖息地，小到虾虎鱼，大到鳄鱼，红树林都为它们提供了庇护之所。可以说，红树林不仅维持了生态系统的多样性，也在全球气候和生态平衡中扮演着关键角色。

然而，这种珍贵的生态系统在全球范围内正面临着气候变化、过度开发、外来物种入侵及环境污染等多重威胁。保护红树林，不仅是保护一种植物，更是为人类和地球的未来留下一份希望。

红树林的叶子为何如此干净？

红树林有一个有趣的特性，它们的叶子表面几乎不受生物污损的影响。相比于枝条和树皮，红树林的叶子总是保持着一种“干净”的状态。这背后的原因曾被归结为以下几个方面：①叶子表面具有低润湿性，不容易沾水，从而降低污损生物的附着概率。②它们会分泌齐墩果酸，这种天然化合物被认为具有防污作用。③叶子的表面附着物能够随着时间自然剥离，恢复叶面光滑。

不过，也有研究显示，红树林叶子的防污能力主要来自其表面独特的微米级脊状结构。研究人员通过理论模型分析发现，叶子的这些细小脊状纹理，可以显著减少污损生物的附着。尤其是较高的脊状结构和合适的脊间间距，能有效“赶走”试图附着的生物。

受到红树林叶子结构的启发，科学家仿照红树林叶子的表面结构，设计出带有微米级脊状形态的仿生表面。后续的实验结果进一步证实，这种仿生表面在控制生物污损方面确实具有显著效果。将这一技术应用于船舶外壳或海洋工程设备上，不仅可以降低维护成本，还能减少对海洋环境的污染，具有重要的实际意义。

不怕腐蚀的叶子

与大多数树木不同，红树林能够在咸水或微咸水中生长，并且其叶子表面不会被高盐海水腐蚀，见图 2-3-20。这是因为红树林进化出了独特的防腐蚀机制。要理解红树林叶子如何预防腐蚀，我们需要先了解腐蚀的基本原理。

▲ 图 2-3-20 红树林照片及其叶子表面微结构扫描电镜图

腐蚀是由水、钠离子和氯离子等腐蚀性物质引起的。当这些物质侵入金属表面时，它们会通过涂层渗透到基材界面，促进化学腐蚀和电化学腐蚀的发生。电化学腐蚀过程非常迅速，涉及阳极和阴极的复杂反应。在阳极反应中，金属原子被转化为金属阳离子，氯离子会加速这一过程；而在阴极反应中，氢氧根离子生成，钠离子会积聚，最终加速腐蚀产物的积累，导致涂层脱落。因此，高效的防腐涂层需要阻断腐蚀物质的进入，并控制这些物质在涂层内部的迁移。

为了能够在高盐度的海水中生存，红树林发展出了巧妙的盐分处理机制。某些红树林物种在吸收盐分后，会将其分泌到叶子表面；而另一些则通过根系从海水中滤除盐分。科学家发现，红树林的叶子表面有大量沉积的颗粒。通过能谱仪分析这些沉积颗粒，发现它们的主要成分是氯化钠，这表明红树林的叶子上有过量的盐分。这些颗粒的存在表明，红树林的叶片上的盐腺能有效分泌盐分，见图 2-3-21。由于离子扩散遵循从高浓度向低浓度的规律，叶子表面多余的盐分会阻止海水中的盐离子渗透到叶片内部，从而避免了腐蚀的发生。

这一机制给了科学家启发，他们通过在涂层中添加离子选择性树脂，成功抑制了腐蚀性离子在涂层内部的传输，从而有效增强了涂层的防腐功能。红树林的天然防腐机制，为我们研究防腐技术提供新的思路，并提高对海洋环境中的材料的保护能力。

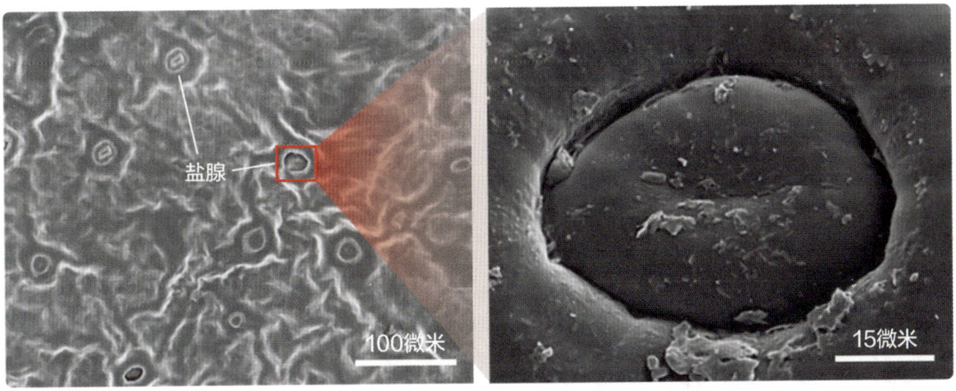

▲ 图 2-3-21　红树林叶片表面的盐腺扫描电镜图

2.3.6 群体行为“人多力量大”

鱼群的群体行为：自然界中的协同奇观

在浩瀚的水域中，鱼群以其壮观的群体行为，展现了一种令人惊叹的自然现象，见图 2-3-22。它们通过复杂的相互作用和精细的协调机制，形成了各种集体运动模式。鱼群的群体行为不仅体现了生物个体之间的协同与智慧，也为我们理解自然界中的复杂系统提供了重要的启示。

鱼群行为的多样性

鱼群的群体行为表现出极高的多样性，包括觅食行为、聚群行为、追尾行为和随机行为等。觅食行为是鱼群最基本的行为之一，它们通过感知系统寻找食物，部分鱼发现食物后会向其他鱼群传递信息，引导它们一同前往。聚群行为则是鱼群为了降低被捕食的风险和提高觅食效率而形成的一种策略，它们以大量个体的形式聚集在一起，形成一个庞大而有秩序的集群。追尾行为则发生在部分鱼确定食物位置后，通过发送信息给其他鱼群，引导它们尾随前往。而随机行为则是在无外界干扰时，鱼群在水中随机游动，广泛分布以寻找食物。

鱼群行为的驱动因素

鱼群的群体行为受到内外驱动因素的共同影响。内驱动行为主要由个体之间的协作和竞争等行为引起，如同种个体之间的求偶行为、争斗行为等。而外驱动行为则主要受到环境因素的影响，如寻找食物、逃避捕食者和洄游等。在鱼群中，往往存在领导者和跟随者的角色。领导者通常是最强壮、最有经验或最具先知性的个体，它们能够引导整个群体的行为。而跟随者则会根据领导者的行动进行相应的动作，实现群体行为的

▲ 图 2-3-22 海洋中的鱼群

协调与一致。

鱼群行为的信息传递与共享

鱼群能够通过特殊的方式进行信息的传递和共享，如通过尾巴的摆动、体色的改变和声音等。这些信息的传递有助于个体之间进行相互协作，协调行动，提高整个群体的生存能力。鱼类还能够通过触角、眼睛和鳃等器官对周围环境进行感知和获取信息，从而做出相应的反应和决策。例如，在觅食过程中，鱼群会通过视觉信息感知周围鱼类的运动，选择性地跟随那些移动迅速的个体，形成高效的协作。

仿生学的应用：群体协作与智能控制

受鱼群行为的启发，科学家研发了能够协同工作的仿生机器鱼群体。这些机器鱼通过相互通信和协调，能够完成复杂的任务，如集体搜索、勘测和救援等。例如，在海洋资源勘探中，仿生机器鱼群体可以携带各种传感器，通过集体协作进行水下地貌、水质和生物资源的勘测，为科学研究和资源开发提供重要数据支持。

蚂蚁的协作能力

蚂蚁之间通过触角传递信息，这是一种有效的沟通方式。当一只蚂蚁发现食物源或遇到其他重要情况时，它会迅速用触角与其他蚂蚁接触，传递关键信息。这种信息传递方式不仅快速，而且准确，能够确保整个群体迅速响应，共同应对各种挑战。

在搬运食物的过程中，蚂蚁展现出了惊人的协作精神。它们会迅速组成庞大的工作团队，每只蚂蚁都扮演着不同的角色，承担着各自的任务。有的蚂蚁负责寻找和标记食物，有的负责搬运，还有的负责在巢穴和食物源之间规划稳定的路线，见图 2-3-23。通过紧密的

▲ 图 2-3-23　蚂蚁集体搬运东西

协作和明确的分工，蚂蚁能够高效地将食物从遥远的地方搬运回巢穴，以解决整个群体的食物供应问题。

建造巢穴是蚂蚁群体的另一项重要任务。它们会选择合适的地点，利用周围的资源，共同建造一个坚固、舒适的家园。在这个过程中，蚂蚁会分工合作，有的负责挖掘土壤，有的负责搬运石块和树枝，还有的负责搭建和修饰巢穴。通过集体的努力，蚂蚁能够建造出既美观又实用的巢穴，为整个群体提供一个安全、舒适的生存环境。

当面临外敌入侵时，蚂蚁群体更是将其协作能力发挥得淋漓尽致。它们会迅速集结，形成强大的防御阵型，用身体阻挡敌人的进攻。同时，蚂蚁还会利用触角传递信息，制订协调攻击和防御策略。在这种紧密的协作下，蚂蚁群体能够迅速击败入侵者，保护整个群体的安全和稳定。

受蚂蚁协作行为的启发，研究人员开发了能够共同合作完成任务的机器人群体。例如，哈佛大学的研究人员研发了能够共同合作逃离“监狱”的机器人（RAnts）。这些机器人通过留下“光激素”（光场）来进行交流，遵循简单的规则来实现协作。当被放置在障碍物环绕的环境中时，它们能够迅速制订最佳的逃跑计划，并集中在一个地方进行挖掘。这种技术对于设计出能够通过合作完成复杂任务的简单机器人群来说至关重要。

细菌的群集行为：微观世界的团队协作

细菌，作为微生物界中最为人熟知的品种之一，其群集行为展现了微生物间的协同合作与智慧。细菌能够通过多种方式形成群体，如菌落、生物膜等，这些群体结构不仅为细菌提供营养和进行保护，还促进了它们之间的信息交流与合作，见图 2-3-24。

细菌能够分泌一种黏性物质，即胞外聚合物。这层物质可以将自己和其他细菌黏附在一起，形成一层保护性的屏障，抵御外界环境的侵害。更重要的是，细菌之间能够通过化学信号进行“对话”，这种被称为“群体感应”的机制，使细菌能够感知群体中其他成员的数量、种类和状态，从而调整自己的行为，如释放抗生素、形成耐药性或协同捕食等。这种群体行为不仅增强了细菌的生存能力，还促进了微生物群落的形成和演化，对生态系统的平衡与稳定至关重要。

▲ 图 2-3-24　培养皿中的菌群构成的菌落

病毒的基因转移：生命进化的加速器

如果说细菌的群体行为展示了微生物间的协同合作，那么病毒的基因转移则揭示了生命进化的另一面，即快速适应与变异的能力。病毒的遗传物质（DNA 或 RNA）能够跨越物种界限，在宿主细胞间进行转移和重组，这种过程称为“水平基因转移”。

病毒的基因转移机制多种多样，包括通过感染细胞时直接注入遗传物质、利用宿主细胞的酶系统进行基因重组，以及通过病毒粒子间的基因交换等。这种基因转移不仅使病毒能够快速适应新环境，产生新的致病性或耐药性，还促进了宿主生物体之间的基因流动，加速了其生命的进化过程。例如，某些病毒能够携带并转移对抗生素或杀虫剂的抗性基因，使原本对这些化学物质敏感的微生物获得抗性，这对公共卫生和农业生产领域造成了极大挑战。

然而，病毒的基因转移也不乏其积极的一面。在漫长的生命演化史中，病毒作为“基因工程师”，促进了生物多样性的增加和生态系统的稳定。通过基因转移，病毒有时能够将有益基因传递给宿主，如增强宿主对环境的适应性或提高其生存能力，从而在某种程度上促进了生命的进化。

2.3.7 植物生长的奥秘

在地球这颗蔚蓝色的星球上，植物作为生命体系中的重要一环，以其独特的生存智慧、惊人的适应能力和极高的生态价值，构成了地球上不可或缺的“绿色世界”。作为地球生态平衡不可或缺的元素，从微小的藻类到参天的大树，从干旱的沙漠到湿润的雨林，植物以其惊人的多样性和适应性，在地球的每一个角落书写着生命的传奇。

自古以来，人类对植物的好奇与探索从未停歇。从古代利用植物治疗疾病或作为食物来源，到现代科学对植物生理、遗传、生态功能的深入研究，植物界的奥秘不断激发着人类的求知欲和探索欲。

随着科技的进步，尤其是分子生物学、基因组学、生态学等领域的快速发展，人类对植物世界的认识正以前所未有的速度深化。我们逐渐揭开植物如何通过复杂的信号传导系统感知外界变化，如何运用精细的遗传机制调控生长发育，以及如何在生态系统中扮演生产者、调节者和保护者的多重角色等的奥秘。植物界的这些奥秘，不仅加深了我们对生命本质的理解，也为农业、医药、环境保护等领域带来了革命性的进展。

我们将一同探索植物界的奥秘，从植物的生长发育、繁殖策略、生态功能，到植物与人类社会的紧密联系，揭示那些隐藏在绿叶之下、根系之中的生命奇迹。

植物根系的吸水能力

在地球的每一个角落，植物以其顽强的生命力点缀着这个多彩的世界。而这一切生命的奇迹，都离不开植物根系那令人惊叹的高效吸水能力。

根系的吸水机制

植物根系，是植物从土壤中吸收水分和矿物质的主要通道，见图 2-3-25。在植物的生长发育过程中，根系通过主动吸水和被动吸水两种主要的吸水机制，源源不断地为植物体提供生命所需。

主动吸水，是在蒸腾作用较弱的情况下，植物根系依靠离子主动吸收和根内外水势差的作用，将土壤中的水分吸入体内。这一过程需要消耗能量，但能够确保植物在水分供应不足的情况下保持一定的水分。

被动吸水，是在蒸腾作用下，利用叶片蒸腾失水产生的水势差，使得根系能够像吸水机一样，将土壤中的水分源源不断地吸入体内。这一过程是植物吸水的主要方式，尤其在蒸腾作用强烈的夏季，被动吸水成了植物维持生命活动的重要保障。

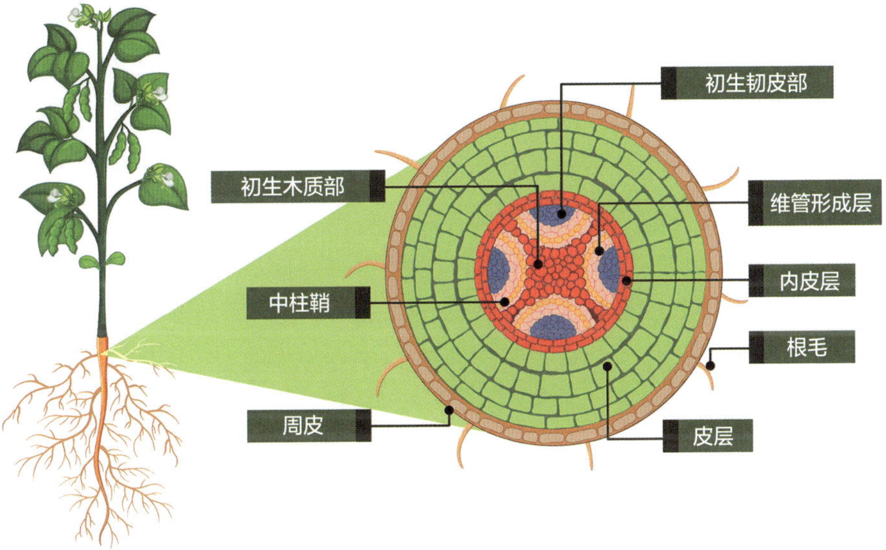

▲ 图 2-3-25　植物根系结构示意图

根系的吸水部位

在植物根系中，根尖是吸水的主要部位。根尖分为根冠、分生区、伸长区和根毛区 4 个部分，其中根毛区的吸水能力最强。根毛区布满了细小的根毛，这些根毛不仅增大了根系的吸水面积，还因其细胞壁外部由果胶质组成，具有极强的黏性和亲水性，有利于与土壤颗粒黏着和吸水。同时，由于输导组织发达，对水分移动的阻力小，使根毛区成了植物根系吸水的“黄金地带”。

影响根系吸水的因素

尽管植物根系具有强大的吸水能力，但这一过程并非一帆风顺。影响根系吸水的因素众多，既包括根系自身的生理特性，如根木质部溶液的渗透势、根系生长长度及其分布、根系对水分的透性或阻力等，也受到外部环境条件的制约，如土壤中可被植物根系利用的水分含量、土壤通气状况、土壤阻力、土壤温度、土壤溶液浓度及大气状况等。

在干旱地区，土壤水分稀缺，植物需要通过更深的根系和更发达的根毛来寻找水源。而在盐碱土地区，土壤溶液中的盐分浓度高、水势低，植物根系吸水困难。这时，植物需要通过调整自身的生理机制，如提高细胞液的渗透压，来增强吸水能力。

植物根系高效吸水的意义

植物根系的高效吸水能力，不仅为植物自身的生长发育提供了必要的水分和矿物质，更是维持生态系统平衡的关键。植物通过根系吸水，将土壤中的水分和矿物质转化为生物量，为生态系统中的其他生物提供了食物和栖息地。同时，植物通过蒸腾作用将水分释放到大气中，参与水循环，对维持地球的水循环和气候稳定具有重要意义。

植物根系高效吸水的仿生学应用

科学家和工程师通过模仿植物根系的根毛区结构，设计出了具有类似微纳结构的吸水材料。这些材料在微观层面上具有大量的孔隙和通道，能够像根毛一样有效地吸收和储存水分。

植物根系的高效吸水能力是大自然赋予植物的一项神奇技能。它让植物在复杂多变的环境中得以生存和繁衍，为地球生态系统的稳定和繁荣做出了不可磨灭的贡献。

光合作用与能量转换

在地球上，有一种神奇的能力，它悄无声息地发生在每一片绿叶之中，将太阳能转化为生命所需的化学能，维系着生态系统的平衡与发展。这个过程就是光合作用，它是大自然中最伟大的能量转换机制之一。

光合作用是植物、藻类和某些细菌利用光能将二氧化碳和水合成富能有机物，同时释放氧气的过程，见图 2-3-26。在植物叶片的叶绿体中，存在着一种名为叶绿素的绿色色素，它是光合作用的关键元素。当阳光穿透大气层，照

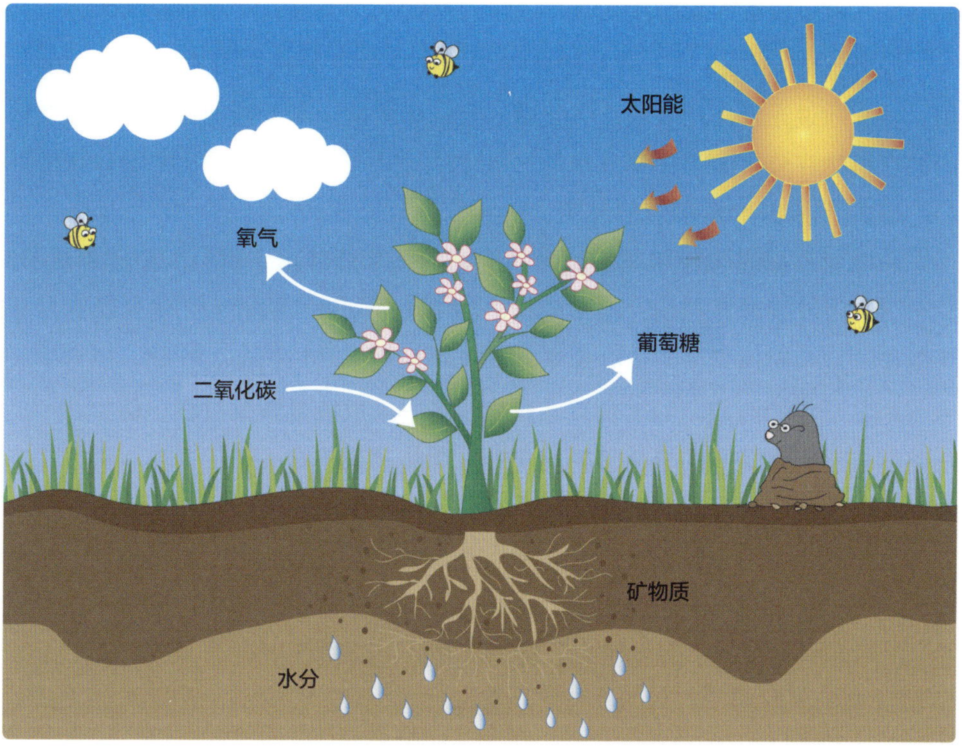

▲ 图 2-3-26 植物光合作用示意图

耀在植物叶片上时，叶绿素能够吸收特定波长的光线，尤其是蓝紫光和红光，这些能量随后被转化为化学能，储存在生成的有机物中，如葡萄糖。

光合作用分为光反应和暗反应两个阶段。在光反应阶段，植物吸收光能并将其转化为 ATP（腺苷三磷酸）和 NADPH（烟酰胺腺嘌呤二核苷酸磷酸）这两种高能分子，同时释放出氧气。这一过程发生在叶绿体的类囊体薄膜上，需要水的参与，并伴随着水的光解。而在暗反应阶段，这些高能分子被用来固定大气中的二氧化碳，通过一系列复杂的生化反应，最终生成葡萄糖等有机物。这一过程并不直接依赖阳光，但必须在有光条件下预先形成的高能分子驱动下才能进行，因此仍被称为“暗反应”。

光合作用的能量转换效率令人惊叹。尽管只有一小部分照射到地球的太阳光能被植物捕获并转化为化学能，但这一能量足以支撑地球上植物生命的存活。通过光合作用，植物不仅为自己制造了养分，还为动物和人类提供了呼吸所需的氧气。同时，光合作用过程中固定的碳成了生态系统中食物链和食物网的基础，维系着生物多样性 。

此外，光合作用对于调节地球气候、保持生态平衡也具有不可替代的作用。植物通过光合作用吸收二氧化碳，有助于缓解全球变暖的趋势。而植物体内的有机物在分解过程中释放出的二氧化碳，又成了植物下一次光合作用的原料，形成了一个闭环的碳循环。

科学家根据光合作用与能量转换的相关技术设计出了仿生太阳能集热器。它包含一个叶绿素模拟层，用于模拟植物中的叶绿素，吸收太阳光并将其转化为电能。这一层通常由类似叶绿素的有机物构成，其结构经过优化，以增强光吸收和电子传导性能。通过模拟光合作用中的高效能量转换过程，仿生太阳能集热器能够实现较高的能量转换。此外，集热器还包含一个反射层，用于将未被叶绿素模拟层吸收的太阳光重新导向集热器内部，进一步提高能量利用率。

光合作用与能量转换是大自然赋予生命的一项伟大创造。它不仅能够让植物在光照条件下自给自足，更为整个生态系统提供了源源不断的能量和物质基础。让我们珍惜这份自然的馈赠，共同守护这个充满生机与奇迹的地球。

3 工程仿生

——从自然到技术的飞跃

在过去的几个世纪里，人类的工程技术不断突破边界，但我们始终没有忘记向大自然中的生物“工程师”学习。这些生物“工程师”早已通过漫长的进化，生成了许多令人叹为观止的“技术”，它们高效、节能、环保，并且能够在极其复杂的环境中自我调节。如今，越来越多的工程师和科学家开始借鉴自然界的智慧，以推动技术的革新与发展。

3.1 建筑仿生

建筑仿生学是一门将自然界中的生物结构和功能作为设计灵感来源的学科，它在建筑领域的应用日益受到重视。这一领域的核心在于模仿自然界生物的功能、结构和形象，并将这些研究成果应用于建筑创作中，以解决建筑和城市规划方面的问题，协调建筑与环境的关系，保持生态平衡。

建筑仿生学不仅是对自然界生物形态的简单模仿，还是一种深层次的创作方式，它学习动植物的生长机理和生态规律，并结合建筑的用途设计出性能优良的创新性建筑。

3.1.1 蚁类巢穴“空调”启发的仿生建筑

蚂蚁的巢穴里也有空调系统吗？蚂蚁的“居住智慧”超乎我们的想象。

从蚂蚁巢穴的通风系统，我们可以学到很多建筑设计的“黑”科技。让我们一同探究蚂蚁是如何在地下制造超级“智能空调”，并给现代建筑设计带来灵感的！

你以为蚂蚁的家只是个随便挖的洞？实际上，蚂蚁的巢穴是设计师的

“梦工厂”。它们会在地下挖出一个错综复杂的通道网络，空气在这些迷宫般的隧道里流转自如，是个极佳的通风系统。每一条通道、每一个“气流道”都是精心制作的，确保巢穴里的蚂蚁能时刻呼吸新鲜空气，不管外面是暴风骤雨，还是热浪滚滚都没压力。

它们依靠自然的风力和温差来使巢穴内部的空气流动。蚂蚁巢穴通过顶部的小孔，把外面的风引进来，使巢内空气流动，帮助巢内排出“废气”，同时吸入“新鲜空气”。就像我们夏天开窗通风一样，蚂蚁通过风和空气温度的差异来通风换气。

白蚁巢穴的通风原理

白蚁的巢穴，内部如同一个错综复杂的迷宫，遍布隧道和房间，以为白蚁提供适宜的生活环境，包括恒温、湿度调节及充足的氧气供应，见图 3-1-1。而这一切，都离不开其精细设计的通风系统，使寒冷和炎热的空气来回交替，悄无声息地调节着巢内的微气候，保证所有的白蚁和它们的“真菌花园”都能安享舒适的环境。白蚁的巢穴，底部进气，顶部排气，简单又高效，它们的巢穴基本都具备一个“自然空调”系统，冷空气从巢穴底部的气口流入，热空气

▲ 图 3-1-1　白蚁巢穴结构示意图

则通过顶部的“烟囱”排出。这样，白蚁总能通过这种巧妙的空气对流机制，保持巢内温度和湿度的稳定。而白蚁巢穴的通风原理主要依靠两个机制：空气对流作用、压力差换气。

空气对流作用

白蚁巢穴内部并不是完全密闭的空间，它通过一系列复杂交织的通道网络与外界相通，形成了天然的空气流通路径。在地面上的部分开口通常较小且位置隐蔽，可以防止天敌入侵；而在地下的部分，则有较大的洞口连接到外部，这样就形成了一种类似于烟囱效应的现象，热气上升，冷气下降。当白天阳光照射时，地面温度升高，巢内较暖的空气会从上部出口逸出，外部冷空气则由下部入口补充进来，反之亦然。如此一来，白蚁巢便能实现自动调节温度的效果，并保持空气新鲜。

压力差换气

尽管白蚁巢穴结构紧密，但并非完全隔绝外部环境，反而存在许多细小孔隙或通道，使得内外气体能够自由交换。随着风向变化，不同方向的气流会分别推动内外压强产生差异，进一步促使新鲜空气流入巢穴，陈旧气体被排出。尤其在雨季，湿润的环境可能造成巢内过度潮湿，此时风力作用下的强制通风更显重要，帮助维持巢穴内部适度干爽。白蚁巢穴还具有自我修复能力。若某个区域发生坍塌堵塞了气道，其他未受损地方的通路将自动加大流量，确保整个系统的稳定运行。

值得一提的是，在一些高阶种类白蚁的巢穴中，你会发现专门用于培育食用真菌的特殊空间。这里使用的材料是由经过白蚁精心挑选的木质纤维残渣，以及白蚁的排泄物等有机质混合而成，为真菌生长提供了丰富的养分来源。这些真菌不仅作为食物链的重要组成部分滋养了白蚁族群，其生长过程中产生的二氧化碳也被充分利用于巢穴内部环境调控。此外，白蚁会从周围环境中收集湿土，将其与自己的分泌物（主要是唾液）混合搅拌成一种类似水泥的物质。这种混合物干燥后十分坚硬，能有效防水防潮，同时也具备一定的隔热性能。除了唾液，白蚁还会利用自身代谢的粪便与尿液加固巢穴墙体，填充缝隙或增强结构强度，尿液中含有一定量的酸性成分，可以帮助腐蚀土壤粒子使之更加紧密牢固，防止水分渗透进入。许多微生物在巢穴建设过程中也可能发挥着积极作用，比如加快黏土固化速度或者抑制病原体滋生，维护整体生态平衡。

建筑设计中的应用

东门中心是位于津巴布韦首都哈拉雷的一座集购物和办公于一体的综合楼，见图 3-1-2。这座建筑没有使用传统的空调系统来调节内部的温度，而是采用更加节能的气候控制机制，设计灵感就来源于白蚁丘。通过模拟白蚁巢穴的自然通风和冷却系统，东门中心采用了双壳立面结构和中央通风塔，利用风力驱动空气流通，使其即使在炎热季节也能保持室内凉爽，显著减少了电力消耗。

▲ 图 3-1-2 东门中心

津巴布韦哈拉雷的气候对建筑物提出了严峻挑战。这意味着建筑物传统空调系统的购买、安装和维护会产生较高的短期和长期成本。设计师面临的挑战是创建一个自动调节通风系统，使室内温度保持在人体舒适的温度范围。

该建筑使用的建筑材料具有较高的热容量，使其能够储存和释放从周围环境中获得的热量。风扇按一定周期运行，以增强对白天的热量储存能力和对凉爽夜间进行热量释放的能力。室内的人类活动和电器产生的内部热量也有助于推动室内的气流流通，因为气流会从较低楼层的办公室和商店上升到开放式的屋顶烟囱。整个建筑的各种开口进一步实现了外部风驱动内部气流流通。这些设计特点共同作用，可减少室外温度波动时建筑物内部的温度变化。这座建筑由于没有配备空调系统，节省了不少的建筑成本。

3.1.2 鸟类巢穴启发的鸟巢建筑

鸟类巢穴的建筑材料选择体现了它们对环境的适应性和工程智慧。鸟类展现了对筑巢材料的多样化应用，这些材料包括但不限于树枝、树叶、羽毛、泥土和唾液等。例如，燕子和麻雀常在人类住宅附近利用唾液和泥土搭建黏性强、结构稳固的巢穴。此外，一些鸟类，如园丁鸟，会收集彩色的物体，如花瓣、瓶盖装饰巢穴，以吸引配偶。这些材料的应用不仅支撑了巢穴的结构，还增强了对其伪装和保护的功能。正是这些千奇百怪的鸟类巢穴为人类的建筑设计带来了灵感。

鸟类巢穴结构的特点

鸟类巢穴的搭建是一个复杂而精妙的过程。它们利用简陋的材料制作出既稳固又安全的巢穴，同时还具备良好的保温效果。这些巢穴的搭建不仅体现了鸟类的生物学特性，还蕴含了丰富的物理、化学和材料学原理。

物理结构的精妙设计

从物理角度来看，鸟类巢穴的稳固性主要得益于其精巧的结构设计。许多鸟类选择使用树枝、草叶、羽毛和泥土等材料筑巢，这些材料虽然简陋，但通过特定的排列和编织方式，形成了具有良好力学性能的结构。一般来说，鸟类在筑巢时会利用树枝交叉、编织成三角形的形状，而三角形被认为是几何学中最为稳定的形态之一。许多鸟类会巧妙地将树枝编织成三角形的网格状结构，同时鸟类选择的材料会兼具柔韧性和弹性，这样可以分散压力，增加巢穴的稳定性。同时，树枝和草叶的交错堆叠可以增加巢穴的摩擦力，防止巢穴在风吹雨打中移位或散落，而杆件在交织时产生预应力，这种力是一种在材料中预先引入的拉应力，可以抵消使用过程中产生的压应力，使得结构在遭受外力时能够更好地保持形状、分散外来的压力，使得巢穴在承受重量时更加稳定。

一般来说，鸟巢的结构设计能够有效地减少热量的散失，保持巢内温度的恒定。许多鸟类选择圆顶或半球形的巢穴结构，巢穴的开口通常较小，这有助于均匀分散外部压力，减少热量流失，同时也能在一定程度上抵御疾风骤雨等恶劣天气的影响，见图 3-1-3。

化学原理的巧妙利用

化学原理在鸟类巢穴的搭建中也起到了重要作用。特别是在一些鸟类使用唾液作为黏合剂的情况下，唾液中的蛋白质和其他化学物质在接触空气后会发生凝固，形成坚固的黏性物质，这不仅增强了巢穴的结构稳定性，还为其提供了一定的防水性能。

▲ 图 3-1-3 鸟巢

材料应用的大师

在材料选择方面，鸟类会根据所处环境的温度和湿度条件，选择适合的材料。柔软的羽毛和植物纤维是常见的巢穴材料，它们的微观结构松散多孔，能够有效储存空气，形成隔热层，减少热量的损失。这些材料的热导率较低，能够有效减缓热量从鸟蛋或雏鸟向外界环境的传递。此外，一些鸟类还会使用其他动物的毛发和骨头来加固巢穴的结构或增加保温性能，这些材料的化学性质使得它们在巢穴的表面形成保护膜，既防水又保温。

鸟类巢穴建筑实例

国家体育场——“鸟巢”

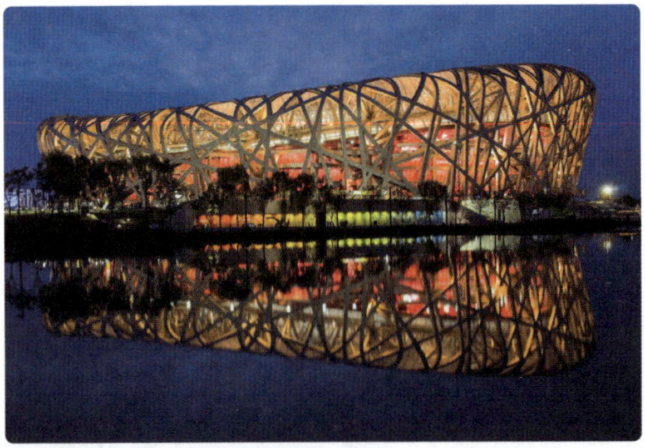

▲ 图 3-1-4　国家体育场——“鸟巢”

我国国家体育场以其独特的结构稳定性设计、材料创新使用及生态环保功能而闻名，见图 3-1-4。“鸟巢”不仅展现了建筑的美学和工程技术的高度发展，还体现了对可持续发展和环境保护的深刻理解。

在结构稳定性设计方面，“鸟巢”模拟了鸟类巢穴的编织结构，采用了独特的空间桁架结构和张弦梁结构，这种设计使其具有卓越的稳定性和抗震性。整个结构由 24 根主桁架围绕体育场内部碗状看台旋转而成，形成了一个复杂的空间网格体系。这种结构设计不仅赋予了建筑独特的外观，还体现了现代工程技术的高度发展。此外，为了确保结构的稳固性和安全性，设计师还采用了先进的计算机模拟技术进行优化设计，确保了其在各种极端气候和荷载条件下的稳定性。

在材料创新方面，“鸟巢”使用了 Q460 低合金高强度钢，这种钢材在受力强度达到 460 兆帕时才会发生塑性变形，这个强度要比一般钢材大，因此生产难度很大。这是中国国内在建筑结构上首次使用 Q460 规格的钢材。而“鸟巢”使用的钢板厚度达到 110 毫米，是以前绝无仅有的，在中国的国家标准中，Q460 的最大厚度也只是 100 毫米。这种材料的使用，不仅提高了建筑结构的稳定性，还减少了建筑结构中的用钢量，节约了成本。

在生态环保功能方面，“鸟巢”的设计和建造过程充分体现了绿色奥运的理念。“鸟巢”的外观之所以独创为一个没有完全密封的鸟巢状，是为了既能使观众享受自然流通的空气和光线，又尽量减少人工的机械通风和人工光源带来的能源消耗。鸟巢的建设中对大面积窗户也做了外遮阳处理，以全面提高建筑物的节能水平。“巢”内使用的光源，都是各类高效节能型环保光源。在行人广场等室外照明中也尽可能地采用太阳能发电照明系统。

“鸟巢”还采用了雨水回收系统和地源热泵系统，这些系统充分利用了可再生能源，减少了对传统能源的依赖。雨水回收系统通过收集和过滤雨水，将其用于绿化、冲厕、消防等，实现了水资源的循环利用。地源热泵系统则利用地下土壤中的热量和冷量，为体育场提供冬季采暖和夏季制冷，节约了大量的能源。

鹳巢农场

鹳巢农场是一个位于捷克共和国布拉格市南部的农场，它周围环绕着山麓、森林、广阔的操场、湿地和一大片池塘。这个农场自 20 世纪 80 年代起被弃置，建筑物也逐渐塌落，但唯一留下来的“居民”是蒸馏厂烟囱里的鹳鸟。

负责农场复兴项目的事务所，被鹳鸟对农场的忠诚所感动，决定以鹳巢为设计灵感进行农场建筑修复与重建。农场的核心区域是一个外径 34 米、高 12.5 米的圆形马术场，其外观模仿了鹳巢的形状。这个马术场不仅是骑马的场所，还可以进行演讲和各种文化、社交活动，见图 3-1-5。马术场的支撑结构由胶合层木梁制成，外墙是半透明的聚碳酸酯材料。整个建筑共使用了 200 吨橡木，以 7 米、9 米和 11 米的长度被用在建筑上，为建筑遮阴的同时，也增加了其视觉冲击力。

在建筑顶端的中心有一个直径为 8 米的天窗，作为室内的自然通风口。马术场的地面上都是沙子，但运用于马术运动的毛管灌水系统，在举行其他活动时，可以用胶合板将其覆盖上。

▲ 图 3-1-5 烟囱上的鹳巢及鹳巢农场仿生建筑

鹳巢农场的设计不仅仅是一个形式象征，它体现了对鹳鸟对农场不离不弃的忠诚。建筑师希望通过这一设计能够将人们带回这里的农场，向这些鸟儿“建筑师”致敬。鹳巢农场已于2010年完工，其标志性的马术场吸引了人们的广泛关注。农场的复兴项目不仅保留了历史遗迹，还为当地社区提供了一个集文化、休闲和社交活动于一体的场所，成了一个成功的乡村振兴案例。

3.2 交通仿生

在自然界中，生物经过亿万年的演化，形成了许多令人惊叹的适应性特征。这些特征不仅展现了生命的韧性与智慧，也为人类科技的进步提供了宝贵的灵感。在交通领域，仿生学设计通过模仿自然界生物的独特特性，逐渐揭示出其巨大的潜力与价值。我们来深入探讨几种革命性的交通仿生设计，揭示自然界的智慧是如何启发并推动未来交通工具的发展。

3.2.1 仿生学重塑高速列车设计

日本在 1964 年研发了世界第一条高铁，而中国在 2003 年建成秦皇岛—沈阳客运专用高铁后，成为全球第 11 个采用高铁技术的国家。尽管中国的高铁技术起步较晚，但其发展速度令人瞩目。截至 2024 年年底，中国高铁的运营里程已达 4.8 万千米，占全球高铁总里程的三分之二以上，成为全球高铁交通最为发达的国家，并在技术上处于全球领先地位。高速列车，作为高速铁路系统的核心组成部分，它的设计与发展离不开仿生技术的支持。我们将一同探讨仿生学如何推动高速列车技术的进步与革新。

翠鸟仿生

翠鸟独特的捕猎技巧

翠鸟主要栖息在热带地区。它们的体长通常在 10 ～ 20 厘米，拥有一个大头、一个长且粗的喙，以及“紧凑”的身体。翠鸟的脚非常小，尾巴通常较短或中等长度，个别品种除外。作为色彩斑斓且鸣声响亮的鸟类，翠鸟以其敏捷的捕猎方式而闻名。它们通常静静地栖息在一根高枝上，密切观察水面。一旦发现猎物，它们便迅速跃入水中，利用尖锐的喙捕捉水中的鱼。随着翅膀的急速拍打，它们会浮出水面，并把猎物带回栖枝上，在吞下前先将其击晕。翠鸟这种快速入水的本领，成为高速列车设计的重要灵感来源。

日本新干线仿生列车

日本新干线高速铁路，是世界高速铁路的先驱，因其高速度、安全性及受自然界启发的独特设计，广受赞誉。新干线列车的最高时速可达约 320 千米，但每当列车驶出隧道时，常常会产生音爆现象，干扰周围居民的生活。列车驶出隧道产生音爆的主要原因在于，列车车头设计不当，导致高速行驶时，车头向前“推挤”空气，而不是像刀片一样切穿空气，这使得隧道内的空气压力不断积聚，直到突然爆裂，形成音爆。

这个问题长期困扰着新干线的运营。为了减少噪声，提升列车的速度与效率，日本铁路公司成立了研究团队，致力于设计更安静、更快速的列车。在此过程中，铁路公司的工程师中津英治将目光投向了翠鸟。中津英治发现，翠鸟在捕猎时，迅速跃入水中，但仅产生很小的水花。翠鸟能够在水面下捕捉猎物而不造成水面剧烈波动，关键在于其喙的形状：长而窄，流线型设计。翠鸟的喙像刀片一样锋利，能够顺利切过空气，探入水面并且几乎不泛起涟漪，见图 3-2-1。

受到翠鸟喙的启发，日本铁路公司重新设计了新干线列车的车头，模仿翠鸟的流线型喙形，研发出了“500 系”列车，并于 1997 年投入使用。这一新设计充分利用了空气动力学，使列车在进入或驶出隧道时，能够大大减少气压变化，从而显著降低音爆强度，大大提升了乘客的舒适度，并减少了对周围环境的噪声污染。

▲ 图 3-2-1　翠鸟尖尖的嘴巴与新干线仿生车头

新干线列车与翠鸟的故事生动展示了仿生学在工程设计中的巨大潜力。如今，新干线高铁系统在不断发展，并结合自然界的智慧与最新技术，确保列车的安全、高效及可持续性。翠鸟的生理构造不仅影响了铁路行业，也为其他领域的技术创新提供了宝贵的思路。

鹰隼仿生

快速飞翔的鹰隼

鹰是一种大型猛禽，以其卓越的空气动力学结构而闻名，使它们能够轻松地在高空中翱翔。鹰科中的金雕在俯冲扑向猎物时的速度可高达 300 千米 / 小时，猎物在这种速度下几乎无处可逃。

相比之下，隼属于隼形目隼科，其飞行速度更为惊人。特别是游隼，它在俯冲捕猎时，飞行速度可达 320 千米 / 小时，成为自然界中瞬时速度最快的动物。

鹰和隼能达到如此惊人的飞行速度，得益于它们流线型的体形、轻盈的中空骨骼、光滑的羽毛、灵活的翅膀和强壮的胸肌。这些特性使得它们能够在飞行中有巨大的爆发力，同时能最大限度地减少空气阻力，从而实现迅速且精准地捕猎。

仿生列车，中国智造

中国的高铁发展历程是一部工业创新与技术突破的历史。从 2003 年中国开通第一条高铁客运线起，20 多年来，中国高铁从模仿借鉴到自主创新，经历了飞速的发展。从“和谐号”CRH 到“复兴号”CR 的品牌升级，从满足国内市场到走向国际市场，中国高铁展现了中国速度、中国质量、中国创新和中国智造的独特魅力。

我国自主研发的新一代中国标准动车组“复兴号”CR450 高速列车商业运营时速为 400 千米，最高试验时速可达 450 千米。未来，CR450 列车将成为全球运营速度最快的列车。当列车时速从 350 千米提升至 400 千米时，空气阻力将增加约 30%。为了应对这一挑战，工程师采用了仿生学的设计理念来减小阻力。CR450 系列有两个型号，分别是 CR450AF 和 CR450BF，其中，前者的车头设计受到“飞箭”的启发，而后者的车头设计灵感则来源于鹰隼的流线型特征，见图 3-2-2。通过这种仿生设计，两个新型车头的设计成功减小了约 2% 的运行阻力。而通过整车优化设计，CR450 动车组的整体运行阻力减小了 22%。

▲ 图 3-2-2　鹰隼及 CR450BF 动车车头

旗鱼仿生

速度之王：旗鱼

旗鱼被誉为世界上游行速度最快、运动能力最强的鱼类之一，常被称为“速度之王”。它们属于长嘴鱼，以其独特的矛状喙和卓越的速度而闻名。它们拥有引人注目的背鳍，像一面旗帜一样，故得名“旗鱼”。作为掠食性鱼类，旗鱼利用其长长的喙进行“划”和“戳”来捕食沙丁鱼。

旗鱼能达到如此快的速度，关键在于它们出色的流体动力学特性。旗鱼的阻力系数极低，接近一些较小鱼类，如梭子鱼、角鲨和小鳟鱼等。这种低阻力使旗鱼在游行时能够减少与水流的摩擦，实现高速游动。此外，旗鱼的体形使其在游行时能够产生比其他较小鱼类更强的推动力。此外，旗鱼能够收回背鳍和胸鳍，这一特性能够为其减小约 18% 的水阻力，使它们在游动时更加高效。

跨国高速列车组 CR400BF

2022 年，第 24 届冬季奥林匹克运动会在北京盛大开幕，国际奥委会主席托马斯·巴赫表示，北京冬奥会不仅创下了历史，还为奥林匹克运动呈现了更高的标准，并为全球冰雪运动开辟了新篇章。值得一提的是，除了北京主赛区，部分赛事还在张家口赛区举行。为了确保运动员和观众能够方便、快捷地往返于北京和张家口，京张铁路北京冬奥列车应运而生。

其中，有一组列车的车身涂装以“瑞雪迎春”为主题，车头设计灵感就来自旗鱼的流线型外形。此动车组，基于 CR400BF 车型，是由中国中车长春轨道客车股份有限公司研发的可变轨距动车组。除了能在高达 400 千米 / 小时的速度下平稳运行，它还具备许多先进技术，如智能化控制系统和可变轨距功能，见图 3-2-3。

▲ 图 3-2-3 旗鱼及 CR400BF 动车组

传统列车由于各国铁道轨距不同，无法在不同轨距的铁路上运行。而 CR400BF 型列车的可变轨距技术使其能够轻松适应不同国家的铁道，不受轨距差异的限制，确保国际列车畅通无阻。这一创新设计不仅大大地提高了列车的运行效率，还为未来跨国铁路网络的建设提供了技术保障。

海豚仿生

流线型的海豚

海豚是一种游行速度快、学习能力强智商较高的水生肉食性哺乳动物。现存的海豚和鼠海豚共有 49 种，分属于 6 个不同的科。海洋海豚科（海豚科）是最大的海豚家族，包含了 38 种物种。这个家族中有两种速度较快的海豚：普通海豚是公认的短距离冲刺速度最快的海豚，它的最高时速可达约 60 千米；而虎鲸是海豚科中体型最大的物种，其游行最高时速可高达 56 千米。

海豚的流线型身体形态使它们能够在水中以极小的阻力迅速游动。海豚的游行速度背后涉及多个科学因素，包括流体动力学、肌肉力量和能量消耗。海豚能够游得又快又远，正是因为它们的身体结构经过精妙进化，具有良好的水动力性能。尤其是它们的皮肤，可减小在水中的阻力和摩擦力。海豚的表皮外层细胞大约每 2 个小时会脱落一次，有助于其保持着极为光滑的表面，减少游行时的阻力，提高速度及节能。此外，海豚还具备惊人的“杂技”能力，经常能跳出水面或用尾巴击打水面，展示出极高的灵活性和力量。

海豚头动车组

和谐号 CRH380B 型电力动车组是我国自主创新研制的第二代 CRH 动车组，最高试验时速为 487.3 千米。其车头的设计灵感正是来源于海豚的流线型外形。动车的“海豚型车头”外形圆润流畅，能够有效减小列车高速运行时的空气阻力。这一优化设计使得车头的气动阻力降低了近 10%。此外，车顶的空调外罩呈现出类似“梭鱼”的流线曲线，使得车体更加光滑，减小了空气阻力。车厢之间的橡胶风挡设计横贯两节车厢，缩小了车厢之间的缝隙，这不仅提高了列车在曲线轨道上运行的灵活性，还进一步降低了风阻。

通过仿生学设计，CRH380B 动车组的车头和车体设计显著提升了列车的气动性能，让它能够在高速行驶时更加平稳、高效。海豚的流线型设计理念不仅为列车带来了更好的空气动力学性能，也为未来高铁技术的创新和优化提供了新的方向，见图 3-2-4。

▲ 图 3-2-4　海豚流线型身体及 CRH380B 动车组

3.2.2　仿生学助力汽车创新

随着科技的不断进步，汽车行业正朝着更高效、更环保、更智能的方向发展。在这一过程中，仿生学作为一个跨学科的创新学科，逐渐成为推动汽车技术革新的重要力量。从仿生外观到优化空气动力学性能，再到增强车体的强度与安全性，仿生学为汽车设计带来了全新的思维方式和解决方案，见图 3-2-5。

▲ 图 3-2-5　动物外形的汽车

动物外形的汽车

甲壳虫汽车

甲壳虫汽车无疑是汽车历史上具有标志性的车型之一。它的设计灵感来源于拥有小巧、圆润的外形的甲壳虫。甲壳虫汽车的历史可以追溯到20世纪30年代，当时德国政府决定开发一款“人民汽车”。最终，大众汽车公司生产了这一经典车型，并于1938年正式发布。

“甲壳虫”不仅是一款汽车，它也代表着20世纪60年代的反主流文化，成了自由、反叛的象征。直至2003年，原始款甲壳虫汽车停产，产量超过2150万辆，成为有史以来寿命最长、产量最高的汽车之一。

熊猫汽车

中国吉利汽车公司开发的熊猫汽车与甲壳虫汽车相似，都是两厢小型车，但它的设计灵感来源于中国的国宝大熊猫。这款车的前脸设计模仿了大熊猫的面部特征，给人一种呆萌、可爱的感觉。大熊猫作为国家一级保护动物，不仅在中国享有崇高的地位，在世界范围内也深受人们的喜爱。因此，熊猫汽车通过巧妙的设计在人们心中留下了可爱、亲切相关的品牌印象。

大熊猫以其憨态可掬的形象成为全球动物爱好者关注的焦点，熊猫汽车将中国的文化和动物保护意识融入汽车设计。使其无论是在国内还是海外，都赢得了市场的喜爱。

大蛇汽车

日本光冈汽车公司所生产的汽车，以其独特的设计受到一些汽车爱好者喜爱。与主流的日产、丰田等汽车公司的产品不同，光冈汽车公司的产品通常融合了英国经典风格与现代化技术。其中，光冈汽车公司的大蛇汽车尤为独特，它的外形设计灵感来源于蛇。

大蛇汽车被光冈汽车公司称为“时尚超级跑车”，其独特的蛇形车身设计使人印象深刻。与传统跑车不同，大蛇汽车的外观充满了艺术感，宛如一条扭曲的蛇在公路上蜿蜒前行。作为光冈汽车公司最具特色的车型之一，大蛇汽车不仅在日本受到了关注，在全球范围内也吸引了不少汽车爱好者的目光。

青蛙汽车

保时捷 911 是一款经典的跑车，自 1963 年首次亮相以来，它成了公路和赛道上的代名词。最初，保时捷 911 被称为保时捷 901，但由于法国标致汽车公司已经拥有了“901”这一名称的版权，保时捷不得不将其更名为“911”。

相对于甲壳虫汽车，保时捷 911 汽车的设计外形更加流线、动感，具有更强的跑车气质，是世界上成功的跑车之一。保时捷 911 汽车拥有圆润的车身线条和突出的圆形大灯，让人联想到青蛙，这种外形设计不仅提升了其美学价值，还在功能上起到了一定的作用，使汽车在高速行驶时具备了更好的空气动力学性能。

风阻系数 0.06 的箱鲀鱼

梅赛德斯－奔驰公司在 20 世纪 90 年代深入仿生学研究，探索了如何借鉴自然界的智慧来改进汽车设计。这一探索最终促成了仿生汽车的诞生，汽车工程师从自然界寻找灵感，最终发现了箱鲀鱼，一种生活在沿岸浅海岩礁区域的海鱼，这一发现为汽车设计带来了革命性的突破。

箱鲀鱼，体型四四方方且略带棱角，但其流体力学性能却极佳，具有理想的空气动力学外形。箱鲀鱼不仅能够有效减小水中的阻力，还能承受极高的水压，因为它的外皮由六角形的骨板组成，这些骨板像铠甲一样保护着箱鲀鱼的身体。在与珊瑚或其他海洋生物碰撞时，箱鲀鱼的外皮能够有效吸收冲击力，保护其身体不受损伤。

梅赛德斯－奔驰公司的工程师决定以箱鲀鱼为原型，设计一款汽车，见图 3-2-6。箱鲀鱼的体形不仅符合流体力学要求，还具备了坚硬的外骨骼，可以预防碰撞带来的损伤，因此它成了理想的仿生设计参考。工程师在模拟模型中测量到，箱鲀鱼的阻力系数低至 0.06，这一数据为设计高效能汽车提供了重要依据。

基于箱鲀鱼的仿生设计，梅赛德斯－奔驰公司打造了一款紧凑型汽车。这款车不仅在外观上模仿了箱鲀鱼的形态，还在性能上做了优化。该车的空气动力学设计使其阻力系数降低，显著提升了其燃油效率。车内能够舒适地乘坐 4

▲ 图 3-2-6　箱鲀鱼及梅赛德斯 – 奔驰公司的仿生概念车

人，适合日常使用。

为了提高燃油效率，在这款汽车引擎盖下安装了一台涡轮柴油发动机，并采用了新的选择性催化还原技术，使得每 100 千米的燃油消耗仅为 4.3 升。该发动机能够提供 140 马力的动力输出，充分满足城市和高速公路的驾驶需求。同时，在车身结构方面，工程师利用计算机模拟来确定车身和底盘的尺寸，从而减轻车体重量，提升车辆的性能同时，还进一步提高了燃油经济性。

这款基于箱鲀鱼仿生设计的汽车，是梅赛德斯 – 奔驰公司在利用自然界智慧推动汽车技术创新方面的重要尝试。它不仅在空气动力学方面取得了突破性进展，还在燃油效率和结构设计方面体现了较高的工程技术水准。

轻量化与高强度

在自然界中，许多生物为了适应生存环境，进化出极为优秀的力学结构，具有一定的坚固性和稳定性，如树木和贝壳等。梅赛德斯 – 奔驰公司在打造电动概念跑车 VISION EQXX 时，正是从自然界生物的力学原理中汲取灵感，通过仿生设计实现了车身的轻量化与高强度。

在设计 VISION EQXX 的后底板铝结构铸件时，工程师深入研究了自然界中的网状结构。自然界中，许多生物的骨骼和植物的枝干都展现出极佳的网状结构，这些结构在承载重力的同时，能够最大限度地减少材料的使用。工程师采用了科学计算和仿生学原理将这种网格状结构的力学特性应用于车身设计，根据各部件的功能需求，合理分布材料。

在后底板铝结构铸件的设计过程中，工程师特别注重在其高负荷区域使用高强度材料，而在低负荷区域则尽可能减少材料的使用。通过这种精细的材料分布，高度轻量化的网状仿生结构，既保证了部件的承载能力，也大大减轻了不必要的重量，还保持了车辆的高稳定性、耐撞性和卓越的驾驶体验。

梅赛德斯－奔驰公司的 VISION EQXX 概念车展示了仿生学在现代汽车工程中的强大应用潜力。它不仅通过自然界的启示实现了车辆的极致轻量化，还在保证车辆强度和安全性的同时，优化了其能效和性能，进一步推动了汽车行业向可持续、智能化方向的迈进。

3.3 能源仿生

能源仿生是一个跨学科的研究领域，它主要借鉴生物系统在能量获取、转换和储存等方面的独特机制，并运用工程学和材料科学等技术手段，研发新型能源技术。简单来说，就是从生物界寻找灵感，以解决人类面临的能源问题。为了减轻传统化石能源日益枯竭的压力，人类急需寻找新的可替代能源。能源仿生能够挖掘生物系统中的能量智慧，为开发清洁、可再生的能源提供途径，如模仿光合作用开发人工光合作用系统，或者借鉴海洋生物与波浪能的关系研发波浪能发电技术。这些新技术往往具有低污染、低能耗等特点，有助于降低能源开发和利用过程中对环境的影响，符合可持续发展的要求。

3.3.1 人工光合作用系统

在自然界中，光合作用是植物、藻类和某些细菌通过叶绿体进行的过程，它们吸收阳光，利用水和二氧化碳合成有机物，并释放氧气。这一过程是地球上生命能量和物质循环的基础。人工光合作用系统试图复制这一过程，以太阳能为动力，通过人工催化剂和反应器，将水分子裂解为氢气和氧气，同时将二氧化碳还原为燃料或其他化学物质。这是一种模仿自然界光合作用的科技创新，这一过程不仅能够提供清洁能源，还有助于减少二氧化碳的排放，更好地应对全球气候变化。

光合作用的原理

光合作用不仅将光能转化为化学能，储存在合成的有机物中，而且对地球生态系统具有至关重要的作用，包括维持大气中氧气和二氧化碳的平衡、为食物链提供能量和物质基础等。

光合作用可以分为两个主要阶段：光反应和暗反应。光反应发生在叶绿体的类囊体膜上，需要光照，涉及水的光解和 ATP（腺苷三磷酸）与 NADPH（还原型烟酰胺腺嘌呤二核苷酸磷酸）的生成。暗反应，也称为卡尔文循环，不依赖光照，主要在叶绿体基质中进行，利用 ATP 和 NADPH 将二氧化碳转化为有机物。

光反应是光合作用的第一阶段，主要发生在叶绿体的类囊体膜上，需要光照才能进行。光反应的核心过程包括光能的吸收、传递、转换及光合磷酸化。

光能的吸收与传递：叶绿素分子吸收光能后，电子被激发到更高的能级。这些高能电子通过类囊体膜中的电子传递链进行传递，过程中逐步释放能量。这一过程涉及多种色素分子，包括叶绿素 a、叶绿素 b 及类胡萝卜素，它们共同形成了光合色素系统，有效地捕获和传递光能。

光合磷酸化：在电子传递过程中，部分能量被用于将 ADP（腺苷二磷酸）和无机磷酸（Pi）转化为 ATP，这是光合作用中能量转换的关键步骤。同时，电子传递链中的质子（H^+）被泵入类囊体腔，形成跨膜质子梯度，为 ATP 的合成提供动力。

水的光解与氧气释放：光反应中，水分子被光解为氧气、电子和质子。这一过程释放的氧气直接进入大气，而电子和质子则参与后续的电子传递和 ATP 合成。

暗反应，也称为卡尔文循环，是光合作用的第二阶段，主要在叶绿体基质中进行，不依赖光照。暗反应的主要功能是利用光反应产生的 ATP 和将二氧化碳转化为有机物。其主要包含以下几个过程。

二氧化碳的固定：暗反应的第一步是二氧化碳的固定，由相关酶（一种特殊的催化剂，能加快化学反应）催化，将二氧化碳与核酮糖 -1，5- 二磷酸（5-RuBP）结合，生成不稳定的中间产物，随后分解为两个 3- 磷酸甘油酸（3-PGA）分子。

3- 磷酸甘油酸的还原：3- 磷酸甘油酸在 ATP 和 NADPH 的作用下被还原为甘油醛 -3- 磷酸（G3P）。这一步骤是暗反应中的关键能量投入点，每个 3- 磷酸甘油酸分子需要 3 个 ATP 和 2 个 NADPH 分子。

有机物的合成：甘油醛 -3- 磷酸可以进一步转化为葡萄糖和其他有机物，或者参与再生 RuBP 的过程，为下一轮的二氧化碳固定做准备。卡尔文循环每循环一次，可以固定 6 个二氧化碳分子，生成 1 个葡萄糖分子（见图 3-3-1）。

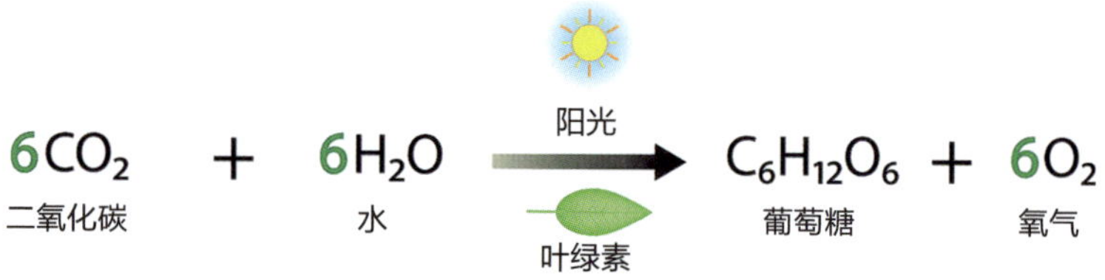

▲ 图 3-3-1　光合作用过程

C_4（碳 $_4$）和 CAM（景天酸代谢）途径：在一些植物中，为了提高光合作用的效率，发展出了 C_4 和 CAM 途径。C_4 途径通过在叶肉细胞和维管束鞘细胞之间转移二氧化碳，减少光呼吸的损失，提高二氧化碳的利用效率。CAM 途径则通过在夜间吸收和固定二氧化碳，白天进行卡尔文循环，适应干旱环境。

光合作用的光反应和暗反应是紧密相连的两个过程，共同完成了将光能转化为化学能并储存在有机物中的任务。通过这一过程，植物不仅为自己提供了能量和物质基础，也为整个生态系统提供了支持。

光合色素在光合作用中扮演着至关重要的角色，它们不仅吸收光能，还参与光能的传递和转换。

叶绿素的功能：叶绿素是光合作用中最主要的光合色素，它含有一个卟啉环和一个中心镁离子，能够吸收特定波长的光。叶绿素 a 和叶绿素 b 虽然结构相似，但在光合作用中扮演不同的角色。叶绿素 a 主要参与光化学反应，而叶绿素 b 则主要参与光能的吸收和传递。

类胡萝卜素的作用：类胡萝卜素包括胡萝卜素和叶黄素，它们在光合作用中主要起到保护作用。类胡萝卜素能够吸收多余的光能，防止光合色素受到光氧化损伤。此外，类胡萝卜素还参与非光化学淬灭过程，将多余的光能以热的形式耗散，保护光合作用免受强光伤害。

藻胆素的功能：在某些藻类中，藻胆素，如藻红蛋白和藻蓝蛋白也参与光能的吸收和传递。这些色素能够吸收叶绿素，吸收较少的绿光和黄光，扩大了光合作用可用光的范围，使得这些藻类能够在不同光质环境中有效地进行光合作用。

光合作用是生态系统能量流动的基础，它将太阳能转化为化学能，并储存在有机物中，为生态系统中的其他生物提供能量来源。

能量的输入：光合作用是生态系统中能量流动的起点。据估计，陆地生态系统与海洋生态系统生成的能量占比约为 5∶3。这些能量最终来源于太阳，通过光合作用被转化为化学能。

能量的传递：在生态系统中，能量通过食物链和食物网在不同营养级之间传递。据研究，能量在生态系统中的传递效率大约为 10%，即每个营养级只能获得上一个营养级能量的 10%。这意味着，从生产者到顶级捕食者，能量的流动是逐级递减的。

能量的散失：在能量流动的过程中，大部分能量以热的形式散失。例如，植物通过呼吸作用散失的能量约占其固定太阳能的 50%。这种能量散失是生态系统能量流动的一个自然组成部分，也是生态系统中能量循环和物质循环的重要驱动力。

人工光合作用系统

人工光合作用系统是一种模拟自然光合作用过程的人工装置，通过太阳能驱动水和二氧化碳的转化，生成氢气、甲醇等清洁燃料及乙烯、富马酸等化学物质。这些产物不仅可以作为能源使用，其中的乙烯和富马酸等化合物还能作为合成塑料的重要原料（图 3-3-2）。这一过程不仅有助于减少温室气体的排放，还能提供可持续的清洁能源。人工光合作用系统的核心组件包括光催化剂、反应器和能量转换模块。光催化剂负责吸收太阳能并触发化学反应，将光能转化为化学能。这些催化剂通常由金属有机框架或半导体材料构成，能够模拟自然界中叶绿素的功能。反应器则为反应提供了适宜的环境，确保反应效率和对产物的选择性。能量转换模块则负责将光能转化为化学能，同时释放氧气或其他有利用价值的化学产品。

人工光合作用技术作为模拟自然界光合作用的科学尝试，其发展历程可谓充满挑战与创新。自 20 世纪 70 年代初，科学家便开始了对人工光合作用的研

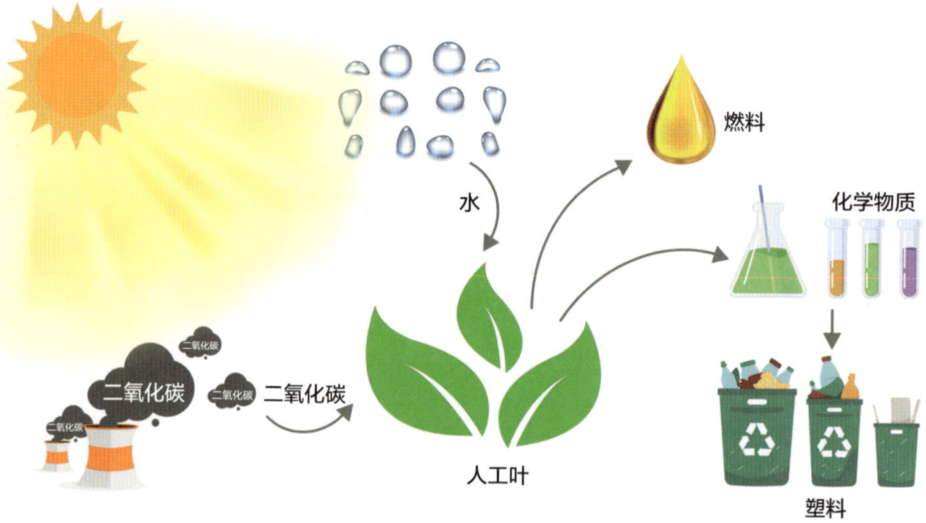

▲ 图 3-3-2 人工光合作用系统

究，旨在复制自然界中植物、海藻和蓝细菌等通过叶绿体收集太阳光能，将二氧化碳和水转化成富有能量的有机化合物并释放出氧气的过程。这一过程的关键步骤是由光驱动将水分子裂解为氧气、氢离子和电子的反应，这一反应向地球上所有复杂的生命提供能量和氧气，可以说是光合作用的核心。

在早期的研究中，科学家面临的主要挑战是如何在化学条件下模拟自然界中叶绿体的功能，实现水的分解。这些早期的尝试往往需要高温及强碱的苛刻条件，反应中使用的催化剂也是铂等贵重金属，且需要给予足够高的能量，这一能量几乎能够摧毁任何生物分子。这些限制条件严重阻碍了人工光合作用技术的发展和应用。

然而，随着纳米科技和材料科学的进步，人工光合作用技术取得了显著进展。科学家通过调整催化剂的组成、结构和表面性质，显著提高了其催化活性和稳定性。例如，利用纳米技术和表面修饰技术，可以制备出具有高比表面积和优异光吸收性能的光催化剂，从而提高光能利用效率。此外，为了提高人工光合作用的整体效率，科学家致力于开发集成化的反应系统，这些系统不仅包含高效的光催化剂，还集成了反应物供应、产物分离和能量回收等模块，实现了从光能到化学能的连续、高效转化。

近年来，人工光合作用技术的研究热度持续上升，全球范围内的科研机构和企业都在积极探索这一领域。例如，美国麻省理工学院的科学家诺塞拉和卡南成功完成了人工模拟光合作用研究，其最新研究结果已发表于《科学》（*Science*）杂志。他们的突破之处在于将铟、锡氧化物做成电极，放置于钴离子和磷酸钾的水溶液中，制造出了可在室温下促成水分解的催化剂。这一过程与光合作用非常相似，特别是利用太阳能作为电能的产生来源这一点。氢气和氧气可以直接用来燃烧供能，无污染。而且，氢气和氧气组合产生的能量可以贮存在质子交换膜燃料电池中，实现白天和晚上不间断地供电。

此外，英国在太阳能领域正式启动了"人工叶"项目的研究。所谓"人工叶"就是模拟天然绿叶的光合作用，创造出一个与之相似的人工系统，产生清洁燃料氢和甲醇，作为燃料为汽车等工业发展提供能量。项目研究人员希望通过此项研究，可以使"人工叶"像植物一样，在常规的条件下，就能够从水中分离出氢气，从而彻底告别以往那些成本昂贵的操作方式及繁杂工艺。"人工叶"作为一种原料，由它所获得的氢气，既可用于制造燃料电池，成为新一代无污染的高能燃料，又可以结合二氧化碳产生甲醇，逐渐减少人们对石油的依赖与使用。

人工光合作用技术的发展，不仅在能源生产和环境治理方面展现出巨大的潜力，也为人类提供了一种全新的能源解决方案。随着研究的深入和技术的进步，人工光合作用技术有望在未来能源领域发挥重要作用，为人类社会实现能源可持续发展做出重要贡献。然而，要实现这一目标，还需要在光催化剂设计、反应系统集成、产物多样化等方面做更大的努力。同时，政策支持和资金投入也是推动人工光合作用技术发展的重要因素。未来，我们期待看到更多创新性的研究成果和技术应用，共同推动人类社会的可持续发展。

研究前沿

厦门大学汪骋教授课题组提出的LP-MOF组装策略，通过将HER-和WOR-MOF纳米片分别组装在脂质体中，有效防止了光生电荷的复合，实现了高效的光催化全水分解。这种设计不仅提高了光能转化效率，还减少了能量损失，提高了太阳能到化学能的转化效率。LP-MOF组装体实现了整体光催化水分解，表观量子产率达到（1.5 ± 1）%，模仿了自然光合作用系统，实现了光到化学的转换。

另一个引人注目的应用实例是武汉大学邓鹤翔课题组在人工光合作用领域

的研究成果。他们通过在金属有机框架（MOF）中填充二氧化钛纳米颗粒，实现了高效的二氧化碳光还原。这一结构的设计灵感来源于自然界中光合作用过程中的光催化基元的局域化。通过精确控制二氧化钛纳米颗粒在金属有机框架孔道中的分布，实现了对光生电子的有效分离和利用，大幅提高了光催化活性。

人工光合作用系统的环境影响是显著的。通过转化二氧化碳为有用的化学产品，人工光合作用系统有助于减少大气中的温室气体含量，从而更好地应对全球气候变化。这些系统的应用有助于减少人们对化石燃料的依赖，减少与之相关的环境污染问题。此外，人工光合作用技术还可以应用于环境治理和生态修复领域，例如处理工业废水或农业废弃物中的有害物质，实现污染物的无害化处理和资源的循环利用。

展望未来，人工光合作用技术的应用前景广阔。在能源生产方面，该技术可以将太阳能直接转化为可存储的化学能，为电网提供稳定的电力供应。生成的氢气、甲醇等清洁燃料可以作为交通运输、工业生产等领域的替代能源，减少对传统能源的依赖。在碳减排和资源循环利用方面，人工光合作用技术通过捕获和转化大气中的二氧化碳，可以将其转化为有价值的化学产品，以减少温室气体的排放。

人工光合作用技术作为可持续能源的替代方案，正逐步展现出其巨大的潜力和价值。政策支持和资金投入也是推动人工光合作用技术发展的重要因素。未来，我们期待看到更多创新性的研究成果和技术应用，共同推动人类社会的可持续发展进程。

3.3.2 海洋生物启发的波浪能发电

一些海洋生物能够巧妙地利用波浪的能量来获取食物或者进行迁徙等活动。这些海洋生物对波浪能的巧妙利用为人类提供了宝贵的灵感。波浪能作为一种清洁、可再生的能源，具有巨大的开发潜力。在全球对可持续能源需求日益增长的背景下，借鉴海洋生物与波浪能互动的方式来研发波浪能发电技术，成了当今能源研究领域的一个重要方向。

波浪能的潜力

波浪能作为海洋能源的一种形式，其储量巨大且分布广泛。根据《中国地质调查》期刊上一篇名为“我国海洋无碳能源调查与开发利用主要进展”的文章介绍，中国近海离岸 20 千米一线的波浪能蕴藏量为 1599.52×10^4 千瓦，理论年发电量 1288.22×10^4 千瓦时。这一数据显示，波浪能资源的理论储量足以支撑大规模的能源需求。在全球范围内，波浪能的理论值约为 10^9 千瓦量级，是目前世界上总发电量的数百倍，具有极其广阔的开发前景（图 3-3-3）。

波浪能发电作为一种可再生能源技术，其商业化前景备受瞩目。目前，波浪能发电技术已经从初步探索阶段进入技术发展和规模化应用阶段。据统计，2015 年中国波浪能装机容量为 0.2 兆瓦，而到了 2022 年这一数字达到了 1.52 兆瓦。这一增长趋势表明，波浪能发电技术正在逐步走向成熟，商业化应用的步伐正在加快。随着技术的进步和成本的降低，波浪能发电的市场竞争力将逐步增强，预计未来波浪能发电将在波浪能丰富的国家逐步占有一定的地位。

▲ 图 3-3-3　海洋波浪蕴含着巨大的能量

海洋生物的启示

流线型身体

海洋生物的流线型身体结构对波浪能转换技术有着直接的启示。海洋生物的身体流线型特征，使得它们能够在水流中以最小的阻力快速游动。这种生物特性启示我们在设计波浪能转换装置时，采用流线型结构可以降低能量损耗，提高能量捕获效率。例如，波浪能转换装置的浮体部分可以设计成流线型，以顺应波浪的自然节奏，同时最大限度地捕获波浪能。

灵活的器官

海洋生物如鱼类和水母的灵活鳍和触手，它们通过这些器官来控制游行的方向和深度，这种动态调整能力使它们能适应不同的水流条件。波浪能转换装置若能模仿这种动态调整机制，通过智能控制系统实时调整其工作状态，将能更有效地适应不断变化的波浪条件，提高能量转换效率。这种智能控制策略使波浪能转换装置在面对不同海况时，都能保持最佳的工作状态，从而提高能量的捕获和转换效率。

高效的群体行为

海洋生物的群体行为也为波浪能转换技术提供了启示。许多海洋生物通过群体行为来提高捕食效率和生存能力，这种群体协作的行为启示我们可以通过阵列化布置波浪能转换装置，实现更高效的波浪能捕获和转换。通过合理布局，波浪能转换装置可以协同工作，共同应对波浪的挑战，提高整体的发电效率。

环境适应性

适应性也是波浪能转换装置设计中需要考虑的因素。海洋生物能在极端的海洋环境中生存，这启示我们在设计波浪能转换装置时，需要使用耐腐蚀、耐磨损的材料，并设计能在极端海况下稳定运行的结构。这样的设计可以大大提高装置的可靠性和寿命，确保波浪能转换装置能够在长期的海洋环境中稳定运行。

智能推进机制

借鉴海豚和鲸鱼的波动推进机制，我们可以开发智能控制系统，使波浪能转换器能够根据海浪的变化自动调整工作状态，从而提高能量转换效率。

波浪能发电原理

波浪能发电技术的基本原理是将波浪的动能和势能转换为电能。这一过程通常涉及 3 个阶段的能量转换：捕获波浪能、波浪能转换为机械能，以及机械能转换为电能。

捕获波浪能

波浪能捕捉装置被设计用于最大化捕获波浪的动能，这些装置的类型和设计因地理条件和技术路线的不同而异。例如，有些装置采用浮筒来跟随波浪的上下运动，而有些装置则利用波浪的水平推进力。

波浪能转换为机械能

波浪的机械能通常通过液压系统、空气压缩系统或直接驱动发电机的机械系统进行转化。这一步骤将波浪的能量集中并转化为机械能。

机械能转换为电能

机械能最终通过发电机转化为电能，这些电能可以直接用于当地供电，也可以通过电缆输送到岸上并接入电网。

波浪能发电装置

波浪能发电装置形式多种多样，根据安装形式可分为固定式和漂浮式，根据工作原理的不同分为振荡体式、振荡水柱式和越浪式三类（图 3-3-4）。此外，常见的波能发电技术形式还可以根据安装位置、波能吸收类型等进行分类。

振荡体式

振荡体式波浪能发电装置利用捕能机构在波浪作用下所做的单自由度或多自由度运动将波浪能转换为机械能。这类装置结构简单，造价成本低，适应性强，扩展性好。通过优化俘获体的质量、形状、半径和吃水等参数，可以达到较高的俘获宽度比，技术开发难度低，是目前研究最为广泛的波能转换装置。

振荡水柱式

振荡水柱式波浪能发电装置主体结构为中空气室，气室上部与空气连通，气室下部与水体连通，波浪往复运动带动气室中的空气被压缩和膨胀，空气流

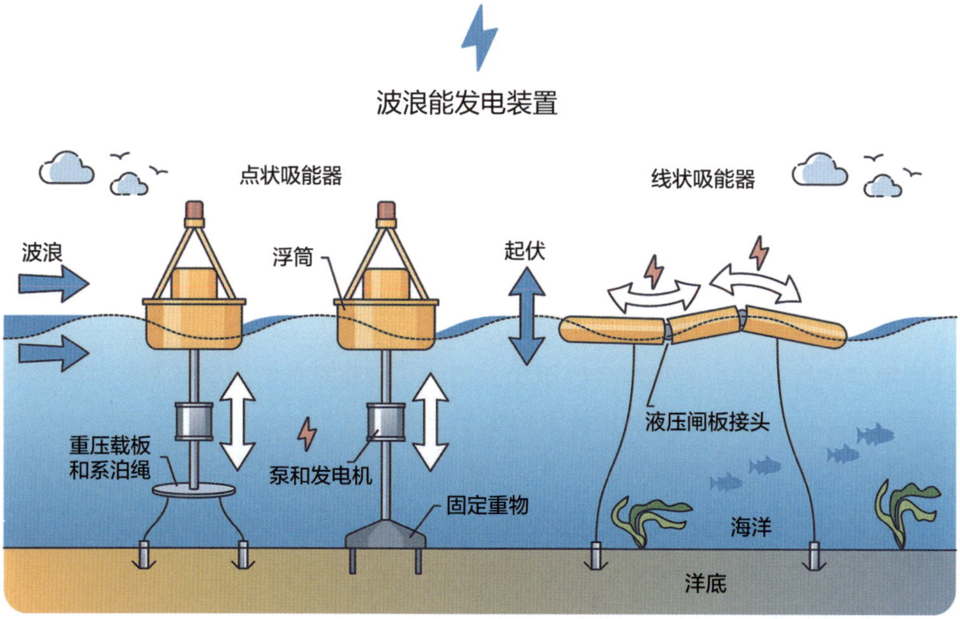

▲ 图 3-3-4　波浪能发电装置

过透平驱动涡轮机高速旋转，进而驱动发电机发电。此类装置结构简单，能量转换部件位于水面上方，不与海水接触，装置不易腐蚀，维护较为方便，但由于二级能量转换效率低，导致其发电成本较高。

越浪式

越浪式波浪能发电装置一般利用呈喇叭状的收缩坡道或斜坡形成聚波效应将波浪引入高位蓄水池，利用水面高度差产生的势能驱动水轮机转动，进而带动发电机发电。此类装置一级转换过程没有转换部件，减少了过程中的能量损耗，可靠性较高。但受收缩坡道或斜坡地形限制，对该类型装置建造选址要求较高，而且在小波海况下，装置发电效率偏低，无法大规模建设，可扩展性差。

波浪能发电应用实例

波浪能发电技术的实际应用案例在全球范围内不断增加，以下是一些代表性的案例分析。

“鸭式”波浪能发电装置

中国科学院广州能源研究所在波浪能发电领域取得了显著进展，成功研发并测试了“鸭式Ⅰ号”“鸭式Ⅱ号”和“鸭式Ⅲ号”系列波浪能发电装置。这些装置的设计灵感来源于动物的运动机制，尤其是模仿鸭子在水中的划水动作，捕捉波浪能并将其转化为电能。

作为系列装置的首个原型，“鸭式Ⅰ号”的设计主要由主轴部分、鸭体部分和水下支撑结构组成。鸭体在波浪作用下上下摆动，这一运动不仅有效捕获了波浪能量，还驱动内部液压系统进行能量转换，最终通过发电机将其转化为电能。在此基础上，“鸭式Ⅱ号”对液压系统的压力等级进行了优化，显著提高了能量转换效率，使得装置在相同波浪条件下能够产生更多的电能。

随着技术的不断进步，“鸭式Ⅲ号”在前两代装置的基础上进行了更加深入的技术改进。这一代装置能够根据波浪条件的变化智能调节发电功率，确保在不同海况下均能保持最佳的发电效率。实际测试中，“鸭式Ⅲ号”的最大输出功率达到25千瓦，装机容量也提升至100千瓦，这标志着我国在波浪能发电技术领域迈出了重要的一步。鸭式波浪能发电装置的成功研发，为波浪能的商业化应用奠定了坚实的基础。

“哪吒”系列波浪能发电装置

2011年，中国科学院广州能源研究所成功研发并在海上实测了我国首套利用直驱方式将波浪能转化为电能的发电装置“哪吒一号”。该装置在珠海万山岛的海上测试，标志着我国在波浪能发电技术领域迈出了关键一步。“哪吒一号”采用双圆柱体漂浮结构，振荡浮子设计为蝶形，通过中间直筒与水下阻尼板的刚性连接，实现了浮子振荡运动对直筒内直线发电机的驱动，从而将波浪能转化为电能。在实际海况测试中，“哪吒一号”发电机的最高输出电压可达381伏，显示了其出色的能量转换效率和发电潜力。

“哪吒一号”的成功海试不仅验证了该装置的技术可行性，还为后续的优化研究提供了宝贵的实验数据和经验。在此基础上，广州能源研究所进一步研发了“哪吒二号”，并在指定海域完成了海试。与“哪吒一号”相比，“哪吒二号”在设计和性能上进行了多项改进，旨在提升能量转换效率和装置的稳定性，能够应对更加复杂的渔况。

“鹰式”波浪能发电装置

为了克服“鸭式”系列装置的局限性，中国科学院广州能源研究所将“鸭式”装置与半潜驳船技术相结合，成功研发了“鹰式”波浪能转换装置。该装置主要由鹰式吸波浮体、能量转换系统和半潜船体组成。“鹰式一号”波浪能发电装置采用液压式与直驱式组合的发电系统，总装机容量为 10 千瓦，并于 2012 年正式开展海试。在无人值守的条件下，“鹰式一号”单次无故障连续运行超过 180 天，甚至在台风“海燕”来临时也能在风暴中稳定发电。

作为大型漂浮式波浪能发电装置，“鹰式”装置的“万山号”配备了两套独立并行的液压系统，用于波浪能的高效转换。系统配有 4 台由液压马达驱动的 30 千瓦永磁发电机，可根据不同波浪条件进行分级启动发电。“万山号”设计的最大输出功率为 100 千瓦，且于 2015 年成功进行海试，实际测试中其最大发电功率达到了 128.32 千瓦，整机的能量转换效率稳定在 20% 以上，最高可达 37.7%。

“鹰式”装置的优势在于其高效的能量转换系统和强大的发电能力。该装置不仅能够适应多变的海况和波浪条件，还能在极端天气下保持稳定运行，这为波浪能发电技术的应用和发展开辟了新局面。

应用前景与挑战

波浪能发电作为一种清洁可再生能源技术，在全球能源结构转型和应对气候变化的背景下，其重要性日益凸显。作为一种无温室气体排放的能源，波浪能发电在减少全球碳足迹方面具有显著意义。根据国际能源署的报告，海洋能（包括波浪能）的开发有助于降低全球对化石燃料的依赖，从而减少二氧化碳排放。此外，波浪能发电不占用陆地空间，不干扰陆地生态系统，有助于保护生物多样性。其长期运营成本较低，且随着技术进步和规模化应用，发电成本有望进一步降低，从而具备较高的经济效益。

《2025—2030 年中国波浪能行业市场前瞻与投资战略规划分析报告》指出，随着波浪能发电技术的不断进步，预计未来波浪能发电的成本将逐渐接近甚至低于传统能源发电成本。此外，波浪能发电项目的开发还将促进当地就业和相关产业链的发展，产生显著的经济拉动效应。

尽管波浪能发电技术具有巨大的发展潜力，但也面临诸多技术和市场挑战。目前，这项技术尚处于发展阶段，仍存在若干技术难题亟待解决。例如，如何提高波浪能转换效率、提升装置的耐久性和可靠性，以及增强其在极端海况下的生存能力等。根据《2023—2028年中国波浪能发电行业深度发展研究与“十四五”企业投资战略规划报告》，我国波浪能发电技术在能量转换效率方面尚有较大提升空间，目前的平均转换效率为20%～37.7%，与国际先进水平存在一定的差距。此外，波浪能发电市场的商业化进程较为缓慢，主要受到成本、技术成熟度和市场接受度的制约。波浪能发电项目需要巨额的前期投资，回报周期较长，这限制了市场的快速发展。

波浪能资源的分布不均也是制约其全球应用的一大挑战。全球市场研究预测，波浪能发电的市场价值将从2019年的4380万美元增长至2027年的1.411亿美元，显示出市场潜力，但增长速度相对较慢。长期来看，波浪能发电技术的发展需要克服技术瓶颈、降低成本并提升市场竞争力。政策支持和市场需求的增长将成为推动波浪能发电行业发展的关键因素。随着全球对清洁能源需求的增加和环保意识的提升，波浪能发电技术有望在未来能源结构中占据重要地位。

3.3.3 热能存储中的仿生学

在加速推进能源转型的全球趋势下，储热技术作为可再生能源规模化发展的核心支撑，正发挥着不可替代的作用。该技术通过特定介质实现热能的捕获、存储与灵活释放，有效解决可再生能源的“间歇性”问题（如太阳能夜间无法发电、风能波动性大）。其价值不仅体现在平衡电网负荷、降低化石能源占比方面，更在工业余热回收、建筑智慧供暖等场景中展现出显著的节能潜力。据统计，储热系统可将太阳能热发电成本降低30%以上，是构建低碳能源体系的核心环节。

当前储热技术主要呈现三大技术路径

显热储热：通过物质温度变化储热（如水、岩石），技术简单但储能密度低，如太阳能热水器。

热化学储热：利用可逆化学反应吸放热，储能密度最高，但技术复杂、成本高昂，仍处于实验室阶段。

相变储热：依靠物质相态转变（如固态到液态）时吸收/释放潜热，兼具高储能密度（显热的 5 ～ 10 倍）和温度稳定性，成为最具应用潜力的技术。例如，冰蓄冷空调利用水结冰释放冷量，电力需求峰谷时段效率提升 40%。

在相变储热技术持续优化过程中，仿生学设计正成为突破材料与结构瓶颈的前沿发展方向。通过模拟生物高效的热管理机制，研究者开发出仿骨小梁结构、仿丝瓜瓤皮结构等仿生解决方案，显著提升储热密度和延长循环寿命。

仿骨小梁多孔结构储热材料

骨骼，特别是其内部的骨小梁结构，是大自然在亿万年的进化长河中，以最少的材料实现最强功能的生命结构。它轻盈、强韧，能有效分散应力，支撑身体。如今，科学家正从这种神奇结构中汲取灵感，将其独特设计应用于材料科学，特别是在追求高导热性能和高结构稳定性的领域，取得了令人瞩目的突破。

热量的高效传导与力学应力的有效传递，在一定程度上遵循相似的物理规律，都需要畅通无阻的路径。骨小梁并非实心，而是由无数细小的骨板或骨棒交织成的多孔网状结构（图 3-3-5）。骨小梁结构的多孔、连通特性启发了科学家研发新型高导热材料。

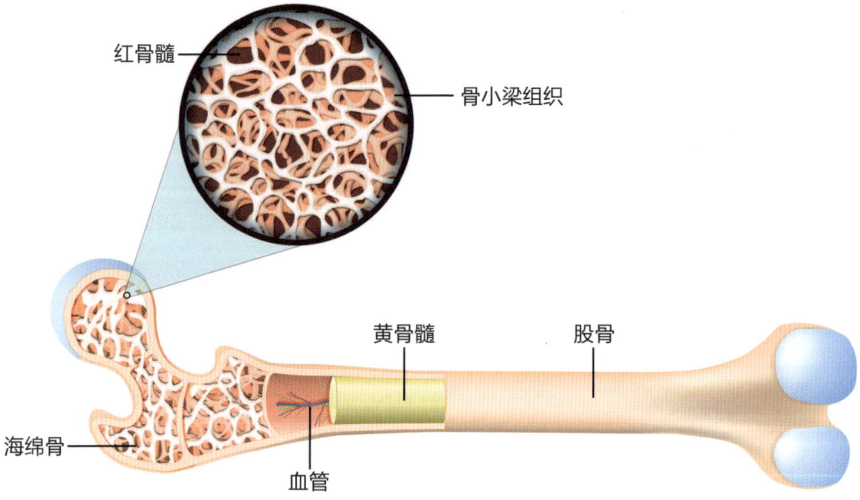

▲ 图 3-3-5　骨小梁孔隙结构

模仿骨小梁的网状结构，可以设计出具有高度连通、有序排列的导热通道的多孔材料。在碳 / 碳复合材料中，通过精密控制碳纤维的排列方向，可以像骨小梁定向传递应力一样，沿着特定方向构建超高导热路径。这类复合材料在纤维轴方向上具有极高的热导率。氧化镁等具有高热导率的填料，可类比为构成骨小梁的“矿物质”。通过优化其粒径和分布，将它们填充到模仿骨小梁网络结构的基体中，能显著提升整体复合材料的热导率。

3D 打印 / 选择性激光熔化技术使精确制造具有复杂仿骨小梁微结构的材料成为现实。研究者通过拓扑优化设计出具有特定孔隙率和连通性的微结构，以实现最佳的热导率与轻量化的平衡。还有部分科学家利用石墨烯分散技术，在材料中构建类似骨小梁的连续导热网络，将石墨烯均匀、稳定地分散在基体中。超声波辅助技术能有效解决石墨烯的分散难题，制备出高浓度、稳定的石墨烯分散液，为制造高性能导热复合材料奠定了基础。

仿珊瑚多孔结构储热材料

珊瑚骨架是一种高渗透性的多孔介质，其内部具有复杂的连通孔隙网络。这种孔隙结构为珊瑚虫提供了栖息地，促进物质运输，促进营养吸收和繁殖。

相变材料因其出色的热储存能力而被认为是提高太阳能利用效率的理想选择。然而，相变材料的进一步应用受到形状稳定性差、火灾危险高及热导率低等问题的限制。研究人员受自然界珊瑚的多孔结构启发，设计了一种珊瑚状的有机 - 无机石墨烯改性聚乙烯醇气凝胶作为聚乙二醇的载体，从而制成了仿珊瑚的储热材料，其具有优异的阻燃性、形状稳定性和对太阳辐射的热储存能力（图 3-3-6）。该材料的热导率显著提高，达到 0.7545 瓦 / 米 · 度，约为聚乙二

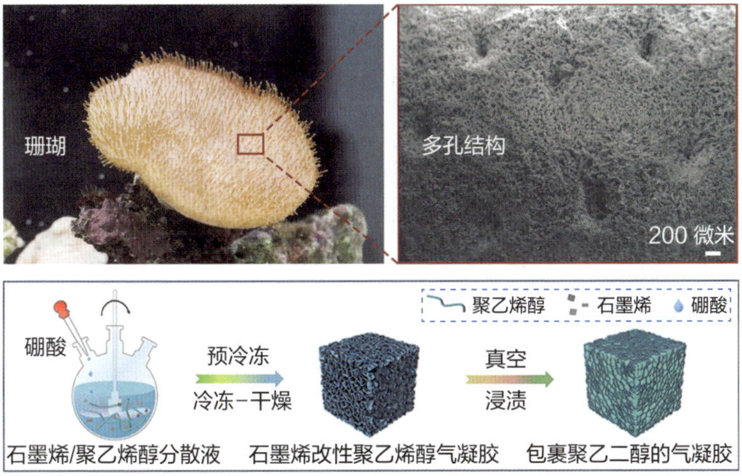

▲ 图 3-3-6　珊瑚启发的储热材料

醇的 1.6 倍。这种材料在太阳能储存和废热回收方面具有巨大的应用潜力。

模仿丝瓜瓤皮结构实现高导热与高稳定性

在高温储热领域，熔盐是相变储热的代表材料，其来源广泛、成本低廉，高温稳定性好，不易分解，且相变焓（冶金学名词，指一定量的物质在一定温度下从一个相转变为另一个相的过程中产生的热效应）高达 200 千焦 / 千克以上。但熔盐的缺陷也不容忽视：一是腐蚀性强，需采用镍基合金等昂贵材料封装，这会增加 30% 以上的建设成本；二是液态熔盐易发生泄漏，美国新月沙丘电站曾因熔盐泄漏停产数月。仿生学为解决上述问题提供了新的思路。

研究人员受丝瓜瓜瓤孔筋稳定果肉组织和瓜皮防止水分流失的启发，设计了一种用于封装高温熔盐的陶瓷骨架（图 3-3-7），这种骨架内部为孔隙率为 70%～90% 的多孔陶瓷，形成连续导热通路，提升导热；表皮为致密表皮（孔径小于 6 微米），防止熔盐泄漏。瓤皮结构陶瓷骨架同时解决了熔盐腐蚀强、易泄漏问题，还将系统储热速率提高了 50% 以上，热循环寿命可达 5000 次以上，为高温熔盐储能技术的产业化应用提供了可靠的解决方案。

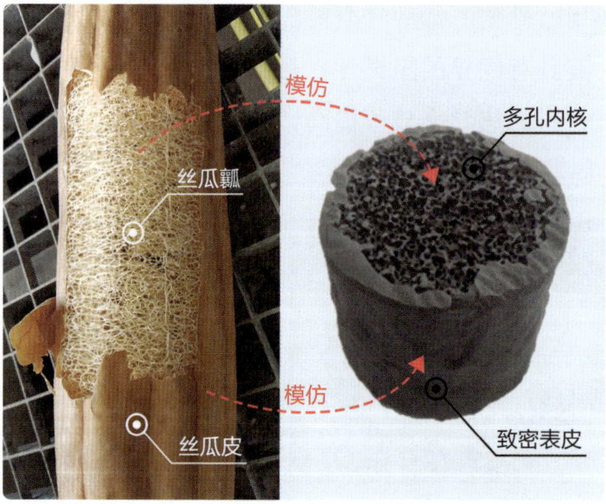

▲ 图 3-3-7　丝瓜瓤皮结构启发的高温储热材料

仿豆荚光热复合相变材料：阳光下的“能量豆荚”

自然界中的豆荚

豆荚能够保护内部的豆子，同时让阳光充分渗透。科学家从中获得灵感，设计出一种仿豆荚结构的光热复合相变材料：用石墨烯编织成“豆荚”外壳，包裹住十八烷（一种蜡状物质）形成的“豆子”。这种结构像微型能量胶囊，既能高效吸收太阳能，又能稳定储存热量。其核心原理在于：石墨烯外壳像黑色吸光网，捕获阳光后迅速转化为热能并传递给内部的十八烷；而十八烷作为“能量豆”，在28℃附近熔化时会大量吸热（类似冰融化成水吸热），将热能转化为化学能储存起来，冷却时又凝固释放热量。整个过程无须电池或复杂设备，仅靠材料自身的结构就能完成能量循环。

这种材料的制造方法十分巧妙，采用的3D打印技术像挤奶油般“画出”豆荚结构：将氧化石墨烯浆料和液态十八烷分别注入打印头的内外通道，通过共轴挤出，一步完成“豆荚裹豆子”的封装。打印出的结构既可以是独立豆荚单元，也可扩展为网格状立体晶格（孔隙约1.6毫米），让光线能穿透到材料深处（图3-3-8）。这种设计带来三大突破性优势：①防泄漏。石墨烯层如同密实的纳米渔网，即使十八烷融化成液体，也被牢牢锁住，经历1000次冷热循环仍无泄漏。即使部分外壳破损，周围“豆子”仍能正常工作，展现出极强可靠性。②高效率。石墨烯将94%的阳光转化为热能，导热速度比纯十八烷快5倍，光热存储效率达91%（远超同类材料的72%～82%）。③高容量。每克材料可储热190焦耳（接近纯十八烷的240焦耳），且200次循环后储热能力几乎不衰减。

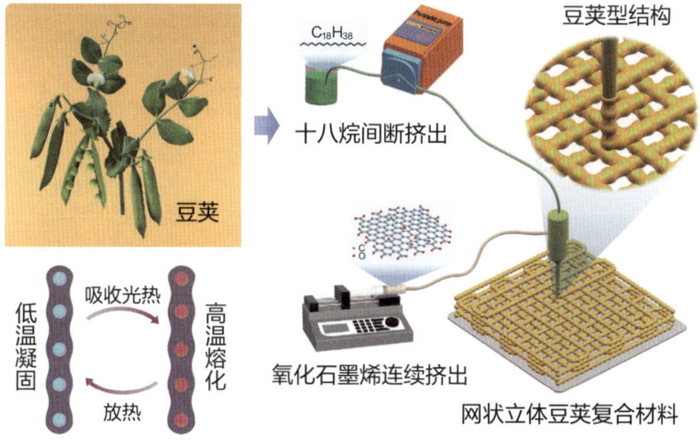

▲ 图3-3-8 仿豆荚光热复合相变材料

模仿动物胫骨和植物茎打造高储热材料

动物胫骨需在剧烈运动中抵抗冲击力并高效散热，其结构外层小孔保证了自身的强度和刚度以起到支撑保护作用，内层大孔则容纳更多骨髓。植物茎秆则需在有限空间内实现水分与养分的快速输运，其内部结构中细胞孔从外到内、由小到大，外部小孔形成致密结构，为茎秆提供高强度，帮助植物抵抗外力损伤；内部大孔则利于输送更多水和养分。动物胫骨的哈氏管系统和植物茎秆的维管束结构，以精巧的多级孔隙和定向纤维排列，实现了力学传递与热能储存传输的完美平衡。科学家从中获得关键启示：这些天然的多孔通道网络正是高效热量传递的理想路径。科学家提出“树状高导热网络”概念，通过设计水平方向梯度变化孔径的结构模仿胫骨，以及垂直方向梯度变化孔径的结构模仿植物茎。基于此，研究人员以高导热、高强度的石墨烯材料或碳化硅骨架模拟生物多孔结构，其内部发达的立体孔道网络被高储热密度的有机相变材料填充，设计出新型仿生储热复合材料（图 3-3-9）。骨架如同“高速公路”快速传导热能，而孔道中的相变材料则如同“能量仓库”在相变时大量交换热量。这些结构的稳定性和热传输机制，可为人类解决电子设备散热、航天材料等难题提供灵感。

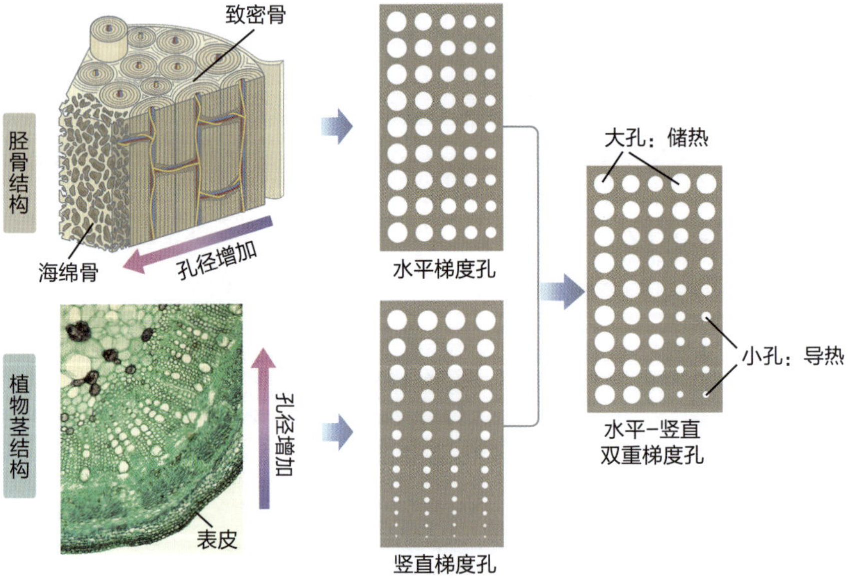

▲ 图 3-3-9　仿生梯度孔径储热结构

3.4 太空仿生

外太空的环境与地球有着显著的差异。以火星为例，它的地表极为崎岖，这给探测器的正常行驶带来了很大的挑战。而在空间站中，受重力的影响，航天员如果不借助外力，往往只能在舱内飘浮，难以稳定地完成任务。幸运的是，大自然为我们提供了启示，给出了应对这些问题的解决方案。

3.4.1 学尺蠖爬行的“祝融号”火星车

弓身爬行的尺蠖

尺蠖是鳞翅目尺蛾科昆虫幼虫的统称（图 3-4-1）。尺蠖有腹足一对，臀足一对，它以一种典型的“一寸一寸”或“绕圈”的步态移动，行动时一屈一伸，如同量尺度一样。

尺蠖的爬行有以下几个步骤。

曲背伸展：尺蠖在爬行时，通常会将身体向后弯曲成“C”字形。这是因为尺蠖的身体结构具有一定的柔韧性，它能够通过收缩和伸展，配合强有力的腿部肌肉，推动身体向前移动。

▲ 图 3-4-1　尺蠖在爬行

前肢抓牢：尺蠖的前端有一对强壮的足，能够牢牢抓住栖息的植物或物体。爬行时，尺蠖会伸展前部，使前足抓住支持物。

后肢支撑和向前推进：随着前肢的抓牢，尺蠖的后肢会收缩，拖动身体向前移动。它的后足像钩子一样抓住物体后，再进行向前的伸展，从而带动身体的一部分向前。

弯曲与延展的交替：尺蠖通过弯曲和伸展身体的交替运动，依靠其身体的波动来推动自己前进。在每次弯曲后，它会利用后足向前推进，随后再通过伸展身体来继续前行。

缓慢而有节奏的运动：尺蠖的爬行速度较慢，且具有一定的节奏感，每一个动作都像是连续的波动，给人一种“尺形”的印象。

这种爬行方式虽然看起来有些笨拙，但却非常有效，可以让尺蠖在树枝和叶子间自如穿梭，避免被天敌发现。

“祝融号”畅行火星

人类对探索外太空的渴望由来已久，火星作为与地球环境最相似的行星，一直是我们研究的重点对象。

研究火星不仅有助于我们更好地理解地球的生命起源、气候变化和地质活动，还有助于寻找有关外星生命的线索。然而，火星表面崎岖复杂，给探测器的移动带来了极大的挑战。尤其是当探测器翻倒时，它就无法继续正常工作，任务也会因此受到影响。

为了解决这一问题，科学家曾尝试设计过主动悬挂系统，这种系统能够帮助探测器越过障碍物，但由于需要增加许多额外组件，这使得系统变得更加复杂，也增加了在外太空探索的风险。

随着我国航天技术的不断进步，我们对月球和火星的探索都取得了显著成就。2016 年，我国正式批复首次火星探测任务。2021 年 5 月，我国的“祝融号”火星车成功到达火星表面并开始巡视探测（图 3-4-2）。在研发“祝融号”火星车时，科学家从尺蠖身上获得了灵感。尺蠖能够灵活地突破障碍，爬过复杂的地形。于是，中国空间技术研究院的团队根据尺蠖的运动方式，设计了一种“夹角调节 + 离合器”结合的主动悬架系统。这一仿生技术成功地应用在“祝融号”火星车上，使其能够在火星上自由移动，顺利完成各项探测任务。

▲ 图 3-4-2 我国“祝融号”火星车

3.4.2 仿壁虎爬行的太空黏附鞋

飞檐走壁的壁虎

壁虎是爬行纲有鳞目下一科动物的统称，通常在喜欢夜间活动，见图 3-4-3。它们的皮肤柔软，身体短小且结实，头部较大，四肢发达，每只脚的末端都有带有黏性垫子的趾。大多数壁虎以昆虫为食，已经适应了多种栖息地。从沙漠到丛

▲ 图 3-4-3 在墙上爬行的壁虎

林，无论是在自然环境中还是在人类居住地，都能看到它们的身影。

壁虎的脚趾经过特殊进化，特别适合攀爬。它们的脚垫上覆盖着许多微小的小板，每个小板上都有细长的毛发状突起，末端呈分叉形。这些微小的分叉形钩子可以与墙面产生分子间作用力，从而帮助壁虎牢牢地抓住各种不规则的表面，使它们可以在光滑和垂直的墙面上，甚至是天花板上自由移动。

天宫中的仿生黏附鞋

2022 年 12 月 31 日，中国宣布全面建成“中国空间站”（又称“天宫空间站”），这标志着中国在航天领域的重大突破。中国空间站是全球继苏联空间站和国际空间站之后，建成的第三个空间站，展示了我国在科技方面取得巨大进步。该空间站的设计寿命为 10 年，能长期容纳 3 名航天员，并且在需要时可以扩展为 180 吨级的六舱组合体，执行更大规模的空间应用任务。

自从空间站建成以来，我国已成功组织了 4 次载人飞行、3 次货运补给和 4 次飞船返回任务，共有 5 个航天员乘组、15 人次在轨长期驻留。航天员还进行过 11 次出舱活动，以及多次舱外应用载荷操作和维修任务，其中包括创下航天员单次出舱活动时长的世界纪录。

然而，长期在微重力环境下工作，对航天员的身体健康带来了挑战。失重状态容易导致人体骨骼丧失、肌肉萎缩、心血管功能紊乱等生理问题。为了帮助航天员保持身体健康，中国空间站为航天员配备了多种在轨锻炼设备，如飞轮、阻抗锻炼器和跑步机等。然而，这些设备体积大、重量大，且无法有效提供针对屈肌的力量刺激。

为了解决这一问题，我国科学家从壁虎的黏附能力中获得了灵感。壁虎的脚趾末端具有能够附着在各种表面的独特结构，而爬岩鳅的附着方式也为研究提供了启示。经过 5 年的研发和多轮方案验证，科学家成功研发了一种仿生黏附鞋（图 3-4-4）。这种鞋子具有“低预压、高摩擦、可控黏 - 脱附”的特点，可以为航天员提供一种新的锻炼方式，帮助他们在失重环境中保持下肢肌肉的健康。鞋底的低模量黏附层增强了与粗糙表面的适应性，而仿爬岩鳅的附着结构则进一步提升了附着力和稳定性。肌电图分析显示，这种仿生黏附鞋能够有效刺激下肢肌肉，尤其是屈肌，缓解航天员因长期处于失重状态带来的肌肉萎缩和骨矿物质流失问题。相关的在轨验证实验也已成功完成，证明了这一技术的有效性和可行性。

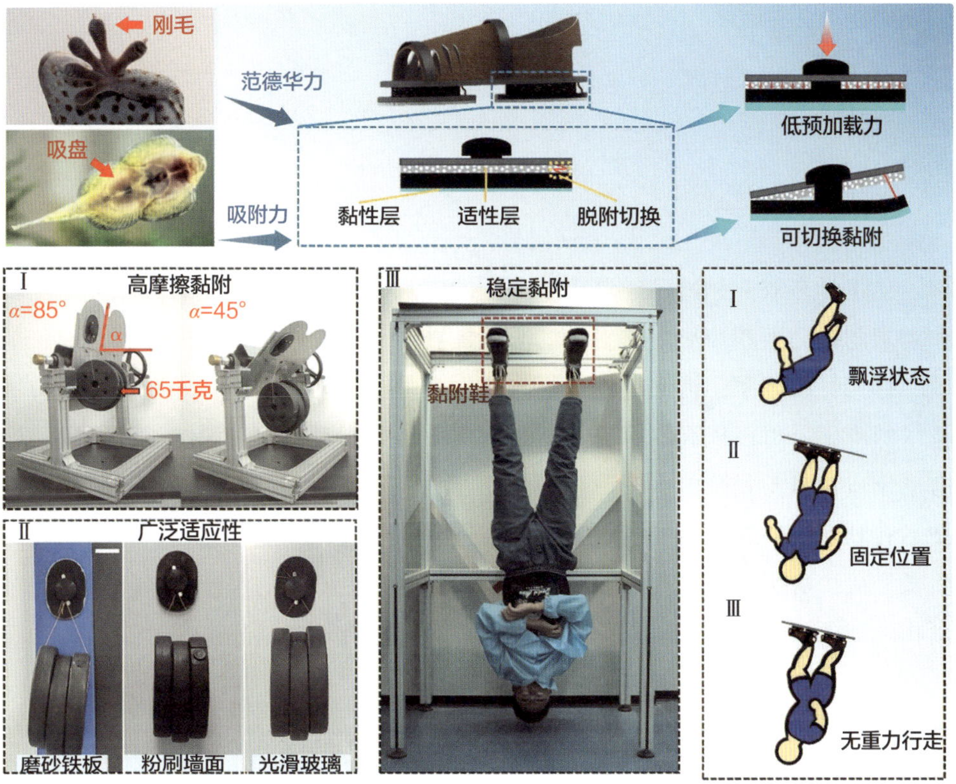

▲ 图 3-4-4 受壁虎黏附器官和爬岩鳅启发的仿生黏附鞋

3.5 农业仿生

仿生学在农业领域已经取得了一定的成果，并且其重要性随着社会的发展和需求的提高不断凸显。仿生学的应用提升了传统农业机械的播种、管理、采收、存储等的效率，极大地提升了农业生产力。精准的灌溉和光照调控等仿生技术的应用，可以提高农业资源的利用效率，减少对自然资源的过度开发。这有助于应对日益紧张的水资源和能源问题，实现农业的绿色发展。同时，仿生技术有利于提高农作物的产量和品质。适宜的生长环境能够促进农作物的健康生长，减少病虫害的发生，从而生产出更优质、更安全的农产品，满足人们对食物的需求。

3.5.1 土壤动物启发的农业机械

挖过土的人应该能发现，土壤通常湿漉漉的，具有一定的黏性，很容易黏到铲子或手上。在农业机械（如挖土机、耕犁）上也会遇到这个问题，机械工作面上黏的土越来越多，造成其难以高效地持续工作，是困扰农业机械化进程的一大障碍。我国的任露泉院士很早就发现了这个问题，并提出了仿生学的解决方案。

任露泉院士的故事

1981 年，任露泉从吉林大学（原吉林工业大学）的拖拉机专业硕士毕业后，留校在农机系继续从事教学工作。第二年，他前往洛阳进行拖拉机负荷车设计的调研。在那里，他偶然目睹了一个普通却常见的场景：挖掘机的铲斗里，泥土怎么也甩不掉，工人不得不停下手中的工作，一铲一铲地清理。

这场景深深触动了任露泉的内心。他回忆道："我从小在江苏农村长大，泥土是我生活的一部分。看到这一幕，我感到自己有责任去解决这个问题，内心涌现出一种强烈的冲动。"回到学校后，他将自己想研究土壤黏附现象的想法告诉了导师陈秉聪教授。陈教授认真地说："这项研究非常有价值，但也非常艰难，可能几年内没有成果。如果你决心做，可以试试！"虽然导师指出了挑战，但也表达了支持，这让任露泉冷静思考后，决定全力以赴，开始了这项艰难的研究。

1983 年，任露泉的家位于工大新村，他的孩子每天上下学都要穿过一片田鼠成群的稻田。放学后，孩子们常常跑进田里捉田鼠，但往往田鼠没捉到，自己却弄得满身泥巴。一天，孩子们诉说着自己的遭遇，任露泉觉得很有意思，于是便亲自去稻田里观察。突然，一只田鼠在泥泞中快速穿行，朝他奔来。他惊讶地发现，那只田鼠全身干净，不沾一丝泥土。这一发现让他灵光一闪，产生了一个大胆的想法：为什么不将这种自然界动物的"防黏能力"应用到机械上呢？

这个灵感瞬间激发了任露泉的创造力，他迅速联想到了除了田鼠，蚯蚓、蜣螂、穿山甲等动物，也有类似的特性（图 3-5-1）。一个新的思路浮现出来：借鉴这些动物的特点，解决地面机械的泥土黏附问题。就这样，任露泉决定投身"地面机械仿生脱附减阻"这一研究领域。

通过深入探索，任露泉院士揭示了仿生学在生物脱附减阻方面的规律，并提出了一个多因素综合的脱附减阻理论，结合了生物形态、柔性、电渗、构形和组成等多方面的因素。这一理论不仅为农业机械和地面机械的仿生设计开辟了新的方向，也使他在行业内赢得了极高的声誉。

英国皇家学会会刊《卓越科学》（*Excellence in Science*）评价任露泉院士

▲ 图 3-5-1　田鼠毛发和蚯蚓皮肤可以防止土壤黏附

为“中国仿生学研究开拓者之一”；著名杂志《科学发现》(*Eureka*) 载文称，“土壤动物脱附减阻现象的发现，源自中国人探索蚯蚓和蜣螂等如何容易地在土壤中穿行的研究，是由中国吉林大学任露泉教授领导的研究团队开展的”。这些评价，表明中国的仿生学研究站在了世界科学探索的前沿。

蜣螂启发的农业机械

任露泉院士进行了大量研究，揭开了蜣螂不黏土的特性。基于扫描电镜观察蜣螂体表的细微结构，发现蜣螂体表由隆起、凹陷、裂缝、孔洞等构成了非光滑表面，其体表覆盖着大量长短不一的刚毛组成了柔性界面。蜣螂活动时体表主要呈负性电位变化，其峰值可达 −50 毫伏。

研究表明，蜣螂体表凹陷和隆起构成的非光滑表面与泥土直接接触时，可以有效地减小土壤黏附表面积，降低界面的空气负压，限制连续水膜的形成和调节界面的润滑度。电渗和电泳一样可产生一种电动现象。土壤中的水分子带有正电荷，土壤颗粒带有负电荷。在电场作用下，土壤颗粒向正极移动的现象为电泳，土壤水分子向负极移动的现象为电渗。蜣螂表面的负电位，可以使土壤中的水向体表移动形成水膜，减小触土部位与土壤之间的相互作用力，起到减黏脱附的效果。试验结果显示，与普通二铧犁相比，仿生犁壁减黏脱附效果显著，在耕速 6.8 千米 / 时条件下，阻力降低了 6.6% ～ 12.7%。仿生推土板可减黏 29.3%，如图 3-5-2 所示。据此，还设计了不粘饭勺和不粘锅，市场反应良好。

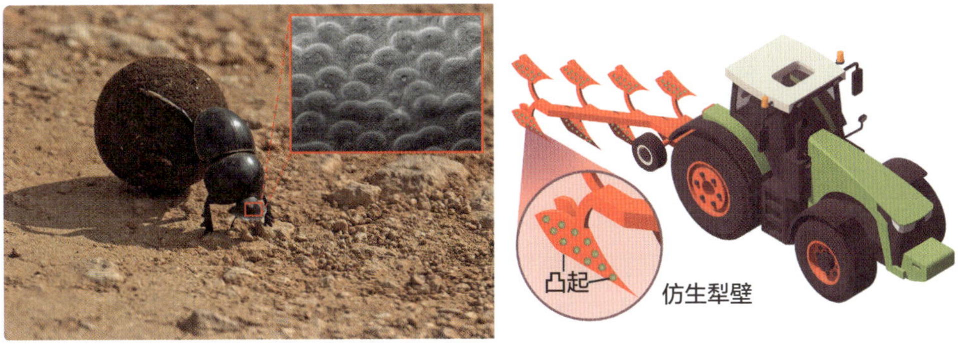

▲ 图 3-5-2 蜣螂及仿生犁壁设计

3.5.2 向昆虫学习的人工授粉技术

在当今的农业与生态环境领域，授粉是一个至关重要的环节。自然授粉主要依赖于昆虫、鸟类等生物媒介，但受多种因素影响，如栖息地破坏、农药使用和蜜蜂数量下降等因素，自然授粉面临诸多挑战，这使人工授粉的重要性日益凸显。而仿生学在人工授粉方面的应用，为解决授粉相关问题带来了新的思路和方法。

动物的授粉原理

在自然界，许多昆虫和部分鸟类是高效的授粉者。以蜜蜂为例，其授粉过程包含了一系列复杂而精准的动作。蜜蜂在采集花粉时，首先会利用身体上的绒毛吸附花粉颗粒。蜜蜂的身体结构经过长期进化，具有特殊的刚毛和绒毛，这些毛发能够静电吸附花粉，并且其腿部具有专门用于收集和携带花粉的结构，称为花粉篮。

仿生授粉机器人

仿生授粉机器人在原理上模拟了生物授粉特征（图 3-5-3）。在吸附花粉方面，一些仿生授粉机器人采用了类似静电吸附的技术。通过在授粉机器人接触头表面施加微弱的静电场，花粉颗粒由于静电感应而被吸引并附着在授粉机器人接触头表面。这种静电吸附的原理基于花粉和授粉机器人表面材料的电学性质差异。花粉通常带有一定的电荷，当处于电场中时，会受到电场力的作用而向授粉机器人表面移动。另外，仿生授粉机器人在接触花朵的结构设计上也借鉴了生物的特点。花朵的花蕊结构十分复杂，包括雌蕊和雄蕊，而成功的授粉需要将花粉准确地传递到雌蕊的柱头上。仿生授粉机器人的接触头部分被设计成能够适应不同花朵花蕊结构的形状。有些授粉机器人的接触头采用柔软且具有一定弹性的材料，以避免在接触花朵时对花朵造成损伤，同时能够更好地贴合花蕊，确保花粉的有效传递。

▲ 图 3-5-3　蜜蜂及仿生授粉机器人

在动力机制方面，仿生授粉机器人通常采用小型电机或其他动力源来驱动其运动。这种运动模仿了昆虫在花丛间飞行和移动的轨迹。因为蜜蜂在花丛中的飞行轨迹是不规则但有规律的，它会在花朵之间快速穿梭，并且在每一朵花上停留一定的时间以完成授粉。仿生授粉机器人的运动轨迹可以通过预设程序或者传感器反馈来进行控制，使其能够以最佳的路径在花丛中移动，提高授粉效率。此外，一些先进的仿生授粉机器人还配备了传感器系统。这些传感器能够感知花朵的位置、花朵的开放状态及花粉的分布情况等信息。例如，光学传感器可以检测花朵的颜色和形状，从而确定花朵的位置；而湿度传感器或化学传感器则可以检测花朵周围的湿度或者花粉释放的化学信号，以便更精准地定位需要授粉的花朵。基于这些传感器获取的信息，仿生授粉机器人可以动态调整自己的运动路径和授粉动作，就像生物在自然环境中根据环境信息调整自己的行为一样。

仿生授粉机器人可以在特定的时间和条件下进行精确的授粉操作，不受自然因素的过多干扰。这有助于提高农作物的坐果率，增加产量，并且可以改善果实的品质，如提高果实的大小、均匀度和口感等。精准农业是现代农业的发展方向，它强调根据农作物的实际需求进行精确的种植、施肥、灌溉和病虫害防治等操作。仿生授粉机器人作为一种智能化的农业设备，符合精准农业的理念。它可以根据不同农作物的花期、花朵结构和授粉需求，进行个性化的授粉服务。通过传感器获取的信息，还可以与其他农业管理系统进行集成，实现农业生产的智能化决策和管理，提高农业资源的利用效率。

仿生授粉机器人的应用

目前，仿生授粉机器人已经在一些农业场景中开始了初步的应用尝试。在一些大型果园中，特别是在蜜蜂数量不足或者蜜蜂活动受到限制（如恶劣天气、农药使用期间）的情况下，仿生授粉机器人被用于部分果树的授粉；在一些温室种植的草莓、蓝莓等小型水果的生产中，仿生授粉机器人可以在相对封闭的环境中精确地进行授粉操作。不过，目前其应用规模还相对较小，主要受到成本、技术稳定性等因素的限制。

许多科研机构和企业都积极投入仿生授粉机器人的研发工作。一方面，他们不断改进授粉机器人的技术性能，如提高吸附花粉的效率、优化运动轨迹控制算法、提升传感器的精度等。另一方面，也在探索新的应用场景和功能扩展。有些研究致力于将仿生机械授粉机器人与无人机技术相结合，开发出能够在大面积农田或果园上空进行高效授粉作业的无人机授粉系统。

尽管仿生授粉机器人具有广阔的应用前景，但在实际应用中还面临着一些挑战。首先是成本问题，目前仿生授粉机器人的制造成本相对较高，包括材料成本、电子元件成本和研发成本等，这使得其大规模推广受到限制。其次是技术的可靠性，在复杂的自然环境下，授粉机器人可能会受到灰尘、湿度、温度等因素的影响，导致其性能下降或者出现故障。此外，公众对于仿生授粉机器人的接受程度也需要提高，一些农民可能对新技术存在疑虑，担心其对农作物和环境的潜在影响。

仿生授粉机器人基于对生物授粉原理的模仿，在应对传粉昆虫减少、提高农业生产效率、保护生物多样性等方面具有重要意义。虽然目前其应用还处于初步阶段且面临诸多挑战，但随着技术的不断发展和完善，相信仿生授粉机器人将会在未来的农业和生态保护等领域发挥越来越重要的作用。

3.5.3 植物抗虫性的转基因作物

转基因作物是现代生物技术的重要成果之一。为了应对害虫威胁，科学家利用基因工程培育出具有抗虫性能的作物品种，其在农业领域有着独特的地位和深远的影响。

植物抗虫机制

抗虫转基因作物主要通过表达特定的抗虫基因来防治害虫，这一过程涉及多个复杂的生物学机制。

苏云金芽孢杆菌（Bacillus thuringiensis，Bt）是一种常见的土壤中革兰氏阳性细菌，在其芽孢形成过程中，会产生具有杀虫活性的特异性晶体蛋白。在许多抗虫转基因作物中，科学家将 Bt 的基因片段导入作物基因组，促使作物表达杀虫晶体蛋白和营养期杀虫蛋白。这些蛋白具有显著的抗虫作用。

当害虫食用转基因作物后，Bt 蛋白会在昆虫肠道的碱性环境中被特定的蛋白酶水解并激活，转变为具有毒性的活性分子。活性毒素会与昆虫肠上皮细胞表面的特定受体结合，形成孔洞（图 3-5-4）。这些孔洞破坏了肠细胞的渗透压平衡，导致细胞内的离子和小分子物质大量流失，细胞迅速膨胀并破裂。此外，昆虫的中肠上皮细胞对消化过程至关重要，细胞破裂后，昆虫的消化功能受到严重影响，无法正常吸收营养，最终导致生长发育受阻，甚至死亡。

由于人类和哺乳动物的肠道与昆虫不同，且胃液环境为酸性，Bt 蛋白无法与人类和哺乳动物的肠道受体结合，因此对我们没有毒性作用。像其他蛋白质一样，Bt 蛋白会被人体的消化系统分解、吸收，作为营养物质利用。

除了 Bt 毒素类的抗虫机制，某些转基因作物还通过表达蛋白酶抑制剂基

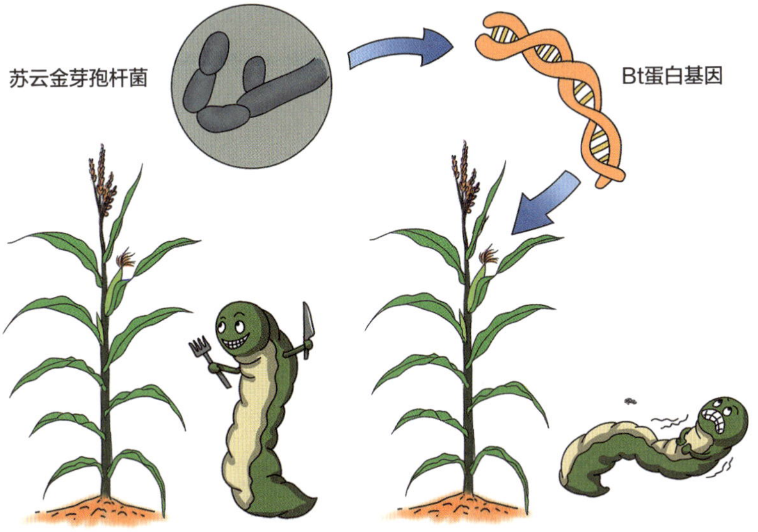

▲ 图 3-5-4 普通玉米及 Bt 转基因玉米抗虫性能示意图

因来增强抗虫能力。植物中的蛋白酶抑制剂是一类天然的防御物质，它们能抑制昆虫消化系统中的消化酶活性。在转基因作物中，蛋白酶抑制剂基因的表达促使植物在遭遇害虫侵害时合成大量的蛋白酶抑制剂。昆虫消化系统依赖多种蛋白酶来分解食物中的蛋白质，从中获取氨基酸。当昆虫食用富含蛋白酶抑制剂的转基因植物时，这些酶的活性会被抑制，导致昆虫无法有效消化食物中的蛋白质，最终造成营养不足。随着时间的推移，昆虫体内的氨基酸储备耗尽，影响其正常生长、发育和繁殖。

植物凝集素基因也在抗虫转基因作物中得到应用。植物凝集素是一类能够特异性识别并结合糖分子的蛋白质。转基因作物通过表达植物凝集素基因，合成凝集素。当昆虫摄食这些作物时，凝集素会与昆虫肠道上皮细胞表面的糖蛋白或糖脂结合。这种结合干扰了昆虫肠道对营养物质的吸收，导致昆虫无法有效摄取营养。同时，凝集素可能对昆虫肠道细胞造成毒性作用，破坏细胞结构和功能。

抗虫转基因作物的抗虫机制依赖现代生物技术的基因改造，通过多个分子生物学过程来防治害虫。这些机制包括破坏昆虫肠道的生理结构、抑制消化酶活性、干扰营养吸收及调控害虫基因表达等。

通过这些机制，抗虫转基因作物能够有效减少害虫对作物的侵害，提高农业生产的产量和质量。把 Bt 蛋白基因转入农作物中，可有效地减少广谱杀虫剂的使用。有数据显示，转 Bt 基因的棉花的单产可达非转基因棉花的 1.3～1.8 倍。

然而，尽管抗虫转基因作物的应用取得了显著进展，但仍需对其潜在的生态风险等问题进行深入研究与评估，确保其能够安全、可持续地使用，最大程度地发挥其在农业生产中的优势。

多基因抗虫策略

在农业生产中，单基因抗虫作物往往容易被害虫突破。害虫具有强大的适应能力，它们通过基因突变等方式，能够逃避由单一基因提供的抗性。自然界中的害虫种类繁多，每种害虫的取食方式、生理特性等都有很大差异，因此单一的抗虫基因通常只能针对特定种类的害虫有效。因此，多基因抗虫策略逐渐成为一种解决方案。

通过整合不同的抗虫基因，可以针对不同类群的害虫进行有效防控。例如，在同一作物中使用多种抗虫基因，能够同时抵御多种害虫的侵袭，减少对化学农药的依赖，降低生产成本，并减少农田中的化学污染。

从生态角度来看，多基因抗虫策略有助于增强农业生态安全性。单一抗虫基因的大规模应用，可能会导致目标害虫种群迅速减少，从而破坏生态平衡。例如，害虫的天敌可能因为缺乏食物来源而减少，影响生态系统的稳定。而多基因抗虫策略不仅能够有效控制害虫数量，还能避免害虫种群的过度减少，保持害虫种群在一个较低但稳定的水平，确保害虫天敌有足够的食物来源，进而维持生态系统的健康与稳定。

目前，许多转基因作物已经开始采用多基因抗虫策略。例如，在玉米领域，除传统的单基因抗虫品种外，越来越多的新型转基因玉米品种开始整合多个抗虫基因。这些基因组合不仅能抵抗玉米螟等常见害虫，还能有效防控一些新出现的害虫。在棉花种植中，多基因抗虫棉花也在逐步推广应用。棉花面临棉铃虫、红铃虫等多种害虫威胁，通过整合不同的抗虫基因，多基因抗虫棉花大大增强了对这些害虫的抗性，减少了农药使用，提高了产量和品质。

在全球范围内，多基因抗虫作物的种植面积正在扩大。美国、巴西、阿根廷等农业大国已开始推广种植多基因抗虫玉米、棉花、大豆等作物（图 3-5-5）。在印度，相关的研究和试验也在进行，目标是通过多基因抗虫策略增强当地农作物的抗虫能力。同时，跨国种子公司也在积极研发和推广这类作物品种，利用全球资源，不断优化抗虫基因组合，以满足不同地区的农业需求。

随着植物基因编辑技术的进步，多基因抗虫策略的实施有了新的可能。研究人员可以通过基因编辑技术，将多个抗虫基因精准地导入植物基因组特定位置。这种精准编辑不仅能够提高基因的表达效率，还能避免对植物其他重要基因功能的干扰。此外，基因编辑技术还为新抗虫基因的发掘提供了便利。通过编辑和筛选植物基因组，科学家可以发现一些潜在的抗虫基因，并将其与传统抗虫基因结合，开发出更加有效的多基因抗虫体系。

▲ 图 3-5-5 转基因大豆

尽管多基因抗虫策略在现代农业中已取得一定进展，但仍面临不少挑战。随着技术的不断成熟和公众认知的提高，这一策略有望在未来的植物保护和农业可持续发展中发挥更加重要的作用。

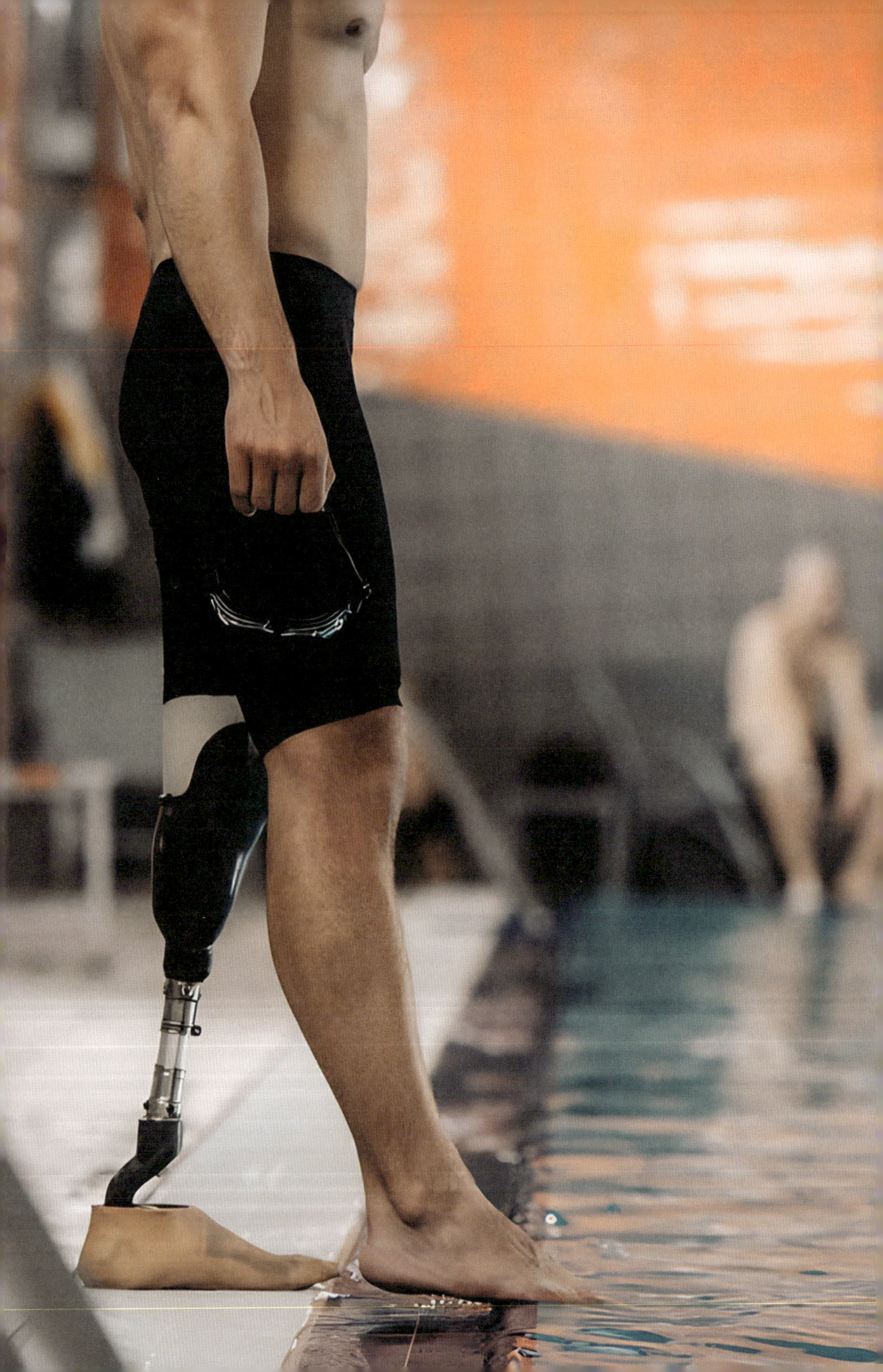

4

医学仿生

——健康与生命的守护者

随着科技的进步，仿生学的应用已经突破了传统的工程领域，进入了医学世界。大自然中的生物体拥有惊人的自愈能力和生理结构，这些特性为医学研究提供了无限灵感。如今，我们通过模仿自然界生物的构造和功能，开发出了能提升健康、延长生命的技术。

本章将带你了解医学仿生的前沿应用。从仿生器官与组织工程到医疗机器人，从生物传感器到药物递送系统，我们将一一揭示这些仿生技术如何帮助人类克服疾病、恢复健康，甚至超越生物学上的限制。人工心脏瓣膜、仿生皮肤、高性能假肢等技术，正使得无数人的生活发生着深刻的变化，而这些技术的背后，都离不开大自然的奇妙启发。

4.1 仿生器官与组织工程

在大自然无尽的创造力面前，人类始终保持着谦逊的学习姿态，试图从万物之中汲取灵感，解决自身面对的种种挑战。近年来，随着生物科技与工程学的深度交融，仿生器官与组织工程，作为一种全新的研究领域，正在以前所未有的速度蓬勃发展，逐渐揭开生命维续的神秘面纱。

仿生器官，指的是通过模仿生物体结构与功能创造的人工替代品，其核心理念在于结合生物智能与人造物质的优势，实现超越单纯修复的境界，达到与原生器官高度相似乃至媲美的效果。从人工心脏瓣膜的精细调节，到仿生皮肤的触觉感知，再到骨支架的力学支撑，每一个成果都是科学界对自然界精致工艺的致敬，也是对未来生命质量提升的坚定承诺。

组织工程，则是在分子生物学、细胞培养技术和材料科学的基础上，构建具有特定生物活性与结构的组织或器官。这一过程往往涉及精确控制生长因子、干细胞分化方向及生物相容性材料的应用，力求在实验室环境中再现复杂的生物构造，从而为那些遭受疾病或创伤折磨的个体带来希望。

无论是人工心脏瓣膜所带来的血液循环系统复原，还是仿生皮肤给予烧伤患者皮肤再生的机会，或是骨骼再造为肢体功能重建铺平道路，这些前沿探索正一步步拓宽人类对于生命本质的理解边界，开启了一扇通向未来的窗口，展现出了一个充满无限可能的新世界。

本章将引领读者深入探究仿生器官与组织工程的奥秘，解读背后复杂而精妙的设计思路，以及科学家如何跨越重重难关，创造出一个个令人惊叹的“人造奇观”。我们将共同见证，当科技之光照进生命最细微处，如何点燃一束束改变命运的火花。

4.1.1 人工心脏瓣膜

生命的交响乐中，心脏如同一支永不疲倦的指挥棒，每一次搏动都维系着机体的和谐与生机。然而，当这扇通往生之奥秘的大门被病痛悄然侵袭，天然的心脏瓣膜失去往日的活力，将旋律扰乱，甚至威胁到生命的旋律是否还能继续奏响之时，一项划时代的医学成就应运而生，成为重燃希望之光的关键钥匙，它就是人工心脏瓣膜。

心脏瓣膜的结构

仿生心脏瓣膜的设计理念源于对人体心脏瓣膜结构和生理功能的深入研究。人体心脏共有四个瓣膜，分别为二尖瓣、三尖瓣、主动脉瓣和肺动脉瓣，它们在结构和功能上各具特点，但都具有单向阀门的作用，确保血液在心脏内的有序流动。

二尖瓣和三尖瓣位于心房和心室之间，由瓣叶、腱索和乳头肌组成。瓣叶是柔软而富有弹性的组织，能够在心脏收缩和舒张时准确地开启和关闭，控制血液从心房流向心室，同时防止血液逆流。腱索和乳头肌则起到支撑瓣叶的作用，确保瓣叶在心脏运动过程中保持稳定的位置和正常的功能。

主动脉瓣和肺动脉瓣位于心室和大动脉之间，主要由瓣叶和瓣环构成。瓣叶的结构和功能与二尖瓣、三尖瓣类似，能够在心脏收缩时迅速打开，让血液顺利流向动脉，在心脏舒张时紧密关闭，防止血液倒流回心室，见图 4-1-1。瓣环则为瓣叶提供了附着的基础，保证瓣叶的正常运动。

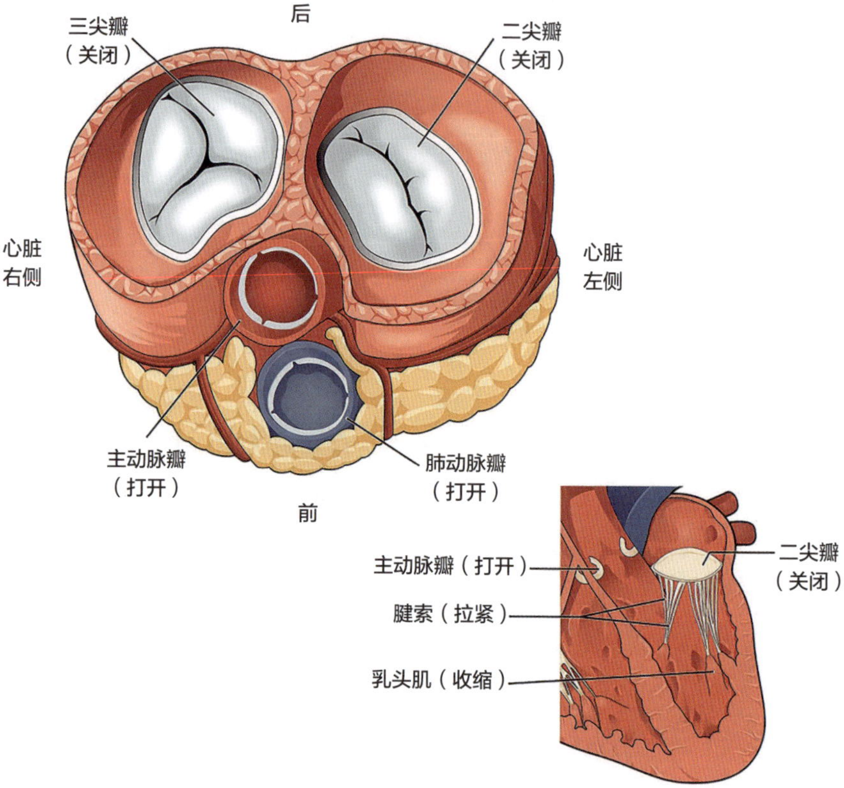

▲ 图 4-1-1　心脏瓣膜结构

心脏瓣膜疾病的威胁

心血管疾病在全球范围内对人类健康构成了严重威胁，是导致死亡的主要原因之一。心脏瓣膜疾病作为心血管疾病的重要分支，其发病率呈逐年上升趋势。据统计，全球有 2 亿多人患有中度至重度心脏瓣膜疾病，且随着人口老龄化的加剧，这一数字还在持续增长。

心脏瓣膜在心脏的正常生理功能中起着至关重要的作用，它负责确保血液在心脏内的单向流动，维持血液循环的正常进行。当心脏瓣膜因先天性缺陷、疾病（如风湿性心脏病、感染性心内膜炎等）或损伤而失去正常功能时，会导致血液流动异常，心脏负担加重，进而引发一系列严重的健康问题，如心力衰竭、心律失常等，严重影响患者的生活质量，甚至危及生命。

传统的治疗方法主要包括药物治疗和外科手术修复或置换瓣膜。药物治疗在一定程度上可以缓解症状，但对于瓣膜结构的改变和功能的恢复作用有限，往往无法从根本上解决问题。外科手术修复或置换瓣膜虽然是目前治疗心脏瓣膜疾病的主要手段，但存在诸多局限性。例如，外科手术创伤大，患者术后恢复时间长，需要长时间住院治疗，这不仅增加了患者的痛苦，也给患者及其家庭带来了沉重的经济负担。此外，对于一些高龄、体弱或合并多种基础疾病的患者来说，手术风险较高，可能导致术后并发症的发生，如感染、出血、血栓形成等，进一步影响患者的预后。

在这样的背景下，人工心脏瓣膜的研发成了心血管领域的研究热点。研究人员致力于开发出更加安全、有效、耐用且具有良好生物相容性的人工心脏瓣膜，以满足广大心脏瓣膜疾病患者的治疗需求，提高他们的生活质量，延长寿命。人工心脏瓣膜的出现为心脏瓣膜疾病的治疗带来了新的希望，成了心血管医学领域的重要研究方向之一。

仿生心脏瓣膜设计

仿生心脏瓣膜的设计旨在尽可能地模仿人体心脏瓣膜的这些结构和功能特点，以实现更好的性能和生物相容性，见图 4-1-2。

材料选择

研究人员经过大量的实验和筛选，选用了多种具有优异性能的材料。生物

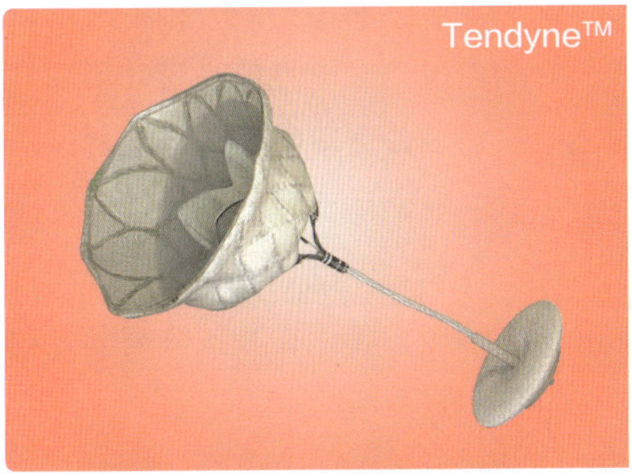

加拿大 Abbott Vascular 公司推出的 Tendyne 人工二尖瓣产品

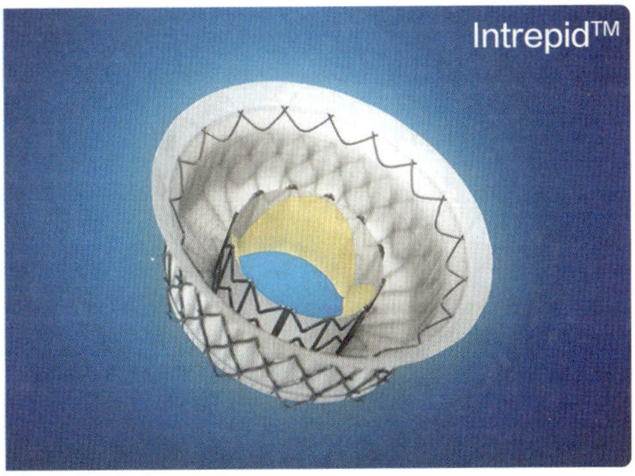

美国 Medtronic 公司推出的 Intrepid 人工二尖瓣产品

▲ 图 4-1-2　人工二尖瓣产品

组织材料，如牛心包和猪主动脉瓣，因其具有良好的生物相容性和类似天然心脏瓣膜的力学性能，成了常用的选择之一。这些生物组织经过特殊处理后，能够保留其天然的组织结构和生物活性，减少人体免疫系统的排斥反应，同时具有较好的柔韧性和耐久性，能够适应心脏长期的动态工作环境。

高分子材料，如聚氨酯和聚乳酸，也在仿生心脏瓣膜的设计中得到了广泛应用。聚氨酯具有良好的机械性能和耐磨性，能够承受心脏跳动产生的反复应力，同时还具有一定的柔韧性，有利于瓣叶的开合运动。聚乳酸则是一种生物可降解材料，在一定时间内能够逐渐降解，被人体组织吸收，这对于一些需要临时性瓣膜支持的患者或儿童患者（随着生长发育可能需要更换瓣膜）具有重要意义。通过调整高分子材料的化学结构和物理性能，可以优化其在仿生心脏瓣膜中的应用效果，如改变分子链的长度、交联度等，以提高材料的强度、弹性和耐久性。

金属材料，如钛合金和钴铬合金，因其具有较高的强度和耐腐蚀性，常用于制造瓣膜支架等部件。钛合金具有良好的生物相容性，密度较低，能够减轻瓣膜整体重量，减少对心脏的负担。钴铬合金则具有出色的机械性能，能够提供稳定的支撑结构，确保瓣膜在心脏内的正常工作。这些金属材料经过精细加工，制成具有特定形状和结构的瓣膜部件，与其他材料（如生物组织或高分子材料）相结合，共同构建仿生心脏瓣膜。

结构设计

在结构设计上，仿生心脏瓣膜通常采用类似于天然心脏瓣膜的叶瓣结构或特殊的几何形状，以优化血液流动动力学性能。三叶瓣结构是一种常见的设计，它模仿了人体主动脉瓣的形态，具有良好的血液动力学性能。三叶瓣在开启时能够形成较大的开口面积，减小血液流动阻力，使血液能够顺畅地通过瓣膜；在关闭时，三片瓣叶能够紧密贴合，有效防止血液逆流。此外，瓣膜的开启和关闭机制也经过精心设计，通过优化瓣叶的形状、厚度和弹性，以及与瓣环、腱索等部件的协同作用，实现快速、灵敏的响应，确保在心脏收缩和舒张过程中能够准确地控制血液流动方向，与人体心脏的生理节律相匹配。

表面处理

为了进一步提高仿生心脏瓣膜的性能，表面处理技术也发挥着关键作用。通过表面改性技术，如涂覆抗凝血涂层、生物活性分子修饰等，可以显著改善瓣膜的表面性能。涂覆抗凝血涂层（如肝素涂层），能够有效降低血栓形成的风险。肝素是一种天然的抗凝剂，能够抑制血液中凝血因子的活性，防止血小板在瓣膜表面聚集形成血栓。将肝素通过化学键合或物理吸附的方式固定在瓣膜表面，形成一层稳定的抗凝血涂层，使血液能够在瓣膜表面顺畅流动，减少血栓相关并发症的发生。

生物活性分子修饰也是一种重要的表面处理方法。例如，引入生长因子等生物活性分子，可以促进内皮细胞的黏附和增殖。内皮细胞在心脏瓣膜表面形成一层内皮细胞层，对于维持瓣膜的正常功能和生物相容性具有重要意义。内皮细胞能够分泌多种生物活性物质，调节血液凝固、炎症反应和细胞外基质的合成与降解，从而保持瓣膜表面的抗凝血性能、防止血栓形成和组织钙化，同时促进瓣膜组织的自我修复和再生。通过在瓣膜表面修饰特定的生物活性分子，可以吸引内皮细胞在瓣膜表面定植和生长，加速内皮化过程，提高瓣膜的长期稳定性和生物相容性。

仿生心脏瓣膜的设计是一个多学科交叉的复杂过程，涉及材料科学、生物医学工程、力学、生物学等多个领域的知识和技术。通过不断优化材料选择、结构设计和表面处理等，研究人员致力于开发出更加接近人体天然心脏瓣膜性能的仿生器官。

4.1.2 仿生皮肤

需求与挑战

皮肤疾病

皮肤作为人体最大的器官，其重要性不言而喻。它不仅是人体与外界环境之间的第一道屏障，负责保护身体免受机械性损伤、化学物质刺激、微生物入侵及紫外线辐射等伤害，还在调节体温、感知外界刺激、防止水分散失等方面发挥着关键作用，对于维持人体的内环境稳定和正常生理功能至关重要。

在日常生活中，皮肤容易遭受各种类型的损伤，其中烧伤是较为常见且严重的一种。烧伤可由热力（如火焰、热液、热蒸汽等）、化学物质（如强酸、强碱等）、电流或放射线等因素引起，不仅会导致皮肤表层组织的破坏，还可能累及深层组织，引发疼痛、感染、疤痕形成等一系列并发症，严重影响患者的外貌和身体功能，给患者带来巨大的身心痛苦。创伤也是导致皮肤损伤的常见原因之一，包括切割伤、撕裂伤、擦伤等，这些损伤可能破坏皮肤的完整性，使细菌等病原体容易侵入人体，引发感染，进而影响伤口愈合。此外，慢性溃疡（如糖尿病足溃疡、压疮等）也是皮肤面临的一大难题，由于局部血液循环障碍、神经病变或长期受压等因素，皮肤组织发生坏死、溃烂，难以自行愈合，不仅增加了患者的痛苦，还可能导致严重的感染，甚至危及生命。

对于一些患有先天性皮肤缺陷（如先天性大疱性表皮松解症等遗传性皮肤病）的患者，他们从出生起就面临着皮肤脆弱、易破损、伤口愈合困难等问题，日常生活受到极大限制。皮肤疾病（如银屑病、湿疹、白癜风等）同样给患者带来诸多困扰，这些疾病不仅影响皮肤的外观，还可能伴有瘙痒、疼痛等不适症状，严重影响患者的生活质量。而且，因手术、放疗等医疗手段导致的皮肤缺损也并不少见，如肿瘤切除术后的大面积皮肤缺损，对患者的身体恢复和心理健康都带来影响。

传统皮肤修复技术

在这种情况下，皮肤修复和再生成了医学领域亟待解决的重要问题。传统的皮肤修复方法主要包括皮肤移植和使用合成材料制成的皮肤替代品。皮肤移植是一种常见的治疗手段，它通常从患者自身的其他部位（自体移植）或供体（异体移植）获取皮肤组织，然后将其移植到受损部位，见图 4-1-3。自体移植虽然具有较好的生物相容性，不易发生免疫排斥反应，但可供移植的皮肤

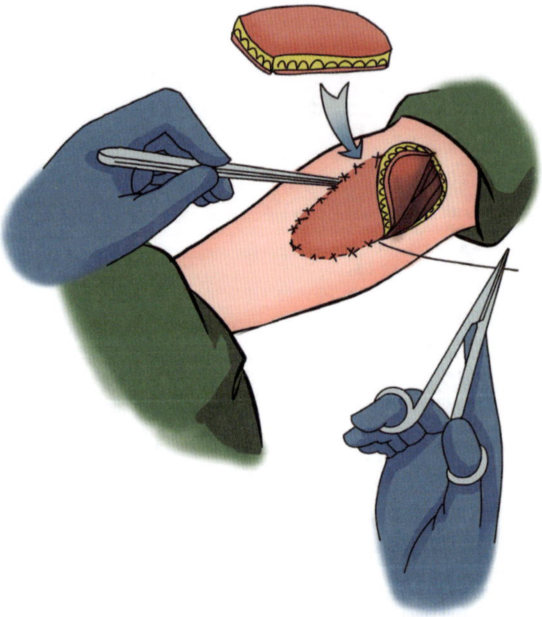

▲ 图 4-1-3　皮肤移植原理

面积有限，且取皮部位会造成新的创伤，增加患者的痛苦。异体移植则面临着严重的免疫排斥问题，需要长期使用免疫抑制剂来维持移植皮肤的存活，这不仅增加了感染和其他并发症的风险，还可能对患者的免疫系统造成长期损害。

合成材料制成的皮肤替代品在一定程度上缓解了皮肤移植的一些问题，如提供了一种可替代的临时覆盖物，减少了体液流失和感染的风险。然而，这些皮肤替代品在生物相容性、功能恢复和外观美观等方面仍存在明显的不足。许多合成材料难以与人体组织完美融合，可能引发炎症反应或排异现象，影响伤口愈合。而且，它们往往只能提供有限的皮肤功能，如部分屏障功能，无法完全模拟天然皮肤的复杂生理功能，如感知外界刺激、调节体温、水分平衡等。在外观上，合成皮肤替代品与天然皮肤也存在较大差异，可能给患者带来心理压力。

随着人们对生活质量要求的不断提高及医学技术的发展，对皮肤修复和再生的期望也越来越高。患者不仅希望受损皮肤能够得到有效的修复，恢复其正常的结构和功能，还期望修复后的皮肤在外观上尽可能接近天然皮肤，减少疤痕形成，提高生活质量。因此，研发能够高度模拟天然皮肤结构和功能的仿生皮肤成了医学领域的迫切需求，这对于改善患者的预后、提高他们的生活信心和社会融入度具有重要意义。

仿生皮肤的创新

为了应对这些挑战，研究人员在仿生皮肤的研发方面取得了一系列创新成果。

材料选择

在材料选择上，研究人员采用了多种具有生物相容性和生物可降解性的材料，如天然高分子材料（如胶原蛋白、明胶、壳聚糖等）、合成高分子材料（如聚乳酸、聚乙醇酸、聚氨酯等）及复合材料（如将天然高分子与合成高分子复合，或添加生物活性成分等），如图 4-1-4 所示。这些材料可以模拟皮肤细胞外基质的组成和性能，为细胞提供良好的生长环境，促进皮肤组织的修复和再生。例如，胶原蛋白是皮肤中主要的结构蛋白，具有良好的生物相容性和生物降解性，能够促进细胞黏附和增殖。研究人员利用胶原蛋白制备仿生皮肤

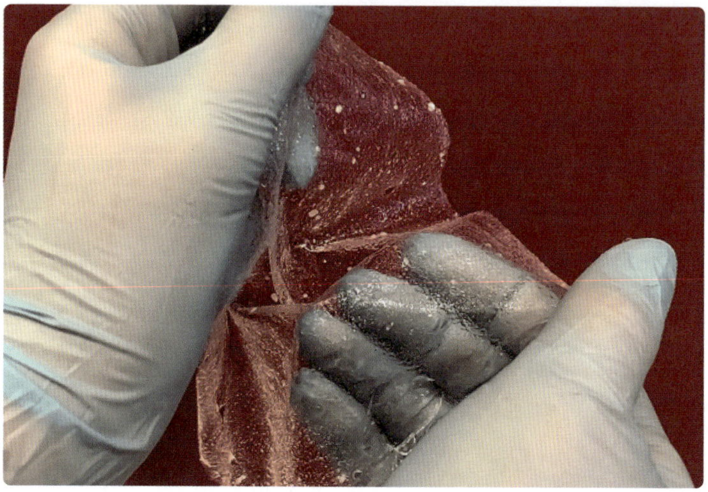

▲ 图 4-1-4　壳聚糖 / 琼脂制成的人工皮肤

支架，为细胞提供附着和生长的基础。同时，通过与其他材料复合，如将胶原蛋白与聚乳酸共混，可以改善支架的力学性能和降解速率，使其更适合皮肤组织工程的应用。

结构设计

在结构设计方面，仿生皮肤致力于模仿皮肤的分层结构和微观纹理。通过采用多层结构的设计，如构建表皮层、真皮层和皮下组织层类似的结构，每层使用不同的材料和细胞组合，以实现与天然皮肤相似的功能。例如，在表皮层模拟角质层的屏障功能，使用具有低渗透性的材料来防止水分散失和外界有害物质的侵入；在真皮层则注重提供细胞生长和营养物质交换的空间，采用多孔结构和富含生长因子的材料来促进细胞增殖和组织再生。此外，通过微纳米技术在仿生皮肤表面制造微观纹理，如模仿皮肤的褶皱和汗腺结构，有助于提高仿生皮肤的透气性、触感和水分管理能力。

感知技术集成

为了赋予仿生皮肤感知功能，研究人员还将传感器技术与仿生皮肤相结合。通过在仿生皮肤中集成压力传感器、温度传感器、湿度传感器等，可以实现对环境刺激的感知和反馈，使仿生皮肤能够更好地模拟天然皮肤的感觉功能。例如，将柔性压力传感器嵌入仿生皮肤中，使其能够感知外界的压力变化，为假肢使用者提供更真实的触觉反馈，提高假肢的操控性能和使用体验。

4.1.3 仿生骨骼

骨骼疾病

骨骼系统在人体中起着支撑身体、保护内脏器官、参与运动和维持矿物质平衡等重要作用。然而，骨骼疾病和损伤，如骨折、骨质疏松、骨肿瘤等仍然是临床上常见的问题，严重影响患者的健康状况和生活质量。骨折是最常见的骨骼损伤之一，尤其在老年人和运动员中发病率较高。骨折后的愈合过程通常较为缓慢，且可能出现延迟愈合、不愈合或畸形愈合等并发症，给患者带来长期的痛苦和残疾风险。骨质疏松症则是一种以骨量减少、骨组织微结构破坏为特征的全身性骨骼疾病，主要发生在老年人中（图 4-1-5），其导致的骨骼脆性增加和骨折风险上升已成为全球性的公共健康问题。

▲ 图 4-1-5 骨质疏松示意图

针对这些骨骼问题，传统的治疗方法包括骨折复位固定、骨移植、药物治疗等，但这些方法存在一定的局限性。例如，骨移植手术面临供体来源有限、免疫排斥反应等问题；药物治疗对于严重的骨骼疾病效果可能不理想，且长期使用可能会带来一些副作用。因此，仿生骨骼的研发为解决这些问题提供了新的思路和方法。

仿生骨骼的设计与应用

仿生骨骼的设计主要借鉴了天然骨骼的结构和组成特点。天然骨骼是一种由有机成分（如胶原蛋白）和无机成分（如羟基磷灰石）组成的复合材料，具有独特的分级结构，从宏观的骨小梁和骨皮质到微观的胶原纤维和羟基磷灰石晶体，这种结构赋予了骨骼优异的力学性能，如高强度、高韧性和良好的适应性。仿生骨骼的设计旨在模仿天然骨骼的这些特性，以实现更好的修复和替代效果。

材料选择

在材料选择上，研究人员通常采用生物活性陶瓷（如羟基磷灰石、磷酸三钙等）、生物可降解聚合物（如聚乳酸、聚乙醇酸等）及它们的复合材料来制备仿生骨骼。羟基磷灰石具有与天然骨骼相似的化学成分，具有良好的生物相容性和骨传导性，能够促进骨细胞的黏附和生长，引导新骨形成。生物可降解聚合物则可以提供一定的力学强度和可塑性，并且在体内能够逐渐降解，为新骨生长提供空间。将两者复合后，可以综合发挥各自的优势，制备出具有良好力学性能和生物活性的仿生骨骼材料。

我国的“神舟十七号”飞船曾携带一批生命科学试验项目到中国空间站，这其中就包括羟基磷灰石制作的可降解仿生骨骼。利用空间站的微重力环境，可以更好地解决地球上生产仿生骨骼孔隙均匀度不高的问题，有助于提高骨骼整体性能。有朝一日，将给广大骨骼疾病患者带来福音。

结构设计

结构设计方面，仿生骨骼模仿天然骨骼的多孔结构和分级组织。多孔结构有助于细胞迁移、营养物质扩散和血管长入，为新骨组织的生长提供良好的环境。分级组织则可以使仿生骨骼在不同尺度上具有合适的力学性能，从宏观上满足骨骼的支撑和承载要求，微观上适应细胞和组织的生长需求。例如，通过3D打印等先进制造技术，可以精确控制仿生骨骼的孔隙率、孔径大小和连通性，以及内部结构的梯度变化，使其更接近天然骨骼的结构特征。

临床应用

仿生骨骼在临床应用中主要用于骨缺损修复、骨折内固定和关节置换等领域。

在骨缺损修复方面，仿生骨骼可以作为骨移植替代材料，填充骨缺损部位，促进新骨生长和愈合。与传统的骨移植方法相比，仿生骨骼具有来源广泛、无免疫排斥反应等优点。

在骨折内固定方面，仿生骨骼材料可以制备成各种形状的固定器件，如接骨板、螺钉等，其与人体骨骼相似的力学性能可以提供稳定的固定效果，同时在骨折愈合过程中逐渐降解，避免了二次手术取出的风险。

在关节置换领域，仿生骨骼技术可以用于设计和制造更接近人体关节结构和功能的假体，提高假体的稳定性、耐磨性和生物相容性，延长假体的使用寿命，改善患者的生活质量。例如，仿生髋关节假体可以模仿天然髋关节的球形假体松动和磨损等并发症的发生（图 4-1-6）。

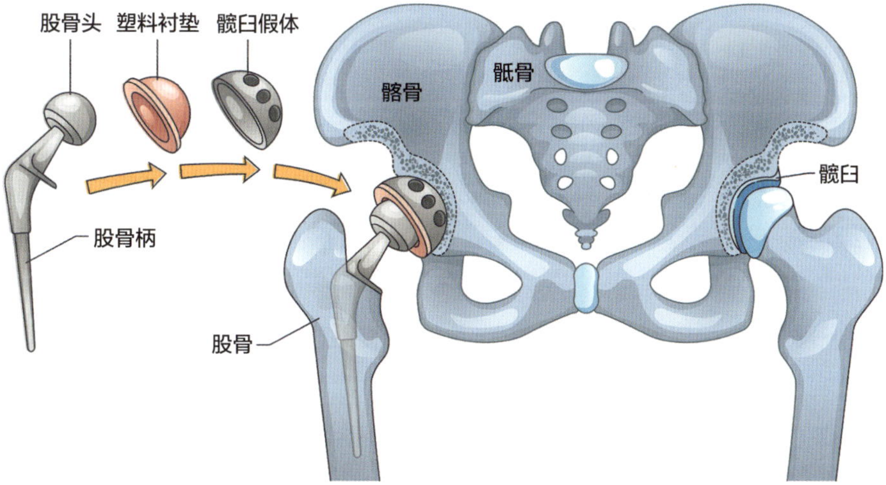

▲ 图 4-1-6　全髋关节置换

4.2 仿生假肢与医疗机器人

4.2.1 仿生假肢

想象一下，曾经只能依靠轮椅代步的朋友，如今能够借助高性能假肢轻松地在绿茵场上奔跑；失去手臂的孩子，也能通过先进的假手体验绘画的乐趣，感受从未触及过的细腻质感。这不是遥远的科幻设想，而是发生在现实世界的真实故事，越来越多的案例证明，高性能假肢不仅是康复工具，而且已经成为连接现实与梦想之间的桥梁。我们将深入探讨高性能假肢的前沿技术，解密其背后的工作原理，以及它们如何与人体完美结合，实现如此惊人的肢体功能性恢复。

从螃蟹钳到机械手

人类对假肢的探索历史源远流长，早期的假肢设计深受自然界生物结构的启发，其中螃蟹钳以其独特的结构和强大的功能成了重要的灵感来源。螃蟹钳在螃蟹的生存和活动中发挥着至关重要的作用，其强大的夹持力和灵活的运动能力令人惊叹，见图 4-2-1。这种特性引起了科学家的浓厚兴趣，他们开始尝试模仿螃蟹钳的结构和功能来设计假肢的手部，即机械手。

螃蟹钳的精妙设计

最初的机械手设计主要着眼于模仿螃蟹钳的外形，通过简单的机械结构实现开合动作，从而完成基本的抓取任务。随着时间的推移和技术的不断进步，科学家逐渐认识到，仅仅模仿外形远远不够，深入理解生物力学原理才是实现更高效、更灵活的假肢设计的关键。于是，研究的重点开始转向对螃蟹钳内部结构、肌肉骨骼系统及神经控制机制的深入研究。

▲ 图 4-2-1 螃蟹

科学家发现，螃蟹钳的强大夹持力源于其特殊的肌肉结构和关节设计。螃蟹钳的肌肉组织能够产生强大的收缩力，通过巧妙的杠杆原理传递到钳爪上，实现有力的夹持。同时，螃蟹钳的关节具有独特的运动方式，能够在多个方向上灵活转动，使钳爪可以适应不同形状和大小的物体。此外，螃蟹钳的神经控制系统能够精确地协调肌肉的收缩和关节的运动，使夹持动作更加精准和高效。

仿生机械手

将这些生物学特征转化为机械设计的要素，现代机械手在结构和功能上取得了重大突破。在结构上，机械手采用了类似生物关节的多自由度设计，配备了先进的传感器和驱动装置。这些传感器能够实时感知物体的形状、大小、质地和位置等信息，将其反馈给控制系统。控制系统根据这些信息精确控制驱动装置，使机械手的关节能够灵活运动，实现各种复杂的抓取动作。例如，在工业生产线上，机械手可以根据不同零部件的形状和位置，自动调整抓取姿态，准确地将零部件抓取并放置到指定位置，大大提高了生产效率和产品质量。

除了工业领域，机械手在其他领域也发挥着重要作用。在物流行业，机械手可以用于货物的搬运和分拣，减轻工人的劳动强度，提高物流效率，见图 4-2-2。在医疗领域，机械手可以协助医生进行手术操作，如微创手术中的器械操作，提高手术的精准度和稳定性，降低手术风险。在救援领域，机械手可以在危险环境中进行搜索和救援工作，如在地震废墟中寻找被困人员，抓取危险物品等，为救援工作提供有力支持。

从最初简单模仿螃蟹钳外形的机械手到如今基于生物力学原理设计的高性能机械手，这一发展历程充分体现了人类对自然生物结构和功能的深入理解与借鉴，为假肢技术的发展带来了新的思路和方法，也为提高人类的生活质量和工作效率做出了重要贡献。

▲ 图 4-2-2　工业领域的机械手

人类仿生腿

人类仿生腿作为高性能假肢领域的前沿成果，其设计理念深度聚焦于对人体腿部生理结构与运动功能的精准模仿，致力于让截肢患者重获自然且高效的行走能力，使其能更好地融入日常生活。

材料选择

在材料的精心挑选上，仿生腿优先选用如碳纤维这类兼具轻质与高强度特性的先进材料（图 4-2-3）。碳纤维具有卓越的力学性能，其高强度可确保在承受人体重量及运动冲击时，仿生腿的结构稳固性不受影响，能有效避免其变形或损坏，为使用者提供可靠支撑。同时，其轻质特点极大地减轻了假肢整体重量，这对于使用者而言意义非凡。在行走过程中，较轻的假肢重量意味着更低的能量消耗，使用者能够更轻松地操控假肢进行活动，减少体力的过度损耗，从而提升行走的耐力和效率。例如，在长时间行走或进行如登山、爬楼梯等需要消耗较多能量的活动时，碳纤维仿生腿的优势尤为明显，使用者不会因假肢过重而短时间内感到疲惫，能保持相对稳定的运动状态。

▲ 图 4-2-3　仿生腿

感知技术集成

传感器技术在仿生腿中扮演着不可或缺的角色，堪称其“感知神经”。多种先进传感器的内置，使仿生腿具备了敏锐的环境感知能力。压力传感器分布于足底关键位置，如同足底的触觉感受器，能实时且精准地捕捉脚部与地面之间压力的细微变化。在每一步行走中，当脚接触地面的瞬间，压力传感器迅速响应，将压力数据即时传输给微处理器。微处理器依据预设的复杂算法及存储的运动模式信息，快速计算并下达指令，精确控制膝关节和踝关节做出相应的屈伸动作。比如，在行走于不平整路面时，压力传感器能及时感知到地面凸起或凹陷所导致的压力变化，仿生腿则根据这些信息自动调整关节角度，确保脚部能稳定地贴合地面，保持身体平衡，使佩戴者行走更加安全、平稳。

加速度传感器和陀螺仪协同工作，如同人体的内耳平衡器官，实时感知仿生腿在空间中的运动状态和姿态变化。加速度传感器精确测量假肢在各个方向上的加速度变化，无论是向前行走时的加速、减速，还是转向时的加速度改变，都能被准确捕捉。陀螺仪则专注于监测假肢的旋转角度和角速度变化，提供关于肢体姿态的详细信息。二者共同作用，使仿生腿能时刻了解自身的运动情况。例如，当使用者在行走中需要转弯时，加速度传感器和陀螺仪会检测到身体的倾斜和转向意图，将信号传送给微处理器，微处理器随即控制膝关节和踝关节进行协调运动，调整脚步的位置和角度，实现流畅、自然的转弯动作，与人体自然的行走和转向模式高度契合。

机器学习

更为先进的是，仿生腿还融入了机器学习算法，使其具备了自主学习和适应佩戴者个人运动习惯的能力。在佩戴者使用仿生腿的过程中，传感器持续收集大量的运动数据，包括行走速度、步幅长度、关节运动轨迹等。机器学习算法对这些数据进行深入分析和学习，逐渐掌握佩戴者独特的运动模式和习惯特点。例如，若佩戴者习惯于较快的行走速度或具有特定的步态特征，仿生腿会通过学习不断优化关节控制策略，调整运动参数，以更好地适应佩戴者的个性化需求。随着时间的推移，仿生腿与佩戴者之间的适配度不断提高，不仅能进一步提升行走的舒适性，减少因假肢与身体不协调而可能产生的不适感，还能在提高行走效率的同时，降低使用者的体力消耗，让行走变得更加自然、轻松。

人类仿生腿凭借先进材料和传感器技术的巧妙结合，以及机器学习算法的赋能，为截肢患者带来了更接近自然行走体验的可能，显著提高了他们的生活质量，使其在行动能力上获得更大程度的恢复和提升，拥有更多参与社会活动的机会，重新拥抱积极、自主的生活方式。

4.2.2 仿生医疗机器人

仿生医疗机器人，集合了机械工程、人工智能、生物信息学等多个学科的顶尖智慧，不仅在精准度、灵活性上达到了前所未有的水平，更因其能模拟人类感知与决策能力，开创了个性化、高效化的诊疗新时代。从微型内窥镜机器人深入人体深处探查微观世界的秘密，到手术机器人实施复杂操作减少创伤风险，再到护理机器人提供全天候关怀缓解医护人员压力，每一项突破都在不断刷新我们对于医疗可能性的认知上限。

在科幻电影中，仿生医疗机器人往往是治愈奇迹的象征，拥有超乎想象的能力，能够在瞬息之间诊断病症，执行精准手术，甚至陪伴患者度过漫长而艰难的康复旅程。而在今天，这样的场景正逐渐从幻想走向现实，随着科技的飞速进步，尤其是仿生技术与机器人学的深度融合，医疗领域正迎来一场前所未有的变革风暴。

微创手术机器人

微创手术机器人作为现代医疗技术领域的一项具有里程碑意义的重要突破，其核心设计理念聚焦于在最大程度降低对患者身体造成创伤的基础上，达成手术操作的超高精度。此类机器人系统主要由多个具备高度灵活性和精确性的机械臂、能够提供清晰手术视野的高清摄像头、专门设计的手术器械及一套精密复杂的控制系统共同构成。

机械臂

机械臂作为微创手术机器人的关键执行部件，其设计高度模仿了外科医生手部的精细动作，并且在灵活性和精确性方面实现了质的飞跃。它们能够在极为狭小和复杂的手术空间内自如地进行各种精细操作，这得益于其先进的关节设计和高精度的驱动系统。每个机械臂通常配备了多个自由度的关节，这些关节能够实现类似人体关节的灵活运动，使得机械臂可以在三维空间中精准地定位和操作手术器械。例如，在进行心脏搭桥手术时，机械臂能够以微米级的精度将血管缝合针准确地穿过细小的血管，确保高质量的血管吻合，这是传统手术器械难以企及的。

高清成像技术

高清摄像头在微创手术机器人系统中扮演着医生“眼睛”的重要角色（图 4-2-4）。它能够以极高的分辨率和清晰度捕捉手术部位的细微结构和组织变化，将手术视野真实、准确地呈现在医生眼前。这种高清的视觉反馈为医生提供了丰富的细节信息，使其能够更敏锐地观察手术部位的解剖结构、病变情况及手术器械与组织的相对位置关系，从而做出更加精准的手术决策。在神经外科手术中，医生通过高清摄像头可以清晰地分辨出脑部神经组织与肿瘤的边界，精确地操作手术器械切除肿瘤，最大限度地减少对周围正常神经组织的损伤。

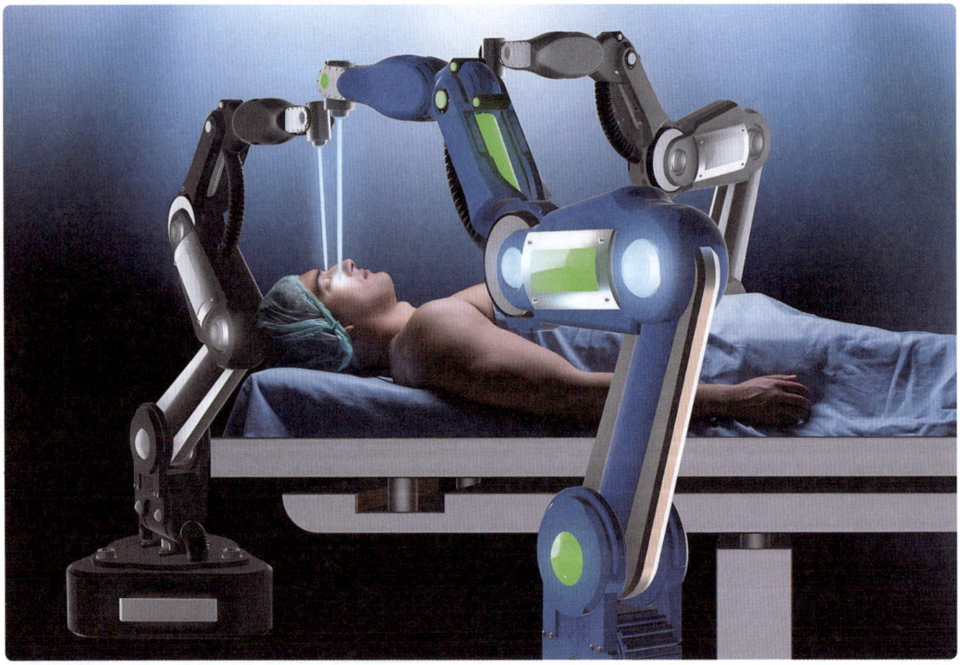

▲ 图 4-2-4　手术机器人

手术器械

手术器械是微创手术机器人实现精准治疗的直接工具，它们配备了一系列先进的传感器和高性能的执行器。力传感器是其中的关键技术之一，它能够实时、精确地测量手术器械与人体组织之间的作用力大小和方向。这一信息反馈至控制系统后，医生可以根据实际情况精准地调整手术操作力度，避免因用力过大对脆弱组织造成损伤，或因用力过小而影响手术效果。例如，在眼科手术中，当进行晶状体摘除手术时，力传感器能够帮助医生精确控制器械对晶状体的抓取力度，确保晶状体完整、安全地被取出。微型电机则赋予了手术器械快速、精确的运动能力，使其能够根据医生的指令迅速而准确地执行各种复杂的操作动作，如切割、缝合、止血等。在进行腹腔镜手术时，微型电机驱动手术器械的切割刃以精确的速度和角度进行组织切割，同时配合止血装置及时止住出血点，确保手术过程的安全、高效。

临床应用

微创手术机器人的应用在多个医学领域产生了深远的变革，显著提升了手术的精准度，极大地减少了手术对患者身体造成的创伤和并发症的发生概率，有效缩短了患者的术后恢复时间。

在心脏手术领域，如冠状动脉搭桥手术，微创手术机器人能够通过微小的切口进入胸腔，利用其高精度的机械臂在跳动的心脏表面进行血管吻合操作。相比传统的开胸手术，这种微创手术方式显著降低了手术风险，减少了术后疼痛和感染的概率，患者能够更快地恢复正常生活。

在泌尿外科手术中，对于前列腺癌根治术等复杂手术，微创手术机器人可以凭借其精细的操作能力，更精准地切除肿瘤组织，同时更好地保护周围的神经和血管，降低了术后性功能障碍和尿失禁等并发症的发生率。

在妇科手术方面，如子宫肌瘤切除术，微创手术机器人能够在狭小的盆腔空间内精确操作，减少对子宫和周围组织的损伤，有助于患者更快地恢复生育能力和身体健康。

微创手术机器人凭借其卓越的性能和显著的优势，在现代医疗手术领域得到了广泛的应用，为患者带来了更加安全、有效、微创的治疗选择，推动了医疗技术的不断进步和发展。

康复机器人

康复机器人作为现代康复医学领域中极具价值的重要工具，在帮助患者重获身体功能、提升生活质量方面发挥着不可替代的作用。其设计理念深深植根于人体运动学原理和康复医学理论，通过精准模拟各种复杂且针对性强的康复训练动作，为患者的康复之路提供了有力的辅助支撑。

康复机器人的类型多种多样，全面覆盖了患者不同部位的损伤或功能障碍情况。

上肢康复机器人

上肢康复机器人专注于恢复上肢的运动功能，其设计紧密贴合人体上肢的解剖结构和运动模式。通过精心构造的机械臂和关节系统，能够精确模拟肩部的旋转、屈伸，肘部的弯曲和伸展，以及腕部的转动和屈伸等各种动作。

在训练过程中，患者的手臂与机器人的机械臂相连接，机器人会根据预设的康复程序，引导患者逐步完成一系列的动作训练。例如，在进行肩部康复训练时，机器人可以控制机械臂以缓慢而稳定的速度带动患者肩部进行前屈、后伸、外展、内收等动作，帮助患者逐渐恢复肩部的活动范围。

同时，借助力反馈技术，机器人能够实时感知患者的用力情况，并根据患者的力量大小和运动方向提供相应的助力或阻力，使训练更加个性化和有效。如果患者在某个动作上力量较弱，机器人会适当提供助力，帮助患者完成动作，增强患者的自信心；而当患者力量逐渐恢复时，机器人则会增加阻力，进一步挑战患者的肌肉力量和协调性，促进上肢力量的提升。

运动轨迹引导技术则确保患者的上肢运动沿着正确的路径进行，避免错误的运动模式导致二次伤害或影响康复效果。通过反复的训练，患者能够逐渐恢复上肢的力量、协调性和灵活性，提高日常生活自理能力，如穿衣、进食、洗漱等。

下肢康复机器人

下肢康复机器人主要针对下肢瘫痪或运动功能障碍的患者，致力于帮助他们重新获得站立和行走能力，如图 4-2-5 所示。这类机器人通常配备了坚固而稳定的支撑结构，能够为患者提供可靠的身体支撑，保证患者在训练过程中的安全。

在站立训练阶段，机器人会根据患者的体重和身体状况，精确调整支撑力

▲ 图 4-2-5　下肢康复机器人

的大小和方向，帮助患者逐渐适应站立的姿势，增强腿部肌肉的力量。随着患者站立能力的提升，机器人会引导患者进行简单的重心转移训练，模拟人体在站立时的自然重心变化，提高患者的平衡控制能力。

当患者具备一定的站立平衡能力后，下肢康复机器人将进一步辅助患者进行行走训练。它可以通过控制机械腿的运动，模拟人体正常的行走步态，带动患者的下肢进行迈步、抬腿、落脚等动作。在这个过程中，机器人会实时监测患者的步态参数，如步长、步频、脚步着地时间等，并根据这些数据调整训练参数，确保患者的行走动作更加规范、自然。例如，如果患者的步长过短，机器人会适当增加迈步的幅度；如果患者的脚步着地时间不均匀，机器人会针对性地调整脚步抬起和放下的速度，帮助患者纠正错误的步态。

同时，机器人还会提供平衡训练，通过感知患者身体的倾斜和晃动，及时给予相应的支撑力调整，防止患者摔倒，增强患者在行走过程中的稳定性和安全性。

全身康复机器人

全身康复机器人则综合考虑了人体全身的运动协调和功能恢复，适用于那些需要进行全身综合性康复训练的患者，如严重创伤后、神经系统疾病导致全身运动功能障碍的患者。这类机器人通常具有多个自由度的机械结构，可以模拟人体在各种日常活动中的动作，如站立、行走、上下楼梯、弯腰、转身等。

在训练过程中，全身康复机器人会根据患者的具体情况制订个性化的康复训练方案，将上肢和下肢的训练有机结合起来，促进全身肌肉的协同运动和身体平衡能力的提升。例如，在模拟上下楼梯的训练中，机器人会同时控制上肢和下肢的运动，引导患者正确地抬起脚步、摆动手臂，使身体的各个部位能够协调配合，完成上下楼梯的动作。通过这种全身综合性的训练，患者能够逐渐恢复身体的整体功能，提高日常生活活动能力和运动功能，更好地回归社会。

这些康复机器人均配备了智能控制系统，这是实现个性化康复训练的核心技术。智能控制系统通过先进的传感器技术，实时采集患者在训练过程中的各种数据，如关节角度、肌肉力量、运动速度、身体姿态等。然后，利用强大的算法对这些数据进行分析和处理，深入了解患者的身体状况和康复进展。根据分析结果，系统能够自动为患者制定最适合的康复训练方案，并实时调整训练参数，确保训练的针对性和有效性。

4.2.3 关键技术

仿生假肢和仿生医疗机器人的蓬勃发展，得益于多种前沿关键技术的强力支撑，这些技术相互交织、协同作用，共同推动了这一领域的持续创新与进步。

驱动技术

驱动技术作为另一个关键技术领域，承担着为假肢和医疗机器人的关节运动提供强劲动力的重任，其发展水平直接影响着设备的性能表现。

电动驱动

电动驱动以其卓越的控制精度和极快的响应速度，在高性能假肢和众多医疗机器人应用中占据主导地位。电动驱动系统通常由电机、驱动器和减速器等部件组成，通过精确控制电机的电流和电压，实现对关节运动速度、力矩和位置的精准控制。在假肢中，电动驱动能够根据传感器反馈的信息，瞬间调整关节的运动，使假肢的动作更加敏捷、自然。例如，在仿生手臂假肢中，当使用者想要拿起一个轻如羽毛的物品时，电动驱动系统可以精确控制手指关节的微小运动，提供恰到好处的力量，实现轻柔而稳定的抓取动作；而当需要搬运较重物品时，电动驱动又能迅速增加输出力矩，确保假肢具备足够的力量完成任务。

气动驱动

气动驱动利用压缩空气作为动力源，具有结构简单、清洁无污染、成本较低等优点，尤其适用于一些对输出力要求较大且对运动速度要求不高的场合。例如，在一些大型康复机器人中，气动驱动可用于驱动腿部或腰部的关节运动，帮助患者进行较大幅度的康复训练动作，如深蹲、弯腰等。

液压驱动

液压驱动则以其强大的输出力和良好的缓冲性能著称，能够在重载和高精度要求的应用中发挥重要作用。在工业级别的医疗机器人中，如用于骨科手术的机器人辅助系统，液压驱动可确保手术器械在切割、钻孔等操作过程中具备足够的力量，同时能够有效缓冲手术过程中的冲击力，保护患者的骨骼和周围组织。

传感器技术

传感器技术无疑是其中的核心要素之一。它宛如赋予假肢和医疗机器人感知外界与自身状态的敏锐“感官”，使其能够实时获取丰富的信息，进而实现精准的动作控制。

力传感器

压力传感器作为重要的组成部分，广泛分布于假肢的足底或手部等关键部位，以及医疗机器人的操作器械与人体组织接触区域。在假肢应用中，它能够精确检测到假肢与地面或物体之间每一丝细微的接触力变化，无论是在行走时脚底对地面的压力分布，还是抓取物品时手部的受力情况，都能被精准感知。这些数据对于调整假肢的姿态、力度及实现稳定的抓握动作至关重要。例如，当假肢使用者在行走于不同地形时，压力传感器能迅速将地面的不平整所导致的压力变化反馈给控制系统，假肢便可根据这些信息实时调整关节的弯曲角度和支撑力度，确保行走的平稳与安全。

力传感器在医疗机器人领域发挥着不可替代的作用，特别是在手术操作过程中。它能够以极高的精度和精准的频率实时监测手术器械与人体组织之间的作用力大小、方向及变化趋势。这使得医生在进行微创手术时，能通过机器人系统直观地感受到手术器械与组织之间的交互力，仿佛自己的手直接在操作器械一般，从而能够更加精细地控制手术器械的动作。例如，在进行神经外科手术时，力传感器可帮助医生精确感知手术器械对脑组织的微小压力，避免因用力不当而对脆弱的神经组织造成损伤，大大提高了手术的安全性和精准性。

运动传感器

加速度传感器和陀螺仪则如同为肢体或机器人赋予了“平衡感”和“空间方位感”。它们协同工作，能够实时获取肢体或机器人在三维空间中的运动姿态信息，包括加速度、角速度、倾斜角度等。在假肢方面，这些信息对于实现自然流畅的行走和运动至关重要。比如，当使用者在跑步过程中改变方向时，加速度传感器和陀螺仪会迅速捕捉到身体的运动变化，将数据传输给控制系统，控制系统根据这些信息及时调整假肢的关节运动，使假肢能够与健侧肢体协调配合，保持身体的平衡和稳定，实现更加自然、灵活的转向动作。

对于医疗机器人而言，尤其是在进行一些复杂的手术操作或在狭小空间内移动时，准确的姿态和位置信息是确保手术顺利进行和机器人安全运行的关键。例如，在腹腔微创手术中，机器人需要在腹腔内狭小且复杂的空间内精确移动和操作，加速度传感器和陀螺仪提供的信息能够帮助机器人实时保持稳定的姿态，避免与腹腔内的器官发生碰撞，同时确保手术器械能够准确地到达目标位置。

4.2.4 未来展望

仿生假肢和仿生医疗机器人的未来发展充满了无限可能。随着技术的不断进步，仿生假肢将更加智能化、个性化，能够更好地适应不同患者的需求。未来的假肢有望实现与人体神经系统的直接连接，通过神经接口技术，使患者能够更加自然地控制假肢运动，甚至恢复部分肢体的感觉功能。例如，通过将电极植入患者的神经组织，采集神经信号并将其转化为假肢的控制指令，同时将假肢上的传感器信息反馈给神经系统，让患者产生真实的触觉感受，实现假肢与人体的高度融合。

仿生医疗机器人在未来将朝着更加精准、高效、多功能的方向发展。在手术机器人领域，机器人的操作精度将进一步提高，能够完成更加复杂精细的手术操作，如微血管吻合、神经修复等。同时，手术机器人将具备更强的自主决策能力，能够根据手术过程中的实时情况自动调整手术策略，降低手术风险。在康复机器人方面，将更加注重个性化康复方案的制订和实施，结合虚拟现实、增强现实等技术，为患者提供更加沉浸式、互动式的康复训练环境，提高康复效果。例如，利用虚拟现实技术创建虚拟康复场景，让患者在模拟的日常生活环境中进行康复训练，增强训练的趣味性和实用性。

此外，随着人工智能、大数据、云计算等技术的快速发展，仿生假肢和仿生医疗机器人将能够实现远程监控、远程诊断和远程治疗。医生可以通过网络远程控制医疗机器人为患者进行手术或康复训练，同时实时获取患者的生理数据和治疗反馈，及时调整治疗方案。这将大大提高医疗资源的利用效率，使优质的医疗服务能够覆盖更广泛的地区，为更多患者带来福音。未来，仿生假肢和仿生医疗机器人的发展将深刻改变医疗行业的面貌，为人类健康事业做出更大的贡献。

4.3 生物传感器与药物递送

生物在亿万年的进化过程中，进化出了精妙的感受器官，这些感受器可精确感知自然环境的微小变化，从而更好地生存。受此启发，通过设计生物传感器来进行人体健康监测，可以进行疾病的提前预警和诊断。模仿生物的定向运输原理，设计药物递送策略，可以高效地进行疾病的靶向治疗。在这一节中，将介绍生物传感器与药物递送领域的仿生技术。

4.3.1 模仿蝴蝶翅膀的生物传感器

近年来，受蝴蝶翅膀启发的生物传感器，正悄然兴起，展现出在环境监测、疾病诊断乃至军事等领域的巨大潜力，开启了跨学科交叉的创新大门。

让我们想象一个像蝴蝶般灵敏感知周围环境变化的设备，可以轻巧地附着于衣物之上，实时检测空气污染，预警有害气体；或是集成于医疗贴片中，连续监控血糖浓度，提早发现健康异常信号……这些看似理想主义的想法，正随着基于蝴蝶翅膀原理开发出的生物传感器逐渐成真。

通过对蝴蝶翅膀上纳米级鳞片结构的研究，科学家发现了其卓越的光学特性和环境响应机制，进而创造了具有类似功能的合成材料与装置，实现了其从自然美学到实用科技的华丽转变。

蝴蝶翅膀的微观结构

微观形貌

蝴蝶翅膀的微观结构犹如大自然精心雕琢的艺术品，展现出令人惊叹的精细度与复杂性。

通过扫描电子显微镜对蝴蝶翅膀进行观察，可以发现翅膀表面的鳞片像屋顶瓦片一样遍布翅膀。对单个鳞片放大观察可见表面的空心结构，包括脊状突起、肋骨状结构和小梁状结构。小梁状结构将这些结构连接到平坦的鳞片底面。这些微结构呈现出高度有序的周期性排列，尺寸范围从纳米到微米级别，这种独特的排列方式是其具备多种非凡特性的关键所在，见图 4-3-1。

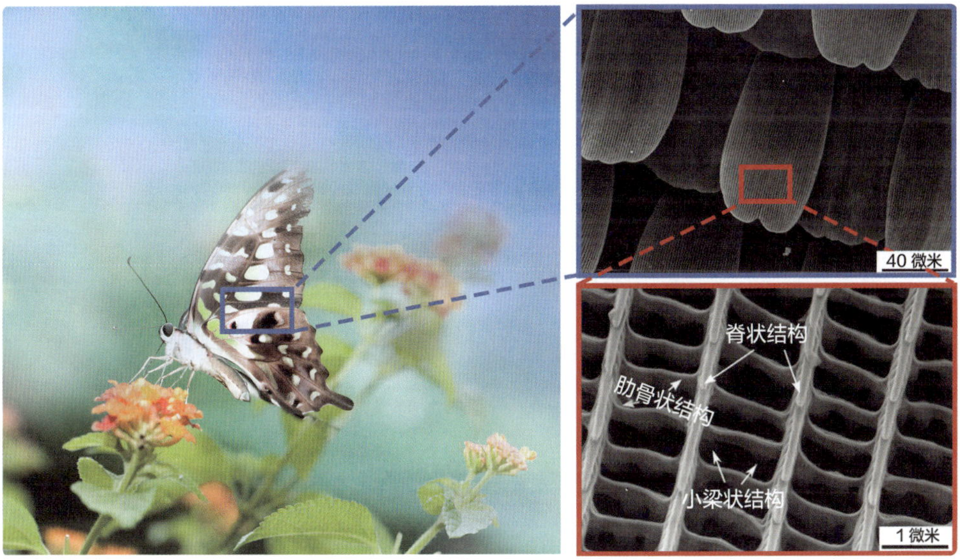

▲ 图 4-3-1　蝴蝶翅膀的扫描电镜图像

光学特性

从光学特性方面来看，这种周期性排列赋予了蝴蝶翅膀独特的光学性能。其中，结构色和光学衍射效应最为引人注目。结构色是由于微结构对光的干涉、衍射等作用产生的，与传统的色素色不同，它具有更加鲜艳、持久且在不同角度观察下会发生变化的特点。当光线照射到蝴蝶翅膀上时，微结构会使光发生散射、反射和折射，这些光线相互干涉，在特定波长处增强或抵消，从而产生我们所看到的翅膀的绚丽色彩。光学衍射效应则进一步增强了这种光学效果，使得蝴蝶翅膀在阳光下呈现出奇幻的光泽和图案。

在微观组成上，蝴蝶翅膀主要由角质层和鳞片构成。角质层为翅膀提供了基本的结构支撑，而鳞片则是微结构的核心组成部分。鳞片表面分布着大量细小的脊状结构和纳米级的孔洞。这些脊状结构如同微小的棱镜，能够将入射光分解为不同的波长成分，进一步促进了结构色的形成。纳米级的孔洞则在光与物质的相互作用中发挥着重要作用，它们可以影响光的传播路径，使光在翅膀内部发生多次反射和散射，增强了颜色的饱和度和层次感。

润湿性

蝴蝶翅膀具有超疏水特性，其表面的化学成分包含一些具有低表面能的物质，如蜡质等。这些物质与微观形貌相互配合，使得水滴在接触翅膀表面时，无法在表面铺展。这种超疏水表面不仅使水滴能够迅速滚落，带走表面的灰尘和杂质，实现自清洁功能，而且有助于保持翅膀表面的微观结构完整性，从而确保翅膀的光学性能不受干扰，始终保持良好的光学效率。这种自清洁功能对于蝴蝶在飞行过程中保持翅膀的轻盈、灵活及光学信号的传递具有重要意义，是蝴蝶适应自然环境的一种精妙进化策略。

生物传感器的设计

基于蝴蝶翅膀微结构的生物传感器设计是一项融合了多学科知识与先进技术的创新工程，其核心在于巧妙地利用蝴蝶翅膀独特的光学和物理化学性质，构建出高灵敏度、高特异性的生物检测平台。

在传感器的构建中，蝴蝶翅膀凭借其天然的微纳结构优势，通常扮演着敏感元件或基底材料的关键角色。研究人员通过一系列精细的化学修饰或功能化处理手段，对蝴蝶翅膀进行改造，使其具备特异性识别目标生物分子的卓越能力。例如，通过先进的化学偶联技术，在蝴蝶翅膀表面精确地修饰生物识别分子，如具有高度特异性的抗体、核酸适配体等。这些精心挑选的识别分子能够与特定的生物标志物，如各类疾病相关的蛋白质、核酸、细胞因子等，发生精准的特异性结合反应。这种特异性结合就如同钥匙与锁的匹配，能够准确地识别并捕获目标生物分子。

当目标生物分子与修饰后的蝴蝶翅膀表面相结合时，会引发蝴蝶翅膀微结构的光学性质发生一系列微妙可检测的变化。这些变化包括但不限于颜色的改变、光的散射或反射强度的变化等。用物理原理解释，目标生物分子的结合会改变蝴蝶翅膀微结构的局部折射率、表面形貌等光学参数，从而导致光与翅膀微结构相互作用的方式发生改变，进而在宏观上表现为光学信号的变化。例如，某些生物分子的结合可能会使蝴蝶翅膀原本的周期性微结构发生轻微变形，破坏了光的干涉和衍射条件，导致颜色的变化；或者使光在翅膀表面的散射和反射变得更加不均匀，引起散射或反射强度的改变。

为了准确检测这些光学信号的变化，传感器系统通常会集成先进的光学检测系统，如高精度的显微镜、高分辨率的光谱仪等。这些光学检测设备能够精确地捕捉蝴蝶翅膀微结构光学性质的细微变化，并将其转化为电信号。随后，电子信号处理单元会对这些电信号进行一系列复杂的处理操作，包括放大、滤波、模数转换等，以提高信号的质量和可辨识度。接着，通过运用先进的数据分析算法，对处理后的信号进行深入分析和处理，提取出与目标生物分子相关的特征信息，从而实现对目标生物分子的定性和定量检测。定性检测可以确定目标生物分子的种类或类型，而定量检测则能够精确测定其浓度或含量。

值得一提的是，蝴蝶翅膀的微结构不仅为生物分子的识别提供了特异性结合位点，还能够显著增强生物分子的吸附和反应效率。其微纳尺度的结构特征提供了较大的比表面积，使得生物分子更容易附着和发生反应，从而提高了传感器的灵敏度和响应速度。这种微结构与生物分子之间的协同作用，使得基于蝴蝶翅膀的生物传感器在生物检测领域具有独特的优势，能够快速、准确地检测出极低浓度的目标生物分子，为疾病诊断、环境监测、食品安全等众多领域提供了一种极具潜力的检测技术。

应用领域

基于蝴蝶翅膀的生物传感器凭借其独特的性能优势，在多个关键领域展现出了极为广阔且极具潜力的应用前景，为解决诸多实际问题提供了创新性的解决方案。

医学诊断领域

癌症早期诊断：在癌症检测中，传感器可针对如癌胚抗原、甲胎蛋白等癌症标志物进行精准检测。以肺癌为例，通过检测血液中特定肺癌相关蛋白质或核酸的微小变化，能够在症状出现前发现潜在的癌变迹象。对于早期肺癌患者，及时的诊断可以显著提高治疗成功率，改善患者的预后。例如，研究发现某些肺癌患者在早期阶段，血液中特定微小 RNA（miRNA）的表达水平会发生变化，基于蝴蝶翅膀的生物传感器能够高灵敏度地检测到这种变化，辅助医生进行早期筛查和诊断，为患者争取宝贵的治疗时间，如图 4-3-2 所示。

心血管疾病监测：对于心血管疾病，如心肌梗死、心力衰竭等，传感器可以检测血液中的心肌肌钙蛋白、脑钠肽等标志物。在急性心肌梗死发生时，心肌肌钙蛋白会迅速释放到血液中，传感器能够实时监测其含量变化，帮助医生快速准确判断病情严重程度，及时调整治疗方案，降低患者的死亡率和并发症发生率。同时，对于心血管疾病高危人群，定期使用该传感器进行检测，可以实现疾病的早期预警，指导患者进行预防性治疗和生活方式干预。

传染病防控：在传染病领域，传感器可用于检测病原体的特异性抗原或核酸，如新型冠状病毒的刺突蛋白抗原、流感病毒的核酸等。在疫情防控中，快

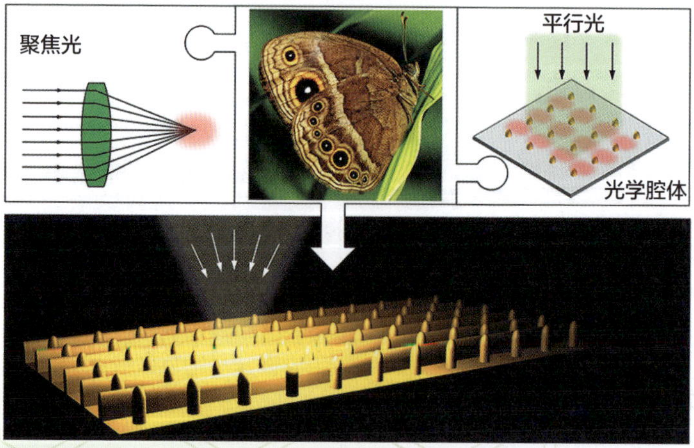

▲ 图 4-3-2 蝴蝶翅膀启发的聚光检测技术

速、准确地检测出感染者对于控制疫情传播至关重要。基于蝴蝶翅膀的生物传感器能够在短时间内提供检测结果，有助于及时隔离患者、追踪密切接触者，有效遏制传染病的扩散。此外，对于一些慢性传染病，如乙肝、丙肝等，传感器可以用于监测患者体内病毒载量的变化，评估治疗效果，指导个性化治疗方案的制订。

环境监测领域

水质监测：在水体环境监测中，传感器对重金属离子（如汞、铅、镉等）具有高度特异性响应。例如，在工业废水排放区域的水体监测中，传感器可以快速检测出水中重金属离子的浓度是否超标。当水中汞离子浓度超过一定限值时，传感器会通过颜色变化或光信号强度变化等方式及时发出警报，为环境保护部门采取治理措施提供准确的数据支持。同时，对于自然水体，如河流、湖泊等，长期监测重金属离子浓度变化有助于评估水体质量的变化趋势，保护水资源生态环境。

大气污染监测：针对大气中的有害污染物，如二氧化硫、氮氧化物等，传感器可以通过与污染物发生特异性反应，将其浓度变化转化为可检测的光学信号变化，如图 4-3-3 所示。在城市空气质量监测中，分布在不同区域的传感器网络能够实时监测大气污染物浓度的动态变化，为环境管理部门制定减排政策、评估污染治理效果提供科学依据。此外，对于工厂废气排放监测，传感器可以安装在烟囱等排放口，确保废气排放符合环保标准，减少对大气环境的污染。

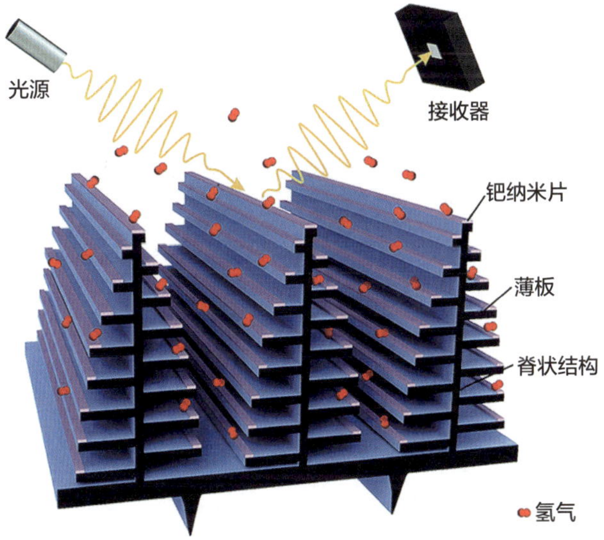

▲ 图 4-3-3　蝴蝶翅膀启发的氢气检测传感器

土壤污染评估：在土壤环境监测方面，传感器能够检测土壤中的重金属污染以及有机污染物，如多环芳烃、农药残留等。对于农业用地，检测土壤中的农药残留和重金属含量，有助于评估土壤质量，保障农产品安全。在工业污染场地修复过程中，传感器可以实时监测土壤中污染物浓度的变化，指导修复工作的进行，确保修复效果达到预期目标。

食品安全检测领域

农药残留检测：在农产品检测中，传感器可针对各类常用农药，如有机磷农药、氨基甲酸酯农药等的残留进行快速检测。对于蔬菜、水果等农产品，在采摘后或进入市场前，使用基于蝴蝶翅膀的生物传感器进行检测，可以及时发现农药残留超标的产品，防止其流入消费者手中，保障消费者的饮食安全。例如，在蔬菜批发市场，快速检测设备可以利用这种传感器对大量蔬菜样本进行筛查，确保上市蔬菜符合食品安全标准。

兽药残留监测：在畜产品检测中，传感器能够检测肉类、蛋类、奶类等产品中的兽药残留，如抗生素、激素等。在养殖场或肉类加工企业，通过对畜产品进行定期检测，可以保证产品质量，避免因兽药残留超标对消费者健康造成危害。同时，对于出口畜产品，严格的兽药残留检测有助于满足国际市场的质量要求，提高我国畜产品的国际竞争力。

致病微生物检测：对于食品中的致病微生物，如大肠杆菌、金黄色葡萄球菌、沙门氏菌等，传感器可以通过检测微生物表面的特异性抗原或其代谢产物，快速判断食品是否受到污染。在食品生产加工过程中，如乳制品生产、肉类加工等环节，实时监测微生物污染情况，可以及时发现问题并采取措施，防止大规模食物中毒事件的发生。在餐饮行业，对食材和成品进行快速检测，也能够保障消费者的就餐安全。

4.3.2　模仿植物运输系统的药物递送技术

植物运输系统的原理

植物的运输系统宛如一个精妙绝伦的物流网络，在植物的生长、发育和生存过程中发挥着至关重要的作用，其中木质部和韧皮部构成了这个网络的两大主要运输通道，各自承担着不可或缺的运输任务（图 4-3-4）。

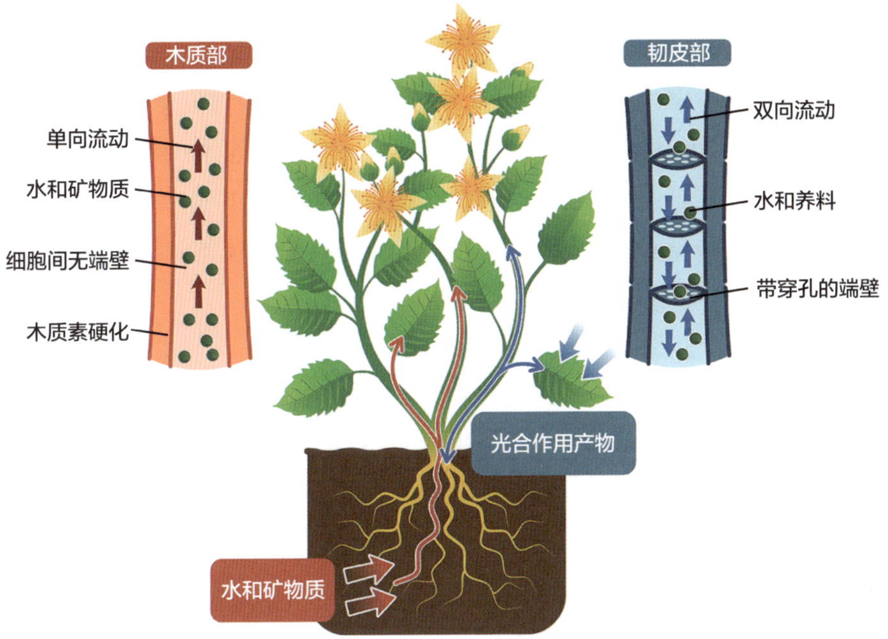

▲ 图 4-3-4 植物木质部和韧皮部的水分、矿物质及光合作用产物的运输示意图

木质部的运输原理

蒸腾作用驱动：木质部主要负责将根部从土壤中吸收的水分及溶解在其中的无机盐向上运输到植物的各个部位，其运输动力的核心来源是蒸腾作用产生的强大拉力。蒸腾作用是植物体内水分通过叶片表面以水蒸气形式散失到大气中的过程。在这个过程中，植物叶片表面的细胞间隙中的水分不断蒸发，使得细胞间隙内的水蒸气浓度增加，形成相对较低的气压，即负压环境。由于水分子之间存在着强大的内聚力，这种内聚力使得水分子能够形成连续的水柱，同时水分子与导管壁之间又具有附着力，在负压的作用下，木质部导管中的水分就会被向上拉动，就像一根长长的吸管，在一端受到吸力时，管内的液体就会被向上提升。这种拉力足以克服重力及水分在导管中运输时所遇到的摩擦力等阻力，从而确保水分和无机盐能够源源不断地从根部向上运输到茎、叶等各个器官，满足植物进行光合作用、维持细胞膨压、物质代谢等生理活动对水分的需求。例如，在炎热的夏季，植物通过蒸腾作用散失大量水分，此时木质部的运输系统会加速运转，将根部吸收的水分迅速输送到叶片，以补充因蒸腾而失去的水分，维持植物的正常生理功能。

导管结构辅助：木质部中的导管结构也为水分和无机盐的运输提供了重要的支持。导管是由一系列首尾相连的死细胞组成，这些细胞在成熟过程中细胞壁木质化并形成了中空的管道，为水分和无机盐的运输提供了低阻力的通道。导管的管径大小和管壁结构会影响运输效率，不同植物种类的导管结构存在一定差异，但总体上都是适应其生长环境和生理需求的。例如，一些生长在干旱地区的植物，其导管可能相对较细，以减少水分散失的风险；而在水分充足环境下生长的植物，导管可能相对较粗，以提高运输效率。

韧皮部的运输原理

压力流机制主导：韧皮部主要承担着有机物质的双向运输任务，其运输机制基于压力流假说。在植物进行光合作用的叶片等源端部位，光合作用产生的有机物质（主要是糖类）被积极地装载进入筛管分子。这个装载过程是一个主动运输过程，需要消耗能量，通过特定的转运蛋白将有机物质从叶肉细胞转运到筛管分子中。随着有机物质的不断装载，筛管分子内的溶质浓度增加，导致渗透压升高。根据渗透原理，水分会从渗透压较低的区域（周围细胞）向渗透压较高的筛管分子内扩散，从而使筛管分子内的水分增加，产生高压状态。在根部、果实等需要能量和营养物质的库端部位，有机物质被卸载，用于细胞的呼吸作用、生长发育等生理过程。随着有机物质被卸载，筛管分子内的溶质浓度降低，渗透压下降，水分则会从筛管分子中流出，进入周围细胞。这样就在源端和库端之间形成了一个压力差，推动有机物质在韧皮部中从源端向库端运输。例如，在植物生长旺盛期，叶片通过光合作用合成大量有机物质，这些物质通过韧皮部运输到正在生长的果实中，为果实的发育提供充足的营养；而在植物生长后期，根部可能会将储存的有机物质通过韧皮部运输到地上部分，供植物在逆境条件下维持生命活动。

筛管与伴胞协作：韧皮部中的筛管分子是有机物质运输的主要通道，它们是活细胞，但细胞核已解体，细胞两端的细胞壁上有许多筛孔，形成筛板，使得相邻筛管分子之间能够相互连通，便于有机物质的运输。与筛管分子紧密相连的伴胞则在运输过程中发挥着重要的辅助作用。伴胞具有丰富的细胞器，能够为筛管分子提供能量和代谢物质，维持筛管分子的活性和运输功能。例如，伴胞通过有氧呼吸产生大量的能量，为筛管分子中的主动运输过程提供能量，确保有机物质的高效装载和卸载。同时，伴胞还可能参与调节筛管分子的渗透压和物质运输的速率，与筛管分子协同工作，共同完成有机物质的双向运输任务。

药物递送系统的设计

模仿植物运输系统的药物递送系统设计是一项融合了生物学、材料科学和医学等多学科知识的前沿技术，其核心目标是实现药物在体内的高效、精准和智能递送，以提高治疗效果并降低副作用。

载体结构与功能模拟

纳米材料与微胶囊选择：在药物递送载体的设计方面，研究人员通常精心挑选具有类似植物导管或筛管结构和功能的纳米材料或微胶囊。这些纳米材料或微胶囊具有独特的物理和化学性质，其特定的尺寸和表面性质使其能够在生物体内模拟植物运输系统的行为。例如，纳米级的管道结构可以精确控制药物的运输路径，如同植物导管引导水分和无机盐的定向流动；多孔微胶囊则能够有效地包裹药物分子，防止药物过早释放，并提供较大的比表面积，有利于药物与周围环境的相互作用。这些载体的尺寸通常在纳米到微米级别，这一尺度范围使其能够更好地与生物体内的细胞和组织相互作用，例如，纳米颗粒可以通过内吞作用被细胞摄取，从而实现细胞内的药物递送。

表面性质调控：为了确保载体在生物体内的稳定性和靶向性，研究人员通过各种手段调节载体的表面性质。调节表面电荷是一种常见的方法，带正电荷的载体可以与带负电荷的细胞膜通过静电相互作用更好地结合，促进细胞对药物的摄取；而带负电荷或中性电荷的载体则可能在血液中具有更好的稳定性，减少与血液成分的非特异性相互作用。亲疏水性的调节也至关重要，合适的亲水性可以使载体在血液等水性环境中保持稳定的分散状态，而适度的疏水性则有助于载体与细胞膜等脂质结构的相互作用。例如，通过在载体表面修饰亲水性聚合物（如聚乙二醇）可以提高其亲水性，减少免疫系统的识别和清除，延长其在血液中的循环时间；同时，在载体表面引入疏水基团或脂质成分，可以增强其与细胞膜的融合能力，提高药物的递送效率。

靶向分子修饰

特异性识别原理：为了实现药物的主动运输和精准靶向，在载体上修饰靶向分子是关键步骤。抗体是常用的靶向分子之一，其具有高度的特异性和亲和力，能够精准地识别并结合病变细胞表面的特异性受体或标志物。例如，在癌症治疗中，针对肿瘤细胞表面过度表达的表皮生长因子受体，可以将抗表皮生长因子受体抗体修饰在药物载体表面，使药物载体能够特异性地识别并结合肿瘤细胞，将药物精准递送至肿瘤部位，提高药物对肿瘤细胞的杀伤效果，同时减少对正常细胞的损害。多肽也是一类重要的靶向分子，其具有分子量小、易于合成和修饰等优点，可以通过设计与病变细胞表面受体特异性结合的多肽序列，实现药物的靶向递送。

多靶点策略：除了单一靶点的靶向分子修饰，研究人员还探索多靶点策略，以提高药物递送的精准性和治疗效果。例如，同时修饰两种或多种针对不同肿瘤相关标志物的靶向分子，可以增加药物载体与肿瘤细胞的结合机会，克服肿瘤细胞的异质性和耐药性问题。此外，还可以将靶向分子与其他功能分子（如成像剂）结合，实现药物递送过程的可视化监测，有助于实时评估药物在体内的分布和治疗效果，为个性化治疗提供依据，如图 4-3-5 所示。

药物释放机制设计

环境响应性材料应用：药物释放机制的设计类似于植物运输系统中物质

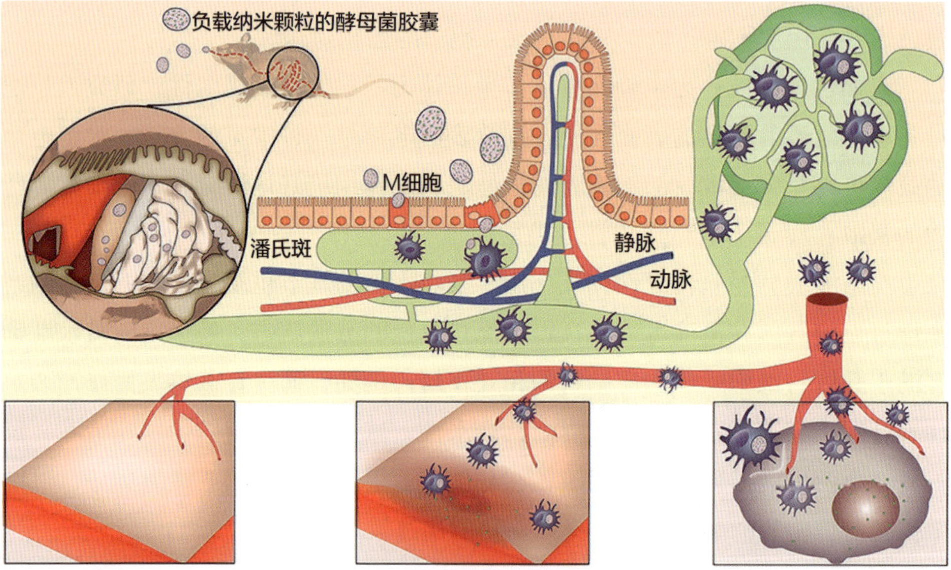

▲ 图 4-3-5　基于生物启发的“特洛伊木马”药物运送策略

的装载和卸载过程，通过利用环境响应性材料来实现药物的智能释放。pH 敏感材料是常用的一种，肿瘤组织通常具有比正常组织更低的 pH（酸性环境），利用这一特性，将 pH 敏感材料构建到药物递送载体中，当载体到达肿瘤组织时，酸性环境会触发材料的结构变化，导致药物释放。例如，某些含有酸性可水解化学键的聚合物，在正常生理 pH 条件下保持稳定，而在肿瘤组织的酸性环境中，化学键断裂，释放出包裹的药物。这种 pH 响应性释放机制可以确保药物在到达病变部位后才释放，提高药物在病变部位的浓度，增强治疗效果。

外部刺激触发：除了环境响应性材料，还可以通过光、热、酶等外部刺激来触发药物的释放。光触发释放具有良好的时空可控性，通过在药物载体中引入光敏感基团，当用特定波长的光照射时，光敏感基团发生结构变化，引发药物释放。

应用领域

这种模仿植物运输系统的药物递送技术凭借其独特的优势，在生物医学领域的多个关键方面展现出了不可替代的重要应用价值，为众多疾病的治疗带来了曙光和希望。

肿瘤治疗领域

精准化疗增效减毒：在肿瘤治疗中，化疗药物往往存在着对肿瘤组织选择性差、全身毒性大等问题。基于植物运输系统的药物递送技术能够有效解决这些难题。例如，对于肺癌治疗，可将紫杉醇等化疗药物包裹在具有靶向功能的纳米颗粒中，通过修饰在纳米颗粒表面的特异性抗体（如抗肺癌细胞表面标志物的抗体），使其能够精准地识别并结合肺癌细胞表面的受体，将药物直接输送到肺部肿瘤组织内部。这样一来，药物在肿瘤部位的浓度得以显著提高，大大增强了对肿瘤细胞的杀伤作用。同时，由于药物在到达肿瘤之前被有效保护，减少了在正常组织中的分布，从而降低了化疗药物对正常细胞（如骨髓细胞、胃肠道上皮细胞等）的损害，减轻了化疗常见的副作用，如骨髓抑制、恶心呕吐等，提高了患者的生活质量，使患者能够更好地耐受化疗疗程，为肺癌的有效治疗提供了有力支持。

基因治疗突破： 基因治疗是肿瘤治疗领域的一个重要发展方向。该药物递送技术可以将治疗性基因（如抑癌基因、免疫调节基因等）或基因编辑工具（如 CRISPR-Cas9 系统）准确地递送至肿瘤细胞内。以肝癌为例，通过构建含有特定肿瘤抑制基因的病毒载体或纳米载体，利用其靶向性将基因递送到肝癌细胞中，使肿瘤抑制基因在癌细胞内表达，从而抑制癌细胞的生长、增殖，诱导其凋亡。同时，对于免疫治疗相关的基因疗法，药物递送系统可以将免疫调节因子基因递送至肿瘤微环境中的免疫细胞，激活机体的抗肿瘤免疫反应，增强免疫系统对肿瘤细胞的识别和杀伤能力，为肝癌等恶性肿瘤的治疗开辟了新的途径，有望突破传统治疗方法的局限，提高肿瘤患者的治愈率和生存率。

神经系统疾病治疗领域

血脑屏障攻克难题： 神经系统疾病如帕金森病、阿尔茨海默病等的治疗面临着血脑屏障这一巨大障碍，使得许多潜在的有效药物难以到达脑部病变部位。模仿植物运输系统的药物递送技术为解决这一问题提供了可能。例如，在帕金森病治疗中，研究人员设计了一种基于脂质体的药物递送系统，脂质体表面修饰有能够与血脑屏障内皮细胞表面受体特异性结合的多肽。这种修饰使得脂质体能够与血脑屏障内皮细胞相互作用，通过内吞等机制穿过血脑屏障，将多巴胺等神经保护药物准确地输送到脑部黑质等病变区域。多巴胺是帕金森病患者脑内缺乏的重要神经递质，通过这种靶向递送，能够补充脑内多巴胺水平，改善患者的运动症状，如震颤、僵直等，提高患者的生活自理能力。

基因编辑治疗潜力挖掘： 对于一些遗传性神经系统疾病，基因编辑技术具有潜在的治愈可能。利用药物递送系统将基因编辑工具递送至脑部特定神经元，有望纠正致病基因的突变。以亨廷顿舞蹈症为例，通过设计能够穿越血脑屏障并特异性靶向脑部纹状体神经元的纳米载体，将 CRISPR-Cas9 等基因编辑系统递送到病变神经元内，对突变的亨廷顿基因进行编辑修复，从而阻止疾病的进一步发展，改善患者的神经功能，为这类目前尚无有效治愈方法的神经系统遗传性疾病带来了新的治疗希望。

心血管疾病治疗领域

局部药物释放与血管修复： 在心血管疾病治疗中，药物递送技术可实现药物在病变血管部位的长效、靶向释放。例如，对于冠状动脉粥样硬化性心脏病（冠心病），可以将抗血小板药物、他汀类药物等包裹在可降解的微胶囊中，微胶囊表面修饰有能够特异性识别动脉粥样硬化斑块成分的分子（如识别氧化低密度脂蛋白的抗体片段）。当药物递送系统到达冠状动脉病变部位时，微胶囊能够精准地结合在斑块表面，缓慢释放药物，抑制血小板聚集，降低血脂水平，稳定斑块，防止斑块破裂引发心肌梗死等严重并发症。同时，对于血管损伤后的修复，药物递送系统还可以携带促进血管内皮细胞生长的因子（如血管内皮生长因子），在血管损伤部位持续释放，刺激内皮细胞增殖和迁移，促进血管新生和修复，改善心肌供血，提高心脏功能，见图 4-3-6。

药物缓释与长期疗效维持：在心血管疾病的治疗进程中，长期且稳定的药物疗效对于改善患者的预后和生活质量起着举足轻重的作用，而药物缓释技术则成为实现这一目标的关键策略。模仿植物运输系统的药物递送技术在这方面展现出独特的优势，能够有效解决传统给药方式所面临的诸多挑战，为心血管疾病的治疗带来新的突破。

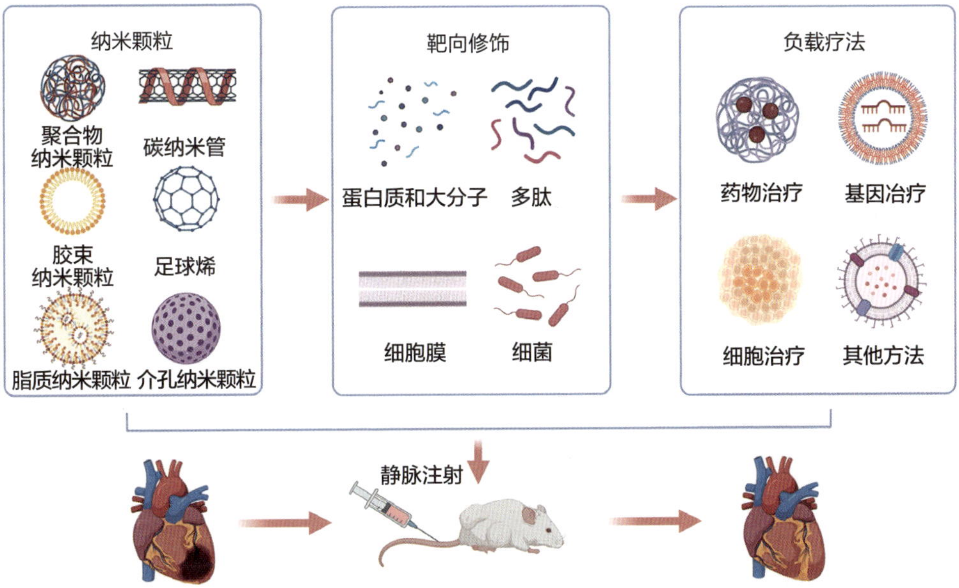

▲ 图 4-3-6　心脏靶向纳米颗粒制备方法及静脉注射用于心肌再生和修复

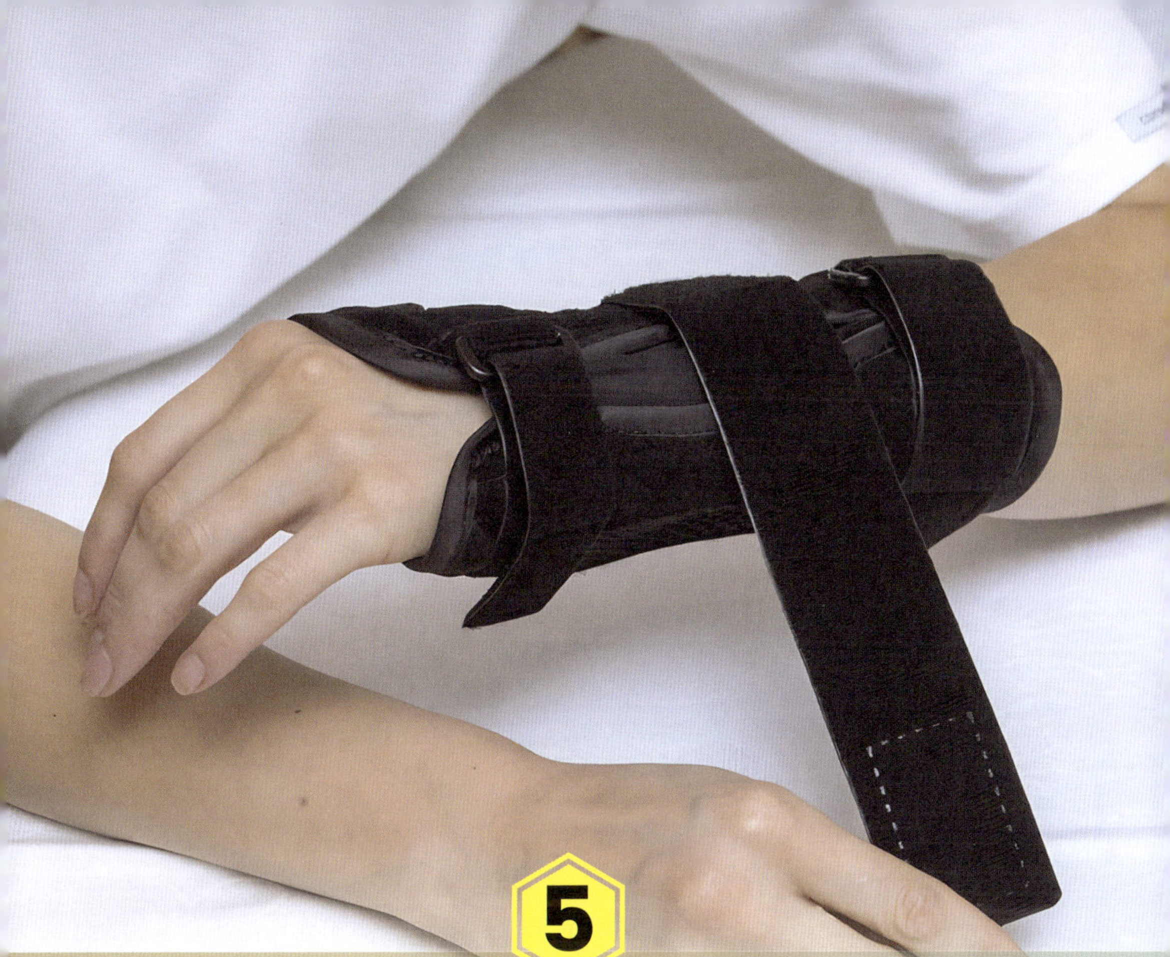

5

日常仿生

——自然智慧改变生活

仿生已经悄悄地融入了我们的生活，深刻地改变着我们的生活方式。事实上，虽然“仿生学”作为一个学科术语可能是近几十年才被广泛使用的，但人类向自然学习、模仿自然以解决实际问题的传统已经存在了几千年。仿生学作为一门跨学科的知识体系并非孤立存在，而是渗透于我们的日常生活。

在日常生活中，仿生学的影子几乎无处不在。仿生学让我们看到了大自然的无穷智慧，也让我们的生活变得更加便捷、高效、美好。

5.1 服饰上的仿生学

在服饰领域，仿生学展现出了独特的魅力，让我们的衣服变得更轻盈、更美观，在夏季更凉爽，在冬季更保暖，为我们带来兼具功能与美观的体验。

5.1.1 像北极熊毛发一样轻盈保暖的衣物

北极熊保暖的“武器”

在地球上最寒冷的极地地区，北极熊凭借其厚实的毛发，悠然自得地漫步于冰天雪地之中。它们的毛发看似白色，实则是一根根中空的透明管子，这种结构不仅能高效保暖，还具有良好的透气性，能让北极熊在寒冷环境中保持干爽，同时这种中空结构极大地减轻了毛发的重量，使其轻盈无比（见图 5-1-1）。这些神奇的特性为人类在衣物保暖领域的探索提供了无限灵感。科学家通过深入研究北极熊毛发的奥秘，开发出了同样轻盈保暖的创新型衣物，满足了人们在寒冷环境中的需求。

▲ 图 5-1-1 北极熊及其中空毛发结构

在此基础上，中空的毛发内部能够储存大量静止空气。而空气是热的不良导体，这层静止空气如同高效的隔热层，有效地阻止了北极熊体内热量的散失，从而为其在极寒环境中保持体温恒定提供了有力保障。

同时，北极熊毛发的外表面还具有特殊的微观纹理。这些细微的纹理能够增强对光线的吸收和散射能力。在极地地区，阳光中的紫外线较为强烈，北极熊的皮毛会吸收照射到它身上的大部分紫外线。我们涂防晒霜是为了保护自己不受有害紫外线的伤害，但北极熊却利用紫外线来保护自己。它们的白色皮毛能够将太阳辐射转化为热量，其效率高达 95%。将光能转化为热能，进一步增强了自身的保暖效果。而且，这种特殊的纹理还能减少风对身体的直接吹拂，降低因空气对流而导致的热量损失。

仿北极熊毛发的保暖材料

仿生纤维设计

为了打造出具有类似北极熊毛发保暖性能的衣物，科学家首先在纤维材料的研发上着手。他们陆续研发出了多种具有中空结构的合成纤维。例如，一些新型聚酯纤维经过特殊工艺处理后，具备了均匀的中空结构。这种纤维不仅重量轻，而且保暖性能显著提升。与传统的实心纤维相比，相同重量的中空聚酯纤维制成的衣物，保暖效果大大提高（图 5-1-2）。

除了聚酯纤维，一些天然纤维也被改良了。比如，对羊毛纤维进行特殊处理，使其内部形成微小的空隙。这些空隙虽然不像合成纤维的中空结构那样

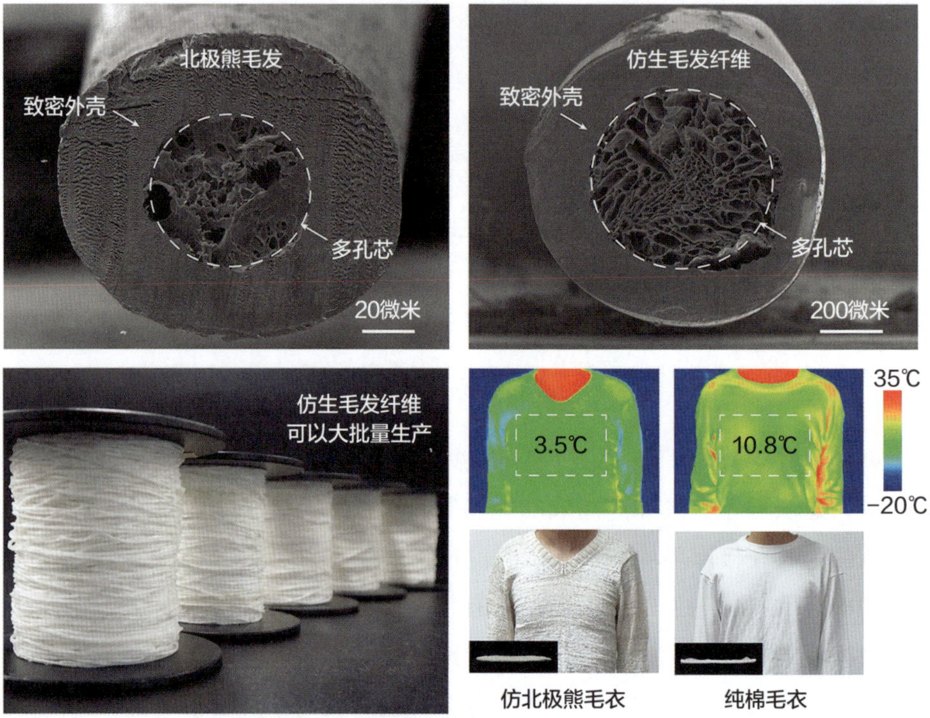

▲ 图 5-1-2 仿北极熊毛发纤维结构图及其保暖性能测试

规则，但同样能够储存空气，增强保暖效果。同时，羊毛本身的天然卷曲特性也有助于形成空气层，进一步提高了保暖性能。经过改良的羊毛纤维，在保持其柔软舒适手感的同时，重量也有所减轻，更加接近北极熊毛发轻盈保暖的特点。

目前，科研人员还在不断优化纤维的制造工艺，以精确控制中空部分的直径、长度和形状，使其更好地模仿北极熊毛发的结构特点，进一步提升其保暖性能。

仿生结构设计

当然，仅仅研发出具有类似结构的纤维材料还不够，衣物的整体结构设计同样至关重要。科学家从北极熊毛发的排列方式和分布特点中获得灵感，对衣物的结构进行了创新设计。

北极熊毛发紧密而有序地覆盖在身体表面，形成了多层保暖结构。在设计仿生衣物时，也采用了多层复合结构。最内层通常采用柔软、亲肤且具有良好吸湿性的面料，能够迅速吸收人体散发的汗液，并将其传导至外层；中间层则是由具有中空结构的纤维材料制成的保暖层，负责储存空气，阻挡热量散失；最外层则选用防风、防水的面料，防止外界冷空气和湿气的侵入。这种多层复合结构的衣物，能够像北极熊毛发一样，为人体提供全方位的保暖保护。

在户外滑雪服的设计中，就采用了这种多层结构。内层的吸湿面料能够让滑雪者在运动过程中保持干爽，避免因汗水浸湿衣物而产生寒冷感；中间层的中空纤维保暖层能够有效地储存热量，使得滑雪者即使在寒冷的高山环境中，也能感受到温暖；外层的防风防水面料则能抵御风雪的侵袭，以确保滑雪者在恶劣天气条件下的舒适度和安全性。

此外，衣物的版型设计也借鉴了北极熊身体的轮廓。北极熊身体圆润，毛发在身体各个部位的分布均匀且贴合，所以在设计保暖衣物时，尽量采用修身而不紧身的版型。这样既能保证衣物与身体之间有一定的空气层，又不会因过于宽松而导致空气对流加速，从而减少热量散失。

应用领域

这种衣物在日常生活中具有广泛的应用前景。在户外运动领域，这类衣物为登山者、滑雪者、探险爱好者等提供了可靠的保暖保障（图 5-1-3）。在寒冷的高山环境中，一件轻盈保暖的仿生衣物能够让登山者在减轻负重的同时，保持身体温暖，提高运动效率，降低因寒冷而导致的身体损伤风险；在日常生活中，这类衣物也备受消费者青睐。在寒冷的冬季里无论是早晚通勤，还是户外活动，人们都希望能够穿着既保暖又轻便的衣物。仿北极熊毛发的衣物正好满足了这一需求，它们不仅能够提供出色的保暖性能，还不会给穿着者带来沉重的负担，让人们在寒冷天气中也能行动自如。

▲ 图 5-1-3 北极熊毛发仿生保暖技术应用于滑雪服

未来发展

尽管目前此类研究已经取得了显著进展，但在这一领域的研究仍具有一定的发展空间。

在材料科学方面，科学家将继续探索新型材料，进一步优化纤维的结构和性能。例如，研发具有更高效隔热性能的纳米材料，并将其应用于衣物纤维的制造中。同时，也将致力于开发更加环保、可持续的材料，以减少对环境的影响；在智能技术方面，将智能传感器与仿生衣物相结合，实现对衣物保暖性能的智能调节也是研究的重点。通过传感器实时监测人体的体温、环境温度和湿度等参数，衣物能够自动调整保暖层的工作状态，提供最适宜的保暖效果。例如，当人体运动产生大量热量时，衣物能够自动调节散热，避免过热；当人体静止或环境温度降低时，衣物又能增强保暖性能。

仿北极熊毛发衣物的面世，为我们在寒冷天气下的生活和活动带来了极大的便利。随着技术的不断发展和创新，相信这类仿生衣物将在未来发挥更加重要的作用，为我们创造更加方便、舒适和美好的生活。

5.1.2 能够自动保持凉爽的衣物

在衣物保暖功能提高的基础上，人们对衣物的需求已不再局限于此了。随着全球气候变暖趋势的加剧，能够保持凉爽的衣物成了人们梦寐以求的产品。大自然历经数亿年的进化，赋予了许多生物独特的散热机制，这些为科学家和设计师提供了丰富的灵感，推动了能自动保持凉爽的仿生衣物的研发与创新。

植物蒸腾散热

植物在炎热的环境中，能够通过蒸腾作用来调节自身温度。以叶片为例，水分从叶片表面的气孔中蒸发，带走热量，从而使植物保持凉爽。

科研人员受此启发，研发出一种具有类似蒸腾功能的织物。这种织物表面分布着大量微小的孔隙，类似于植物的气孔。在高温环境下，衣物内部的水分会通过这些孔隙蒸发到外界。在蒸发过程中，水分吸收周围环境的热量，包括人体散发的热量，从而实现降温效果。为了进一步提高水分的蒸发效率，研究人员还对织物的材质进行了特殊处理，使其具有良好的吸水性和导水性，能够快速将水分输送到表面的孔隙处。

一些户外运动品牌推出的高性能运动衫，就采用了这种基于植物蒸腾原理的仿生技术（图 5-1-4）。运动员在剧烈运动过程中会大量出汗，这种衣物能迅速吸收大量汗水，并通过织物表面的孔隙将其蒸发出去，使运动员的衣服始终保持干爽和凉爽，避免因过热而影响运动表现。据测试，穿着这种仿生运动衫的运动员，在相同运动强度和环境条件下，体表温度比穿着普通运动衫的运动员要低 2 ～ 3 ℃。

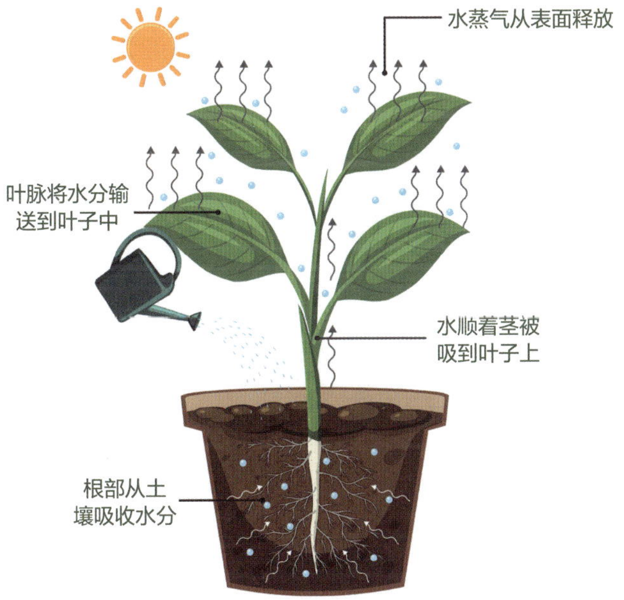

▲ 图 5-1-4　植物的蒸腾作用

耳廓狐的散热

在极端炎热的沙漠环境中，普通的散热功能已经无法满足动植物的生存

▲ 图 5-1-5　沙漠中的耳廓狐

了，生活在其中的一些动物就进化出了独特的散热方式。以耳廓狐为例，它拥有一对巨大的耳朵，耳朵表面布满了丰富的血管，见图 5-1-5。在炎热的白天，耳廓狐通过扩张耳朵血管，增加血液流量，将体内的热量快速传递到耳朵表面，然后通过空气对流将热量散发出去。

科学家模仿耳廓狐的耳朵结构，设计出一种新型的散热衣物。这种衣物在肩部、背部等容易积聚热量的部位，嵌入了特殊的散热片。散热片由高导热材料制成，内部设计有类似血管的微通道结构。当人体温度升高时，血液流经这些微通道，热量迅速传递到散热片表面。同时，散热片的表面积较大，且表面经过特殊处理，具有良好的散热性能，能够快速将热量散发到周围空气中。

在此基础上，科学家为了提高散热效率，还在衣物中加入了智能调节系统。该系统能够根据人体的实时温度和环境温度，自动调节散热片的工作状态。当人体温度过高时，系统会增大散热片的散热面积，加快空气流通速度；当温度降低到适宜范围时，系统则会降低散热强度，以避免人体过度散热。

昆虫的散热表面

许多昆虫的体表都覆盖着一层微小的鳞片或突起，这些结构能够改变光线的反射和折射，减少热量的吸收，同时还能促进空气的流动，增强散热效果。例如，蝉的翅膀表面就有一层纳米级的柱状结构（图 5-1-6），这些结构能够有效地散射光线，降低翅膀表面的温度。

科研人员模仿蝉翅膀的结构，开发出一种新型的纺织面料。这种面料表面覆盖着一层由纳米材料制成的微小柱状突起，它们能够改变光线的传播路径，减少衣物对太阳光中红外线的吸收，从而防止衣物因吸收太阳辐射而产生的升温。同时，这些微小的柱状突起还能在衣物表面形成一层薄薄的空气层，起到隔热和促进空气对流的作用，进一步增强了衣物的散热性能。实验表明，穿着这种仿生面料制成的衣物，在阳光直射下，人体感受到的温度明显低于穿着普通面料衣物。而且，这种面料还具有良好的透气性和防水性，能够在保证散热效果的同时，为穿着者提供舒适的穿着体验。

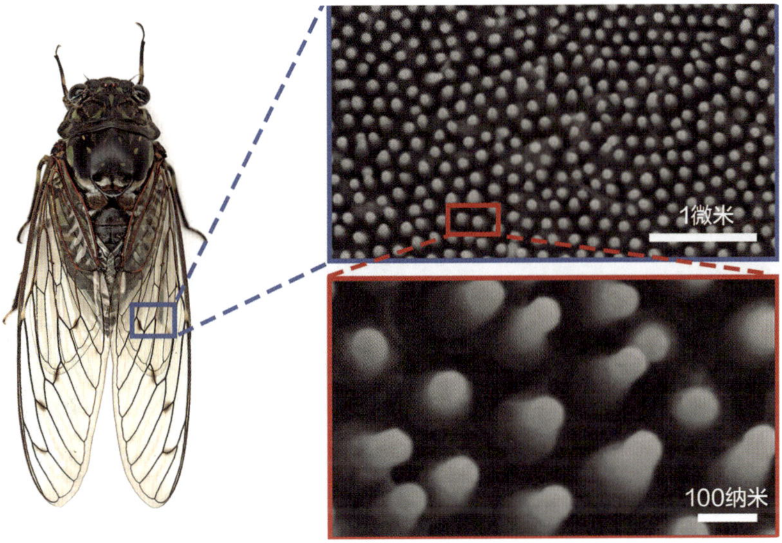

▲ 图 5-1-6 蝉翅膀表面的纳米结构

5.1.3 像荷叶一样自清洁的衣物

荷花自清洁效应

荷花生长于水域之中，它的叶子和花朵表面总是显得异常洁净，即使生长在泥泞的池塘环境中，也很少有灰尘、污垢等杂质附着其上。从外观上看，当水滴落在荷叶上时，水滴会形成近乎完美的球形，并在叶子表面滚动，在滚动的过程中，它会带走叶子表面的灰尘等微小颗粒，使得叶子始终保持干净。

北宋理学家周敦颐的《爱莲说》中提到“予独爱莲之出淤泥而不染”，即“我唯独喜爱莲花，它从淤泥中长出来，却不沾染污秽”，说明古人很早就发现了荷花的自清洁效应。

扫描电子显微镜技术的出现和应用，使得科学家能够在微米、纳米尺度观察荷叶表面的结构，荷叶自清洁的秘密就此揭开。科学家通过扫描电子显微镜的观察，发现荷叶表面有着独特的微观结构（见图 5-1-7）。荷叶表面覆盖着一层蜡质结晶，这些蜡质结晶形成了无数个微小的凸起，其直径为 5～9 微米，这些微小凸起表面又存在着一层纳米结构。

▲ 图 5-1-7　荷叶上的水珠及表面的微纳结构

荷叶表面的微观结构和蜡质层共同作用，使得水分子之间的内聚力远远大于水分子与荷叶表面的附着力。当水滴落在荷叶表面时，由于这种力的不平衡，水滴会尽量保持自身的球形，以减小与荷叶表面的接触面积，从而形成了超疏水的现象。水滴在荷叶表面的滚动角非常小，这意味着水滴只要受到很小的外力（如微风或荷叶自身的轻微晃动），就能够在荷叶表面滚动，从而带走表面的污染物，这种自清洁效应称为荷花效应。

荷花效应启发的自清洁材料

荷花效应为材料科学家提供了一个理想的仿生模型。通过模仿荷叶的微观结构和表面特性，科学家研发了超疏水材料，在多个领域展现其应用前景。

这种材料在建筑领域也有广泛的应用前景，如可以用于建筑外墙的涂层，使得外墙具有自清洁功能，减少灰尘和污染物的附着，从而降低清洗成本并保持建筑外观的整洁。

汽车在行驶过程中会遭受灰尘、泥土、鸟粪等污染物的污染。将荷花效应应用于汽车外壳的涂层，可以使汽车外壳具有自清洁功能。这种自清洁涂层不仅可以降低汽车清洗的频率，还能够提高汽车的外观质量。目前，一些高端汽车品牌已经开始采用这种自清洁涂层技术，当汽车在雨中行驶或者经过简单的喷水冲洗时，表面的污垢就能被轻松去除。同时，路两旁的道路标识牌的清晰度对于交通安全至关重要。但是，标识牌容易被灰尘、雨水污渍等污染而影响其可视性。将自清洁表面技术应用于道路标识牌，可以使其表面不易沾染污垢，保持标识清晰度。特别是在恶劣天气条件下，如暴雨或沙尘天气后，自清洁标识牌能够迅速恢复清晰，有利于驾驶员识别，保障交通安全。

在纺织领域，荷花效应被用于开发具有自清洁功能的功能性服装。户外运动服装经常会接触到泥土、汗水、油脂等污染物。通过在织物表面构建类似荷叶的微观结构或者采用特殊的后整理工艺，使织物表面具有超疏水性能。这样，当服装沾染污垢时，只需简单的抖动或者在小雨中淋一下，污垢就能够被去除，见图 5-1-8。这种自清洁功能不仅提高了服装使用的便利性，还延长了服装的使用寿命。

▲ 图 5-1-8　仿生自清洁衣服

5.1.4 模仿蝙蝠的翼装飞行服

在神秘的大自然中，蝙蝠以其独特的飞行能力，穿梭于黑暗的夜空，展现出令人惊叹的灵活性与机动性。人类对飞行的渴望从未停止，从观察鸟类到研究蝙蝠，不断从这些飞行生物身上汲取灵感。其中，模仿蝙蝠飞行原理而设计的翼装飞行服，成了人类挑战极限、实现飞行梦想的重要装备。

蝙蝠的飞行本领

蝙蝠是能飞行的哺乳动物，其飞行能力的关键在于独特的翼膜结构。蝙蝠的翼膜由皮肤和肌肉组成，连接着身体、四肢和尾巴。这层翼膜薄而坚韧，且具有极高的柔韧性和弹性。当蝙蝠飞行时，通过精确控制翼膜的形状和张力，能够实现各种复杂的飞行动作。而且蝙蝠的翼膜并非简单的平面结构，而是呈现出复杂的三维形态。在飞行过程中，翼膜的不同部位会根据飞行需求进行动态调整：在加速飞行时，蝙蝠会伸展翼膜，增加翼展面积，提高升力；在转弯时，通过改变一侧翼膜的形状和张力，产生不对称的升力，实现快速转向。此外，蝙蝠的翅膀骨骼结构也十分精巧，它们的手指骨细长且灵活，能够为翼膜提供有力的支撑和精确的控制。

不止如此，蝙蝠还拥有一套高度发达的回声定位系统。它们通过发出高频声波，并接收反射回来的声波信号，来感知周围环境中的物体位置、大小和运动状态。这一系统使蝙蝠在黑暗中也能精准地飞行、捕食和躲避障碍物，为其飞行增添了一份神秘的色彩。

像蝙蝠一样的翼装飞行

科学家模仿蝙蝠制成翼装飞行服，在设计上力求还原蝙蝠翼膜的飞行原理。翼装飞行服通常由高强度、轻量化的面料制成，以在保证耐用性的同时，减轻飞行者的负担，见图 5-1-9。其主要部分包括连接双臂与身体两侧的翼膜，以及连接双腿之间的裤裙式翼膜。翼膜的设计是翼装飞行服的核心，这些翼膜采用特殊的纺织材料，具有良好的柔韧性和透气性，同时能够承受较大的拉力。在翼膜的内部，通常会嵌入一些加强纤维，以增强其结构强度。为了实

▲ 图 5-1-9 蝙蝠及穿翼装飞行服的极限运动员

现对飞行姿态的精确控制，翼装飞行服上还配备了各种调节装置。例如，在手臂和腿部的翼膜边缘，设有可调节的绳索或拉链，飞行者可以通过拉动这些装置，改变翼膜的形状和张力，从而实现不同的飞行动作。在飞行服的背部，设置一个小型的降落伞包，这是为了在紧急情况下，确保飞行者的安全。降落伞包的设计经过精心优化，能够在短时间内迅速打开，提供足够的阻力，使飞行者安全降落。此外，翼装飞行服还配备了头盔、护目镜、手套等防护装备，以保护飞行者在高速飞行过程中的安全。

当飞行者穿着翼装飞行服从高处跳下时，空气会迅速填充到翼膜之间，形成一个类似翅膀的空气动力学结构。翼膜的形状和面积能够产生足够的升力，使飞行者在空中保持滑翔状态。与蝙蝠飞行类似，飞行者通过调整身体姿态和翼膜的形状，来控制飞行方向和速度。在飞行过程中，飞行者主要通过身体的倾斜和扭转来实现转向。当飞行者想要向左转弯时，他会将身体向左倾斜，同时拉动左侧翼膜边缘的调节装置，使左侧翼膜的升力减小，右侧翼膜的升力相对增大，从而实现向左转弯的动作。要实现加速或减速，则需要通过改变身体的姿态和翼膜的角度，调整空气阻力和升力的大小。

翼装飞行服最初主要应用于极限运动领域，为勇敢的极限运动员提供了一种独特的飞行体验。翼装飞行被认为是世界上最危险的极限运动之一，它吸引了众多追求刺激和挑战的运动员。在一些大型的极限运动赛事中，翼装飞行表演常常成为焦点，观众惊叹于飞行者在空中的精彩表演。

随着技术的不断发展，翼装飞行服的应用范围也逐渐扩大。在军事领域，翼装飞行服可以为特种部队提供一种高效的渗透和突袭方式。特种部队成员可以穿着翼装飞行服，从高空快速接近目标区域，实现隐蔽、快速的作战行动。在救援领域，翼装飞行服也具有潜在的应用价值。例如，在山区或偏远地区发生紧急情况时，救援人员可以穿着翼装飞行服迅速抵达现场，展开救援工作。

然而，翼装飞行服的发展和应用也面临着诸多挑战。首先，安全问题是最大的挑战。由于翼装飞行的速度较快，且对飞行环境和操作技巧要求极高，一旦出现失误，后果不堪设想。尽管翼装飞行服配备了降落伞等安全装置，但在实际飞行中，仍存在一定的风险。其次，翼装飞行服的性能还有待进一步提高。目前的翼装飞行服在飞行稳定性、续航能力等方面还存在一些不足，需要通过不断的技术创新来加以改进。

未来，翼装飞行服有望在多个方面取得更大的突破。在材料方面，科学家正在研究开发新型的智能材料，这些材料能够根据飞行环境和飞行者的需求，自动调整翼膜的形状和性能。例如，一些具有形状记忆功能的材料，可以在不同的温度和压力条件下，自动恢复到预定的形状，从而提高飞行服的适应性和飞行性能；在飞行控制技术方面，随着人工智能和传感器技术的发展，未来的翼装飞行服可能会配备更加先进的飞行控制系统。这些系统可以通过传感器实时监测飞行者的身体状态、飞行环境和飞行姿态，并根据预设的算法自动调整飞行服的参数，实现更加精确、安全的飞行控制。

此外，随着人们对飞行需求的不断增加，翼装飞行服的应用领域也将进一步拓展。除了极限运动、军事和救援领域，翼装飞行服可能还会在旅游、娱乐等领域得到更广泛的应用，为人类的生活带来更多的惊喜和欢乐。

5.2 日常用品上的仿生

在日常生活用品中，仿生学的应用同样不胜枚举。它以自然智慧为蓝本，为我们带来了诸多便利。

人们受藤壶令人惊叹的附着能力启发，致力于研发出一种具有超强黏合性能的胶水。这种源于藤壶启发的超强胶水，正逐渐在多个领域展现出巨大的应用价值，为我们的生活带来了诸多便利。除此之外，受草籽表面小钩子启发创造的全新的固定方式维可牢尼龙搭扣、充分借鉴了贝壳的结构特点和材料特点更稳固的快递箱子、仿飞蛾眼睛解决眼镜起雾这一困扰人们已久的问题等都是日常用品中仿生学的应用。

这些仿生日常用品，从细微之处入手，切实地提升了生活品质，让我们真切感受到自然智慧为生活带来的便利。

5.2.1　受藤壶启发的超强胶水

藤壶的超强附着现象

在浩瀚的海洋世界中，藤壶这种看似不起眼的生物，却拥有着令人惊叹的附着能力。它们能够牢固地黏附在各种物体表面，无论是礁石、船底，还是海洋生物的身体上，历经海浪的冲击和海水的侵蚀，依然附着力强劲。

藤壶属于节肢动物，其外壳坚硬，常密集地聚集在一起。藤壶幼虫会分泌一种特殊的黏性物质，这种物质中含有多种蛋白质和多糖成分，这些成分相互作用，形成了一种极其强大的黏合剂。

藤壶分泌的胶水不仅具有强大的黏附力，还能够在潮湿的海洋环境中迅速固化。这是因为其胶水中含有特殊的酶，这些酶能够在海水中的矿物质离子的催化下，发生一系列化学反应，使得胶水在短时间内从液态转变为固态，从而牢牢地将藤壶固定在物体表面。更重要的是，藤壶胶水的黏附性能不受海水酸碱度和温度变化的影响，这使藤壶能够在各种复杂的海洋环境中生存。

藤壶胶水的启发

研究发现，藤壶胶水的黏附原理与传统胶水有着本质的区别。传统胶水通常是通过分子间的作用力（范德华力）或化学键来实现黏合，而藤壶胶水则是通过在物体表面形成一种复杂的纳米级结构，实现机械锚固和化学黏合的双重作用（图 5-2-1）。而且藤壶胶水中的蛋白质分子能够与物体表面的原子或分子形成化学键，同时胶水在固化过程中会形成许多微小的突起和凹陷，这些微观结构与物体表面相互嵌合，大大增强了其黏附力。

科学家为了揭开藤壶附着的奥秘，以研发出类似性能的胶水，进行了长期而艰苦的研究。早期，研究人员主要集中在对藤壶胶水成分的分析上。他们通过先进的化学分析技术，逐步确定了藤壶胶水中各种蛋白质和多糖的结构和功

▲ 图 5-2-1 石头上附着的藤壶及其黏附原理示意图

能。然而，仅仅了解藤壶胶水的成分还远远不够，如何将这些成分人工合成，并使其具备与天然藤壶胶水相同的性能，成了巨大的挑战。

随着生物技术和材料科学的不断发展，科学家逐渐取得了突破。他们利用基因工程技术，成功地克隆出了藤壶胶水中关键蛋白质的基因，并将其导入微生物进行表达。通过这种方法，生产出了大量具有活性的藤壶胶水蛋白质。同时，研究人员还对胶水的配方和制备工艺进行了优化，以提高胶水的稳定性和黏附性能。

在研发过程中，科学家也面临着诸多难题。例如，如何使人工合成的胶水在潮湿环境中迅速固化，并且保持长期的稳定性。为了解决这一问题，他们借鉴了藤壶胶水中酶催化固化的原理，引入了一种特殊的催化剂。这种催化剂能够在潮湿环境中迅速引发胶水的固化反应，同时不会影响胶水的性能。经过无数次的实验和改进，科学家终于成功研发出了一种性能卓越的超强胶水，它在黏附力、耐水性和稳定性等方面都达到了甚至超越了天然藤壶胶水的水平。

超强胶水的应用

在医疗领域，超强胶水展现出了巨大的潜力。传统的缝合线和伤口敷料在某些情况下存在一定的局限性，如可能引发感染、留下疤痕等。而超强胶水可以作为一种新型的伤口闭合材料，用于替代传统的缝合线。它能够迅速黏合伤口边缘，促进伤口愈合，减少感染的风险。同时，由于胶水的黏合作用是在分子水平上进行的，不会对周围组织造成额外的损伤，因此可以大大减少疤痕的形成（图5-2-2）。此外，超强胶水还可以用于医疗器械的制造，如将传感器和芯片等微小部件牢固地黏附在医疗器械表面，提高器械的性能和可靠性。

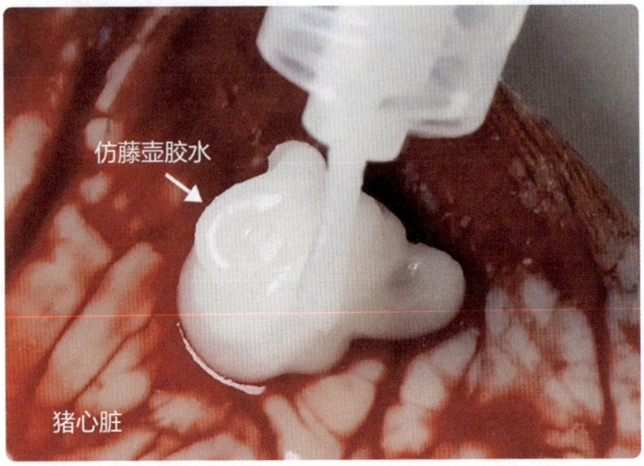

▲ 图 5-2-2　仿藤壶胶水可使猪心脏伤口快速止血

在电子领域，随着电子产品的不断小型化和集成化，对胶水的黏合性能提出了更高的要求。超强胶水能够满足这一需求，它可以用于芯片封装、电路板组装等工艺中。在芯片封装过程中，需要将芯片与基板牢固地连接在一起，同时要保证连接的可靠性和稳定性。超强胶水能够在微小的空间内实现高强度的黏合，确保芯片在各种复杂环境下能够正常工作。此外，在柔性电子产品的制造中，超强胶水还可以用于黏合柔性材料，使其具有良好的柔韧性和耐用性。

在日常生活中，超强胶水也能为我们带来诸多便利。在家具维修和制作中，使用超强胶水可以快速修复破损的家具部件，并且黏合效果持久；在手工制作中，超强胶水可以帮助我们将各种材料牢固地黏合在一起，创造出精美的手工艺品；在汽车维修、航空航天等领域，超强胶水也都有着潜在的应用价值。

藤壶启发的超强胶水作为一种具有创新性的材料，未来有着广阔的发展前景。随着科技的不断进步，科学家将继续对胶水的性能进行优化和改进，使其在更多领域得到应用。研究人员正在探索如何进一步提高胶水的黏附力和耐温性能，以满足航空航天等高端领域的需求。同时，他们也在致力于开发更加环保、无毒副作用的胶水配方，以减少对环境和人体的危害。

5.2.2 受牛蒡毛刺启发的维可牢尼龙搭扣

在生活中，一些看似平常的现象往往蕴含着巨大的创新灵感。维可牢尼龙搭扣，也常被称为魔术贴，广泛应用于日常生活中，其发明便源于对牛蒡毛刺的观察。它以独特的方式改变了我们的生活，无论是在服装、箱包，还是在医疗、航空航天等专业领域，都发挥着不可或缺的作用。

牛蒡毛刺上的发现

20 世纪 40 年代，瑞士工程师乔治·德·梅斯特拉尔在一次狩猎途中，发现自己和爱犬身上沾满了牛蒡毛刺。这些毛刺很难从衣物和毛发上摘除，引起了他极大的好奇心。回家后，乔治借助显微镜仔细观察这些草籽，发现毛刺表面布满了细小的钩子，正是这些钩子紧紧地钩住了衣物和毛发上的纤维。这一发现让乔治脑洞大开，他想是否可以利用这种原理，创造出一种全新的固定方式。经过多年的研究和试验，乔治尝试了多种材料和设计，最终成功发明了维可牢尼龙搭扣。这种搭扣由两部分组成，一部分是带有细小钩子的尼龙带，另一部分是带有环状结构的尼龙带，当两者相互接触时，钩子就会与环状结构紧密咬合，从而实现牢固的连接，见图 5-2-3。

▲ 图 5-2-3　牛蒡毛刺及维可牢尼龙搭扣示意图

方便的维可牢尼龙搭扣

维可牢尼龙搭扣的设计巧妙地模仿了牛蒡毛刺的微观结构。其钩子部分通常由高强度的尼龙材料制成，钩子的形状和尺寸经过精心设计，具有良好的弹性和韧性。这些钩子非常细小，肉眼几乎难以分辨，但它们却能够轻松地钩住与之匹配的环状结构。环状结构部分同样采用尼龙材料，其质地柔软且具有一定的弹性。当钩子与环状结构相互接触时，钩子会通过弹性变形进入环状结构内部，并在摩擦力的作用下紧紧咬合。这种连接方式不仅牢固可靠，而且操作简单，只需轻轻一按即可完成连接，拉开时也只需施加一定的拉力。

与传统的纽扣、拉链等固定方式相比，维可牢尼龙搭扣具有明显的优势。纽扣和拉链在使用时需要一定的技巧和时间，而且容易损坏。而维可牢尼龙搭扣则无须复杂的操作，能够快速实现连接和分离，大大提高了使用效率。此外，维可牢尼龙搭扣还具有良好的耐用性，经过多次反复使用后，其连接性能依然能够保持稳定。这种维可牢尼龙搭扣的应用直至目前仍然较广泛。

应用领域

在服装领域，维可牢尼龙搭扣的应用极为广泛。它常常被用于外套、裤子、鞋子等的固定。许多户外运动服装采用维可牢尼龙搭扣来代替传统的拉链或纽扣，方便穿着者在运动过程中快速穿脱。在儿童服装中，维可牢尼龙搭扣也备受青睐，它不仅方便孩子自己穿脱衣物，还能避免拉链夹伤孩子的皮肤。此外，一些时尚设计师还将维可牢尼龙搭扣作为一种时尚元素融入服装设计，通过不同颜色和形状的搭扣搭配，为服装增添了独特的个性。

在箱包的设计中，维可牢尼龙搭扣同样发挥着重要作用。它被广泛应用于背包、手提包、行李箱等的封口和调节带部分。在背包上，维可牢尼龙搭扣可以用于固定背包的盖子，确保物品不会掉落。同时，它还可以用于调节背包肩带的长度，使背包更加贴合使用者的身体，减轻肩部负担。在行李箱上，维可牢尼龙搭扣可以用于固定行李箱的扩展层，增加行李箱的容量。而且，与传统的锁扣相比，维可牢尼龙搭扣更加方便快捷，无须钥匙即可打开和关闭。

在家居用品中，维可牢尼龙搭扣也有诸多应用。例如，在窗帘的安装中，使用维可牢尼龙搭扣可以轻松地将窗帘固定在窗帘杆上，而且可以根据需要随时调整窗帘的位置。在沙发垫、抱枕等的固定上，维可牢尼龙搭扣也能派上用场，它可以防止垫子和抱枕在使用过程中移位。此外，一些家居收纳用品，如收纳盒、收纳袋等，也常常采用维可牢尼龙搭扣来实现封口，方便物品的存放和拿取。

在医疗领域，维可牢尼龙搭扣被广泛应用于医疗器械和医疗用品中。例如，在绷带和伤口敷料的固定上，维可牢尼龙搭扣可以实现牢固且舒服的固定效果（见图 5-2-4）。与传统的绷带固定方式相比，使用维可牢尼龙搭扣可以减少对患者皮肤的刺激，同时方便医护人员对伤口进行换药和观察。在一些康复辅助器具中，如假肢、矫形器等，维可牢尼龙搭扣也被用于固定和调节，帮助患者更好地使用这些器具。

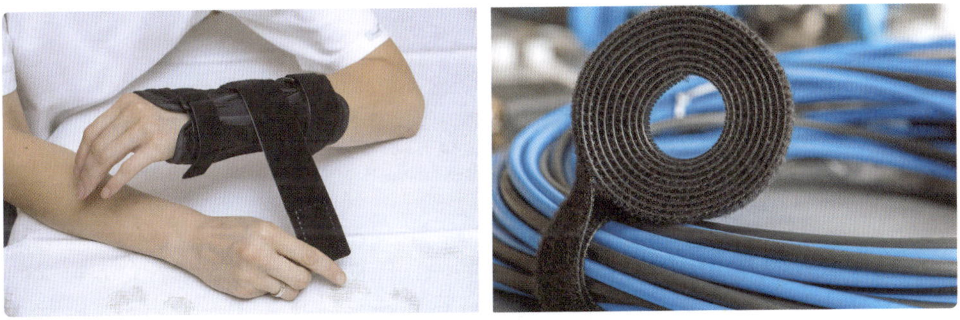

▲ 图 5-2-4 维可牢尼龙搭扣在多个领域的应用

在航空航天领域，维可牢尼龙搭扣的应用也十分关键。由于其具有重量轻、连接可靠等特点，被广泛应用于飞机和航天器的内饰、设备固定等方面。在飞机的座椅设计中，维可牢尼龙搭扣可以用于固定座椅套和调节座椅的位置。在航天器的舱内设备安装中，维可牢尼龙搭扣可以确保设备在飞行过程中不会因震动和加速度而移位，保证了设备的正常运行和飞行安全。

在汽车领域，维可牢尼龙搭扣同样有着重要的应用。它可以用于汽车内饰的固定，如座椅套、脚垫、遮阳板等的固定。使用维可牢尼龙搭扣可以使内饰的安装更加方便快捷，同时也便于后期的拆卸和清洗。此外，在汽车的发动机舱内，一些零部件的固定也采用了维可牢尼龙搭扣，它可以在保证连接牢固的同时，减轻零部件的重量，提高汽车的性能。

自发明以来，维可牢尼龙搭扣就不断被发展和创新。随着材料科学和制造工艺的不断进步，维可牢尼龙搭扣的性能得到了显著提升。在材料方面，除了传统的尼龙材料，一些新型的高性能材料也被应用于维可牢尼龙搭扣的制造中，使其具有更好的耐磨性、耐腐蚀性和耐高温性能；在制造工艺方面，先进的生产设备和技术使得维可牢尼龙搭扣的钩子和环状结构更加精细，连接性能更加稳定。

随着智能家居、可穿戴设备等新兴产业的发展，维可牢尼龙搭扣可以作为一种便捷的连接方式应用于这些产品中。在智能家居设备的安装和固定中，维可牢尼龙搭扣可以实现快速安装和拆卸，方便用户对设备进行维护和更换；在可穿戴设备中，维可牢尼龙搭扣可以用于固定设备的表带、背带等，提高设备的佩戴舒适性和稳定性。此外，随着环保意识的不断提高，研发更加环保的维可牢尼龙搭扣也将成为未来的发展方向。科学家正在探索使用可降解材料来制造维可牢尼龙搭扣，以减少对环境的影响。

5.2.3 飞蛾眼睛上的秘密让眼镜不起雾

在自然界的万千生物中，飞蛾毫不起眼，然而其眼睛却隐藏着令人惊叹的秘密。科学家发现，飞蛾的眼睛在潮湿环境中能始终保持清晰，不会起雾，这一特性为解决眼镜起雾这一困扰人们已久的问题带来了新的曙光。如今，基于飞蛾眼睛奥秘研发的防雾眼镜，正逐渐走进人们的生活，以及深刻改变着相关产品的设计与应用。

雾气中飞行的飞蛾

飞蛾眼睛是大自然精妙设计的杰作。从宏观上看，飞蛾的复眼由众多小眼紧密排列组成，这赋予了它们广阔的视野，有助于在黑暗中敏锐地感知周围环境。但真正让科学家着迷的是飞蛾眼睛微观层面的结构。在高倍显微镜下，飞蛾眼睛表面呈现出一种极为特殊的纳米级结构。其角膜表面布满了密密麻麻的微小突起，这些突起高度有序地排列着，形状类似于圆锥体，每个圆锥体的高度为200～500纳米，直径则为50～150纳米。相邻圆锥体之间的间距非常小，仅为几十纳米。这种独特的纳米结构，使得飞蛾眼睛的表面极为粗糙，与我们常见的光滑表面截然不同。

在潮湿的环境中，当水蒸气遇到物体表面时，通常会发生凝结现象，形成小水滴，这就是我们常见的起雾现象。而飞蛾眼睛的纳米级圆锥体结构，能够有效地阻止这种凝结现象的发生，见图 5-2-5。

一方面，这些微小的圆锥体结构极大地增加了眼睛表面的表面积。当水蒸气接触到飞蛾眼睛表面时，由于表面积的增大，水蒸气分子会更均匀地分散在其表面，难以聚集形成较大的水滴。另一方面，圆锥体之间极小的间距使得水蒸气分子在表面形成的水膜非常薄，几乎是单分子层的厚度。这种超薄的水膜不会对光线产生散射作用，因此不会影响飞蛾眼睛的视觉清晰度，也就达到了防雾的效果。

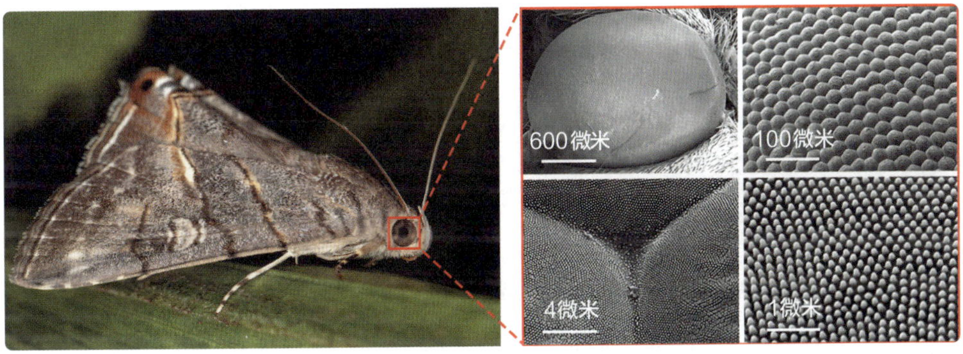

▲ 图 5-2-5 飞蛾眼睛的扫描电镜图像

此外，飞蛾眼睛表面还存在着一层特殊的蛋白质，这种蛋白质具有亲水性，能够吸引水蒸气分子，使其更均匀地分布在眼睛表面，进一步增强了防雾性能。综合这些因素，飞蛾眼睛在各种潮湿环境下都能保持视野清晰，为它们在夜间飞行和生存提供了有力保障。

科学家对飞蛾眼睛防雾特性的研究并非一蹴而就，而是经历了漫长而艰辛的探索过程。最初，科学家只是观察到飞蛾在雾气弥漫的环境中依然能够自如飞行，眼睛始终保持清晰。随后，科学家开始运用各种先进的显微镜技术，对飞蛾眼睛的结构进行深入研究。在研究过程中，科学家也面临着诸多挑战。首先，飞蛾眼睛的纳米结构非常微小，需要使用高分辨率的电子显微镜才能清晰观察到。而且，对这些微小结构的精确测量和分析也需要极其精密的仪器和复杂的技术手段。其次，要深入理解飞蛾眼睛的防雾原理，需要综合运用物理学、化学、生物学等多学科知识，进行跨学科的研究。经过多年的努力，科学家终于逐渐揭开了飞蛾眼睛防雾的奥秘。他们不仅详细解析了飞蛾眼睛的纳米结构，还通过实验验证了其防雾原理。这些研究成果为后续防雾技术的开发奠定了坚实的理论基础。

防雾的眼镜

在掌握了飞蛾眼睛的防雾原理后，科学家开始着手将这一自然智慧应用到眼镜制造领域。研发人员通过特殊的工艺，在眼镜镜片表面制造出与飞蛾眼睛类似的纳米结构。他们采用了纳米压印技术、光刻技术等先进的微纳加工方法，在镜片表面精确地复制出微小的圆锥体结构，使其具备与飞蛾眼睛相似的防雾性能（图 5-2-6）。

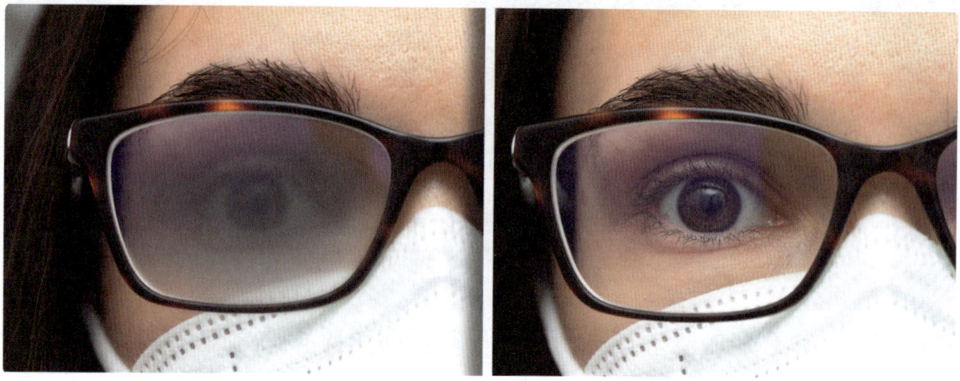

▲ 图 5-2-6 普通眼镜与防雾眼镜

这种基于飞蛾眼睛原理的防雾眼镜一经推出，便受到了广泛关注。

在日常生活中，对于那些需要佩戴眼镜的人来说，眼镜起雾是一个常见的问题。无论是在寒冷的冬天从室外进入室内，还是在浴室、厨房等潮湿环境中，眼镜镜片都会迅速起雾，严重影响人们的视线。而佩戴防雾眼镜后，这些问题迎刃而解。

在医疗领域，防雾眼镜也发挥着重要作用。医生在进行手术时，需要时刻保持清晰的视野，眼镜起雾可能会对手术操作造成严重影响。防雾眼镜的应用，确保了医生在手术过程中能够始终清晰地观察手术部位，提高了手术的安全性和成功率。

在工业生产中，工人在一些高温、潮湿的环境下工作，佩戴的护目镜也容易起雾，这不仅影响工作效率，还可能带来安全隐患。防雾眼镜的出现，为工人提供了清晰的视野，保障了其工作的顺利进行。

随着人们生活品质的不断提高，以及各行业对清晰视觉需求的增加，防雾眼镜市场前景广阔。目前，已经有多家知名眼镜品牌推出了基于飞蛾眼睛原理的防雾眼镜产品，各大品牌在产品研发上不断加大投入力度，致力于提高防雾眼镜的性能和质量。除了在镜片的纳米结构设计上不断优化，还在材料选择、镜框设计等方面进行创新。一些品牌推出了具有抗菌功能的防雾眼镜，能够有效抑制镜片表面细菌的滋生，为用户提供更健康的使用体验；还有一些品牌则注重镜框的舒适性和时尚性，满足不同用户的个性化需求。同时，随着市场需求的增长，一些新兴的眼镜制造企业也涉足了防雾眼镜领域。这些企业凭借创新的技术和灵活的市场策略，在市场竞争中崭露头角。可以预见，未来防雾眼镜市场将呈现百花齐放的局面，产品种类和性能将不断丰富和提升。

5.2.4 受贝壳启发的超强玻璃

玻璃窗和玻璃幕墙因其卓越的美观性和高透光性，广泛应用于现代建筑中，它们能够让大量自然光射入室内，创造出明亮宜人的空间。然而，玻璃的脆性也使其在环境温度变化或受到机械冲击时容易破裂，缩短使用寿命，甚至可能带来安全隐患。因此，科学家和工程师探索如何借鉴自然界中的坚固结构，尤其是贝壳的结构特性，来设计更安全、更耐用的玻璃材料。

贝壳的“砖－泥”结构

贝壳是贝类动物的外壳，它不仅是它们的保护屏障，还具有极高的强度和韧性。贝壳的独特结构赋予了它在自然界中出色的防御能力。贝壳的基本组成成分是碳酸钙和少量的有机基质，这两种材料的合理搭配，使得贝壳具备了优异的抗压强度和抗冲击性能（见图 5-2-7）。贝壳的内部结构可分为三层：最外层是角质层，薄且坚硬，主要起到保护作用；中间层是棱柱层，由排列紧密的柱状碳酸钙晶体构成，具备一定强度；最内层是珍珠层，由无数微小的碳酸钙薄片交错排列，这些薄片之间被有机基质黏合在一起，形成了“砖－泥”结构。

这种“砖－泥”结构具有独特的能量吸收能力。当外力作用在贝壳上时，碳酸钙薄片像砖块一样相对滑动，从而分散冲击力，避免破裂。同时，贝壳的表面纹理和微小的突起也有助于增强其强度，提供额外的防护。

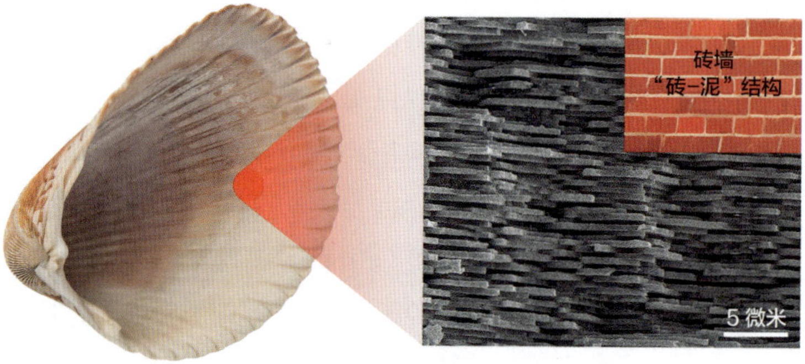

▲ 图 5-2-7　贝壳珍珠层的“砖－泥”结构

受自然启发，超越自然

通过研究贝壳的结构，科学家发现其珍珠层在低速或准静态的冲击下，能够有效地通过“砖－泥”结构的滑动机制来吸收和耗散冲击能量。然而，当冲击速度加快时，贝壳的抗冲击能力会受到限制，这时传统的“砖－泥”结构无法充分发挥其优势。

为了解决这一问题，科学家借助现代材料科学的发展，结合了“贝壳结构”与“剪切变硬材料”两种技术。剪切变硬材料在受到冲击时，会显示出随着冲击速度的增加而增强的强度，这种应变率增强效应，能够有效地应对高速冲击。

通过将贝壳的“砖－泥”结构与剪切变硬材料的特性结合，科学家创造了一种新型的仿生复合玻璃。这种复合材料不仅继承了贝壳结构在低速冲击下的优越性能，还在高速冲击下展现出出色的能量吸收能力。力学仿真分析表明，仿贝壳结构面板能够促进剪切变硬材料在更大范围内发生损伤，进而进一步分散冲击能量。这种结构协同作用的效果超过了单一材料的性能表现，表现出了“1+1>2”的效果，使得复合玻璃在各类冲击条件下表现得更加坚韧。

除了抗冲击能力，这种仿生复合玻璃还具有优异的隔热性能。贝壳结构通过特殊的“砖－泥”排列方式，有效地降低了热量的传导，而与低热导率的剪切变硬材料结合，进一步提高了隔热效果。与传统的块体玻璃、夹层玻璃或中空玻璃相比，仿生复合玻璃在透明性、轻质性、抗冲击性和隔热性等多个方面展现出了更优越的综合性能。

这种创新型玻璃材料不仅可以应用于建筑行业，还能在汽车、航空等领域展现出巨大的潜力。通过模仿大自然的设计，科学家创造出了更安全、更环保、更高效的未来材料。

6 仿生学的未来展望

随着科技的不断进步，仿生学也在不断发展。过去，我们模仿自然界中生物的结构和功能，研发了许多突破性的技术。如今，仿生学正与人工智能深度融合，进入了一个全新的时代。未来的仿生学不仅仅是模仿，它更是与智能技术、可持续发展紧密相连，为我们开启了前所未有的创新空间。

本章将探讨仿生学未来的发展趋势。我们将看到，如何将仿生学与人工智能结合，创造出智能仿生机器人和仿生神经网络；同时，也将讨论仿生学在道德和环境层面可能带来的挑战，如何实现科技与自然的和谐共生。最后，我们还将给出一点建议，介绍一些仿生学资源，让每一个对仿生学感兴趣的人，力争成为这场变革的探索者与实践者。

6.1 仿生学与人工智能的融合

6.1.1 智能仿生机器人

智能仿生机器人，是科学与艺术交织的结晶，也是人类对自然奥秘的深刻解读与追求。从微小的昆虫到辽阔海洋中的生物，从轻盈翱翔的鸟类到灵巧的灵长类动物，大自然赋予生命的每一个细节，都成了工程师与科学家灵感的源泉。仿生机器人以其精巧的设计、智能的行为和对生物特性的精准模拟，正逐步打破机械与生命的界限，为人类描绘出一个充满想象力的未来。

在智能仿生机器人的世界里，每一个动作都蕴含着深厚的科学知识与精密的技术。从机械骨骼的灵活性到传感系统的敏锐度，从自主学习算法到人机交互的自然性，这些技术让仿生机器人不仅仅是工具，更成为一种智慧的延伸。他们可以在极端环境中协助人类完成高风险任务，可以融入人类社会辅助医疗、教育，也可以成为人类探索未知领域的先锋。

更令人惊叹的是，这些机器人并不是单纯地复制生物，而是以更高的智能与适应性超越自然的局限。他们在行动中优雅敏捷，在决策中高效可靠，既承载了人类对生物行为的模仿，又开辟了对未来智能生活的全新探索。智能仿生机器人，是现代科技对生命之美的致敬，更是人类对未来智慧世界的无畏追寻。

智能仿生机器人的定义与发展

智能仿生机器人的特性

智能仿生机器人是融合了仿生学与人工智能的高科技系统，旨在模拟生物的形态、行为和功能，同时具备自主感知、决策与执行能力。这类机器人通过仿生设计模仿自然界中的生物特征，如动物的运动方式、感知机制和行为模式，并结合现代工程技术和智能算法，使其在复杂环境中完成特定任务（图 6-1-1）。

▲ 图 6-1-1　仿蜘蛛机器人

其核心特性包括以下几方面。

仿生性：通过对生物结构和机能的研究，仿生机器人能够模仿自然界生物的动作、灵活性和适应性，如飞行、爬行或水下运动。

智能性：基于传感器、人工智能算法和数据处理系统，这些机器人可以感知环境、学习经验，并作出自主决策，甚至适应动态变化的环境。

交互性：智能仿生机器人通常具备与人类或其他系统进行交互的能力，如通过语言、手势或视觉信息进行有效沟通。

智能仿生机器人广泛应用于多个领域，包括医疗康复、工业制造、军事侦察、环境监测和教育娱乐等，不仅体现了对自然的模仿，也推动了技术与生物学的深度融合，展现出科技创新对社会与生态发展的巨大潜力。

智能仿生机器人的发展

智能仿生机器人，作为科技与生物学的交汇点，正以前所未有的速度推动着科技的前沿。它们仿佛是大自然赋予人类的另一双“眼睛”和“手”，在模仿生物形态与行为的基础上，融合人工智能、先进材料和精密控制技术，演绎出一幅生动的科技画卷。从初期机械化的简单模仿，到如今具备自主决策和灵活适应能力的高智能系统，智能仿生机器人无疑成了人类探索自然、超越自我的重要工具。

（1）初期发展阶段

智能仿生机器人最初的研究集中在基础机械仿生领域，主要聚焦于生物运动的简单仿真。在这一阶段，仿生机器人多通过机械驱动模仿昆虫、爬行动物等低级生物的运动模式，如行走、跳跃、爬行等。这一阶段研究重点是生物运动的原理，通过机械装置实现类似的动作。

（2）传感与感知技术的发展

随着传感器技术和计算机视觉技术的发展，仿生机器人逐渐具备了更加复杂的感知能力。通过集成视觉、听觉、触觉等多模态传感器，机器人能够实时感知其周围环境，并做出适应性响应。这一进展使仿生机器人能够实现避障、目标识别、导航等功能，从而可以在动态且复杂的环境中执行任务。此外，人工智能中的深度学习与模式识别技术进一步增强了机器人的环境理解和决策能力，使其能够模拟生物感知系统的复杂性与灵活性。

（3）自主决策与控制系统的进步

控制系统和决策算法的不断优化，使得仿生机器人能够实现更加自主的行为。基于深度学习、强化学习等先进算法，仿生机器人不仅能够依靠预定的规则进行简单操作，还能够根据环境反馈进行自主学习和优化决策。例如，仿生机器人可以根据外部环境的动态变化、任务需求等因素进行路径规划、任务分配及实时调整。此类算法的引入使得仿生机器人具备了更高层次的智能化，能够进行更复杂的动作协调和任务执行。

（4）材料创新与生物机理的融合

随着软体机器人和柔性材料技术的发展，仿生机器人在生物机理模拟方面取得了突破性进展。通过利用具有高柔性和可变形特性的智能材料，如软性驱动器、仿生肌肉等，仿生机器人可以更好地模拟动物的肌肉和骨骼系统，实现更为自然的运动方式。例如，仿生机器人能够像章鱼一样进行形态变换，或模仿蛇的爬行，从而适应复杂多变的工作环境。这些技术的进步使得仿生机器人在高精度、高灵活度任务中展现出更大的潜力，如微创手术、灾后搜救等高精尖的应用任务。

（5）多领域的应用扩展

智能仿生机器人的应用领域逐渐涵盖了多个行业，尤其在医疗、服务、工业与军事等领域展现出了广泛的应用前景。

医疗领域：仿生机器人在康复医疗、微创手术、外骨骼假肢等方面取得了显著进展。例如，基于仿生技术的智能假肢能够使患者恢复失去的运动功能，而机器人外科系统则能够精确执行微创手术，极大地降低了手术风险和缩短患者术后恢复时间。

服务行业：智能仿生机器人在教育、娱乐、客服等领域的应用日益增多，通过仿生智能交互，使得机器人能够与人类进行更加自然的沟通与合作（图 6-1-2）。

工业与军事：仿生机器人在工业自动化、危险环境探测、军事侦察和救援等领域表现出巨大的潜力。其灵活性和适应性使其能够在复杂和极端环境中执行任务，如在灾难现场进行搜救，或在未知领域进行侦察。

（6）未来发展方向

未来，智能仿生机器人将在感知、控制和执行等方面取得更深层次的发

▲ 图 6-1-2　正在与人类握手的智能机器人

展。随着芯片计算能力的提升、人工智能算法的不断优化及新型材料的创新，仿生机器人将更高效地模拟生物体的高级行为，尤其是在群体协作、情感交互和自主学习等方面。此外，未来仿生机器人有望与生物体进行更加紧密的融合，创造出“生物—机器”混合体，进一步拓展其在生物医疗、环境保护等领域的应用潜力。

智能仿生机器人的关键技术

随着技术的不断进步，仿生机器人正向着更高层次的智能化与自适应能力发展。从前文所述的智能仿生机器人的不同发展阶段可以看出，一些关键技术起到了重要的作用。接下来将概括性地介绍一下这些关键技术。

（1）仿生学与生物启发设计技术

仿生学是智能仿生机器人设计的基础，其核心在于模仿自然界生物的形态、结构、运动模式及行为机制。在这一领域，科学家不仅仿照生物的外部形态进行机械复制，更深入探讨生物体的动态运动机制、感知反馈系统和行为决策过程，从而为机器人的设计提供启示。例如，仿生机器人通过模拟昆虫的步态、鸟类的飞行原理、鱼类的游动方式，结合人工智能技术，优化机器人在复杂环境中的运动效率和增强其运动稳定性。生物启发设计不仅强调对生物运动的表层模仿，更重视对其背后生物学机理的提炼与应用。

（2）柔性与软体材料技术

柔性与软体材料技术是实现仿生机器人高度灵活性和高效适应性的关键因素。传统刚性机器人由于硬质结构的限制，无法像生物体一样灵活地应对复杂、动态的任务环境。近年来，柔性与软体材料（如智能聚合物、形状记忆合金、软性传感器等）在仿生机器人中的应用日益增多（图 6-1-3），使其能够实现生物般的形态变换与自由运动。软体机器人通过模拟生物的软骨、肌肉等组织的特性，能够进行更自然的运动模式，如模仿章鱼的柔性变形或蛇形爬行，这种技术使机器人在狭小空间、复杂环境中的工作效率显著提高。

（3）传感与感知技术

仿生机器人的感知能力是其实现自主决策与环境适应的基础。多模态传感技术的进步使得仿生机器人能够通过视觉、听觉、触觉等多种传感器同时获

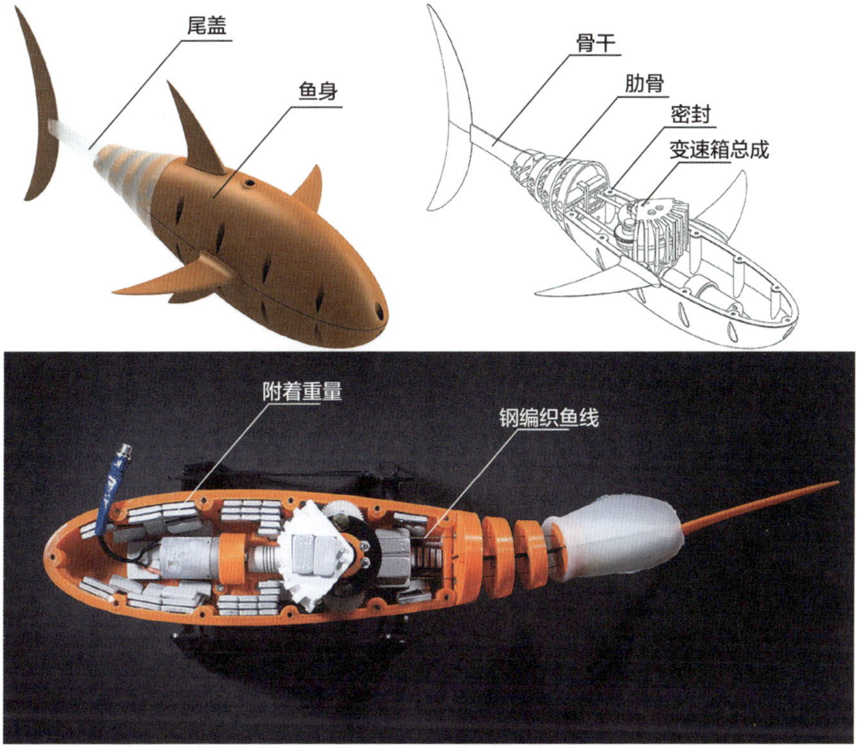

▲ 图 6-1-3 软体机器鱼

取环境信息。计算机视觉、深度学习和传感器融合技术被广泛应用于仿生机器人系统中，使其在动态环境下具备较强的物体识别、障碍物避让与空间感知能力。例如，视觉传感器结合深度学习算法，可使机器人高效地进行目标跟踪、场景重建及动态环境中物体的精确定位。此外，触觉传感器（如力敏电阻、皮肤传感器等）能够模拟生物的触觉感知，使机器人具备对物体接触的反馈能力，从而执行如抓取、操作等精细任务。

（4）运动控制与规划技术

仿生机器人需要高效且精准的运动控制系统，以实现复杂的任务执行和生物特征的高效模拟。运动控制系统通常依赖于动力学建模、运动学分析、轨迹规划等技术，结合先进的控制理论实现机器人的精细动作。仿生机器人需要通过仿生控制算法，模仿生物体的神经－肌肉协调机制，完成灵活的运动控制。例如，模仿人类四肢或昆虫的步态控制，机器人必须通过精确的动力学建模和轨迹跟踪算法，以保证在不平坦或复杂地形上的稳定行走。此外，结合自适应控制与实时反馈机制，仿生机器人能够根据环境变化自动调整运动策略，实现更高效的任务执行。

（5）人工智能与自主决策技术

人工智能技术是智能仿生机器人核心能力的重要组成部分，它使得机器人能够在动态环境中做出合理决策，模拟生物的学习和行为模式。深度学习、强化学习等算法在仿生机器人中的应用，使得机器人能够在没有明确编程的情况下，通过对环境的不断学习和适应，实现自主任务规划和执行。强化学习尤其具有重要意义，机器人通过与环境的交互获得反馈，并在试错过程中优化行为策略，从而提高自主决策能力。例如，仿生机器人在复杂环境中进行自主导航、避障或多任务协同时，依靠深度学习和决策算法，可以实时调整行为模式，提高任务完成的效率和精准度。

（6）自适应与自修复技术

自适应控制技术是提升智能仿生机器人在变化环境中保持灵活性的关键。仿生机器人不仅需要具备感知与执行能力，还需要在不断变化的环境条件下进行自我调整与适应。基于反馈机制的自适应控制方法，使得机器人能够根据环境的不同反馈信号动态调整其行为策略，从而有效应对环境变化或任务变更。此外，自修复技术也正成为仿生机器人领域的重要发展方向，特别是在软体机器人中。通过使用自愈材料和智能化修复系统，机器人在受到损伤后能够自动恢复部分功能，延长系统的工作寿命，并提高其在危险或恶劣环境中的适应能力。

（7）能源管理与驱动系统技术

能源管理技术是智能仿生机器人发展的一个瓶颈，尤其是在长时间运行与高负载任务中的能源需求。新型能源采集和存储技术的应用，如能量收集、无线充电、薄膜太阳能电池等，能够为仿生机器人提供持久的动力来源，减少对传统电池的依赖。此外，驱动系统的高效性直接影响仿生机器人的运动能力。高效的液压驱动、气动驱动和肌肉驱动系统（如人工肌肉）能够提供更强的力量支持和更精确的控制，使得仿生机器人在执行任务时能够达到更高的灵活性和稳定性。

（8）人机交互与情感模拟技术

随着智能仿生机器人的应用场景逐渐向服务领域扩展，人机交互技术和情感模拟技术成为其发展的重要方向。仿生机器人不仅需要与人类进行高效的信息交换，还需要在行为上表现出情感特征，使交互更加自然和亲和。通过语音识别、情感分析和表情生成等技术，仿生机器人能够根据用户的情感状态或任务需求，做出相应的反馈和反应。这种情感模拟技术在医疗、教育、老龄化社会等领域尤其重要，能够增强机器人与人类的情感连接，提高机器人在社会中的融入感与接受度（图 6–1–4）。

智能仿生机器人作为多学科交叉的产物，其关键技术的发展正不断突破传统工程的界限。通过仿生学、柔性材料、人工智能、感知技术等前沿技术的融合，仿生机器人不仅具备了高度的智能性和灵活性，还在执行任务时表现出较高的自主性与适应性。

▲ 图 6–1–4　机器人情感交互卡通图

智能仿生机器人的应用实例

智能仿生机器人在多个领域的应用已经取得了显著的进展。以下是一些具体的应用实例，展示了这些机器人在实际生活中如何发挥作用。

医疗领域

智能仿生机器人在医疗领域的应用正在逐步拓展，尤其是在微创手术、康复治疗和假肢辅助等方面。

（1）达芬奇手术机器人

达芬奇手术系统是一种仿生手术机器人，模仿人类手部的灵活性，通过机械臂执行微创手术（图 6–1–5）。它结合了仿生学与机器人技术，通过控制台进行操作，医生通过高分辨率的 3D 显示器和精密的机械臂完成手术，提供比传统手术更高的精度和灵活性。该机器人在泌尿外科、心脏外科等领域的应用，显著提高了手术的成功率，加快了患者的恢复速度。

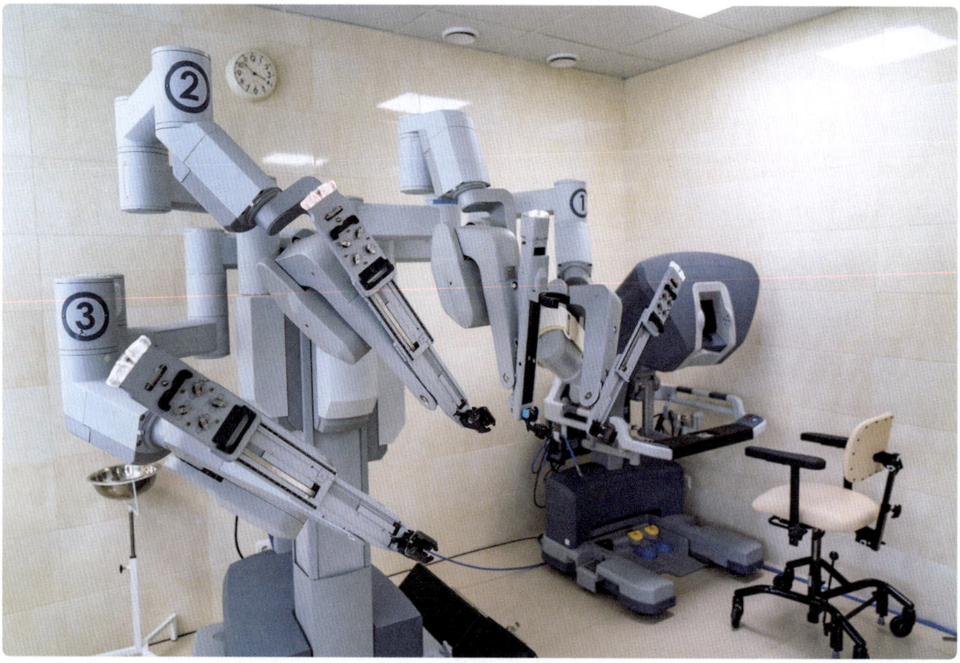

▲ 图 6-1-5 达芬奇手术机器人

(2) Össur 智能假肢

Össur 公司的智能假肢（如 Pro-Flex 和 Rheo Knee）结合了仿生学和传感技术，模拟自然膝关节的运动功能，见图 6-1-6。它通过内置的传感器和微处理器实时感知用户的步态，并根据不同的运动需求自动调节膝部的弯曲角度和阻力，使假肢的动作更为自然。这些智能假肢不仅提高了截肢者的日常活动能力，还通过改进的控制系统，使得用户能够进行爬楼梯和走坡道等复杂的运动。

(3) ReWalk 外骨骼机器人

ReWalk 外骨骼机器人是专为脊髓损伤患者设计的，它能够模仿人体自然步态，帮助截瘫患者重新站立并行走，见图 6-1-6。该外骨骼装备了一个动力系统，使用穿戴者的意图信号来控制步态的启动、停止及行走速度。用户只需通过略微前倾或后倾身体来激活步态，外骨骼便自动执行步行动作。ReWalk 已经被多家医院应用于脊髓损伤康复治疗，帮助患者恢复行走功能。

▲ 图 6-1-6 运动辅助机器人

工业与制造业

智能仿生机器人在工业领域的应用，极大地提高了生产效率、精确度及安全性。

（1）SpotMini 机器人

SpotMini 是波士顿动力公司研发的四足仿生机器人，通过模仿狗的步态，能够在复杂的环境中稳定行走，见图 6-1-7。SpotMini 广泛应用于危险环境的巡查与数据采集，尤其是在石油钻井平台、化工厂和电力站等高风险区域进行实时监控和巡检。它配备了高清摄像头和传感器，能够快速识别环境中的潜在危险，如烟雾、泄漏或设备故障，从而减少了工作人员在危险环境中的暴露。

（2）YuMi 机器人

YuMi 是由 ABB 公司开发的双臂协作机器人，旨在提高生产线上的灵活性和精确度，见图 6-1-7。YuMi 能够精确执行装配任务，模拟人类的细致手部动作，可以实现在电子产品的组装中进行微小部件的操作。它的设计模仿了人类手部的灵活性，采用了柔性材料和精密控制系统，能够与工人并肩工作，提高生产的效率和安全性。

（3）仿章鱼软体机器人

软体机器人在柔性物品的自动化包装中表现突出。例如，哈佛大学的 Wyss 研究所研发的软体机器人能够模拟章鱼的变形，通过柔软的机械臂进行精细的抓取和包装操作，见图 6-1-7。这种机器人能够自动识别不同形状、大小的物品，并根据物品的特性调整抓取和包装的方式，广泛应用于食品、日化产品等生产线的自动包装。

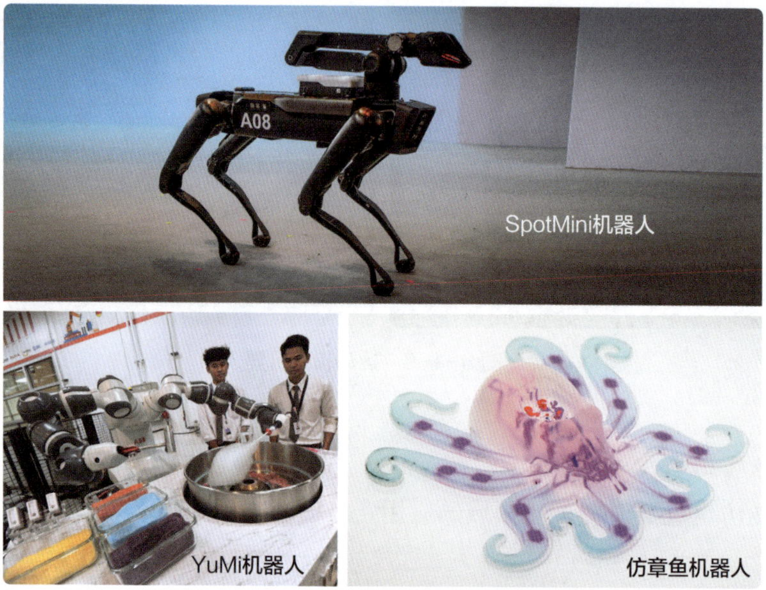

▲ 图 6-1-7　工业与制造领域的机器人

军事与救援

智能仿生机器人在军事侦察和灾后救援领域的应用，体现了其在高危环境中执行任务的独特优势。

（1）Spot 四足侦察机器人

Spot 四足机器人不仅在工业领域得到了应用，也被广泛应用于军事侦察和任务执行。该机器人能够在复杂地形中灵活移动，它携带多种传感器进行实时数据采集，包括红外传感器、高清摄像头等，帮助士兵在危险环境中开展侦查任务。Spot 机器人能够在极其狭窄或崎岖的区域进行作业，如废墟搜寻、地雷排除等任务，有效减少了士兵在前线的风险。

（2）Cheetah 救援机器人

在自然灾害发生后，仿生机器人能够迅速进入灾区进行搜救。Cheetah 机器人是一个典型的例子，它模仿猎豹的奔跑方式，能够以每小时约 45.54 千米的速度快速穿越废墟和障碍物。Cheetah 机器人在灾后搜救中，能够携带传感器进入高风险区域，检测是否有生命迹象，帮助救援队伍定位幸存者。

服务与人机交互

智能仿生机器人在服务行业和人机交互方面的应用也逐渐增多，尤其在客户服务、教育和陪伴等领域。

（1）Pepper 人形机器人

Pepper 是日本软银公司开发的人形机器人，设计上模仿人类的面部表情和肢体语言，能够与人进行自然的情感交互，见图 6-1-8。Pepper 广泛应用于客户服务、教育和娱乐行业，尤其在零售、餐饮等场所充当迎宾员，解答顾客问题、提供咨询服务。在日本，Pepper 也被用作老年人陪伴机器人，能够通过与老年人互动、提供情感支持，缓解老年人孤独症状。

（2）Nao 人形机器人

Nao 是由阿尔德巴兰机器人公司研发的人形机器人，广泛应用于教育领域，见图 6-1-8。Nao 机器人通过模拟人类的动作、语言和情感，能够与学生进行互动，教授编程、数学、语言等学科内容。许多教育机构将 Nao 作为课堂教学的辅助工具，特别是在 STEM 教育（科学、技术、工程、数学）方面，激发学生的兴趣以提高学习效果。

▲ 图 6-1-8　服务与人机交互人形机器人

环境监测与保护

智能仿生机器人在环境监测和生态保护方面也发挥了重要作用，尤其在海洋勘探和生态保护等领域。

（1）SharkCam 海洋探索机器人

SharkCam 是一个仿生海洋机器人，它通过模仿鲨鱼的运动方式，能够在海洋中自主移动并进行数据采集。该机器人被广泛用于深海勘探、海洋生态监测等任务，能够实时收集海洋水质、温度、盐度等数据，实现对海洋污染的监测。SharkCam 的仿生设计使其能够在复杂的海洋环境中以较低的能耗进行长时间操作，极大地提升了环境监测的效率和精准度。

（2）仿生蜜蜂机器人

仿生蜜蜂机器人被用于农业中的授粉和作物监测。通过模仿蜜蜂的飞行和授粉行为，这些机器人能够在农田中飞行，进行授粉和作物健康状况的监测。该技术尤其适用于缺乏蜜蜂或面临蜜蜂种群减少问题的地区，能够有效提高作物的产量和质量。

6.1.2 仿生神经网络

仿生神经网络，灵感来源于自然界生物神经系统的复杂结构与功能，是一种通过模拟生物神经元及其连接方式的人工智能算法（图 6-1-9）。正如人类大脑凭借数十亿神经元的协同工作，实现着复杂的思维、学习和记忆，仿生神经网络也通过人工神经元和权重连接，模仿这一信息处理过程，使机器具备了感知、推理与自我学习的能力。这一技术的核心在于通过大量数据的训练与优化，模仿生物神经网络的学习机制，使得计算机能够从经验中“学习”并进行决策、预测和识别。随着深度学习、卷积神经网络、循环神经网络等仿生神经网络模型的不断发展，人工智能正逐步突破传统计算的局限，迈向更加智能、灵活的自我进化之路。仿生神经网络不仅为智能系统赋予了更为精确的感知能力，也为许多复杂问题的解决提供了新的思路，为科技与自然相结合提供无限可能。

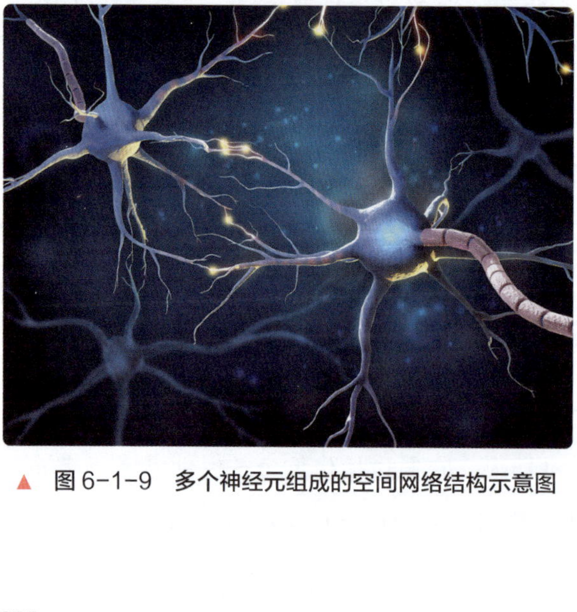

▲ 图 6-1-9　多个神经元组成的空间网络结构示意图

仿生神经网络的定义与研究背景

仿生神经网络是一种受到生物神经系统启发的计算模型，旨在模拟大脑神经元的功能和信息处理机制。其基本构成单元是“神经元”，这些人工神经元通过一定的连接方式（即“突触”）相互作用，传递信息并进行计算。仿生神经网络的主要目标是模拟生物神经系统如何通过大量神经元的并行和协作，完成感知、决策、学习、记忆等复杂任务。

在仿生神经网络中，神经元通过加权的输入信号进行激活，将信息传递到下一个神经元，类似于生物大脑中的神经冲动传导。通过这种方式，神经网络能够对输入信号进行处理并生成输出结果。随着神经网络层次的加深，能够实现从简单模式识别到复杂任务的学习与推理。因此，仿生神经网络广泛应用于图像识别、自然语言处理、语音识别、自动驾驶等人工智能领域。

研究背景

仿生神经网络的研究背景源自对人类大脑神经系统的深入理解及其在信息处理中的巨大潜力。生物神经系统，尤其是大脑，凭借其复杂的神经元结构与突触连接，在感知、认知、记忆、推理等方面展现出了极高的智能。科学家希望通过模拟这一生物机制，构建出能够进行自主学习和推理的智能系统。

神经科学与计算机科学的交叉融合

仿生神经网络的出现得益于神经科学、计算机科学及人工智能的多学科交叉融合。早期的研究着重于理解大脑中神经元的工作原理及其在信息处理中的作用。20 世纪 40 年代，沃伦·麦卡洛克与沃尔特·皮茨提出了神经网络的数学模型，首次奠定了人工神经网络的理论基础。此后，随着计算机技术的发展和对神经生物学的深入研究，神经网络模型得到了进一步的完善和发展。

人工神经网络的初步探索

在 20 世纪 50—70 年代，人工神经网络的研究进入初期阶段。弗兰克·罗森布拉特提出了感知器模型，这是第一个能够进行简单二分类任务的神经网络。尽管在早期，神经网络由于计算能力和理论的局限，面临许多挑战和瓶颈，但感知器的出现为后来的深度学习奠定了基础。

神经网络的复兴：深度学习的崛起

在 21 世纪初，随着计算能力的提高和大数据的积累，仿生神经网络特别是深度学习技术得到了迅猛发展。深度神经网络、卷积神经网络和循环神经网络等模型通过多层次的神经元连接，使得网络特征能够从大量数据中提取，进行复杂模式的识别和学习（图 6-1-10）。2012 年，AlexNet 神经网络在 ImageNet 图像识别竞赛中取得的巨大成功，标志着深度学习的复兴，并推动了人工智能领域的快速发展。

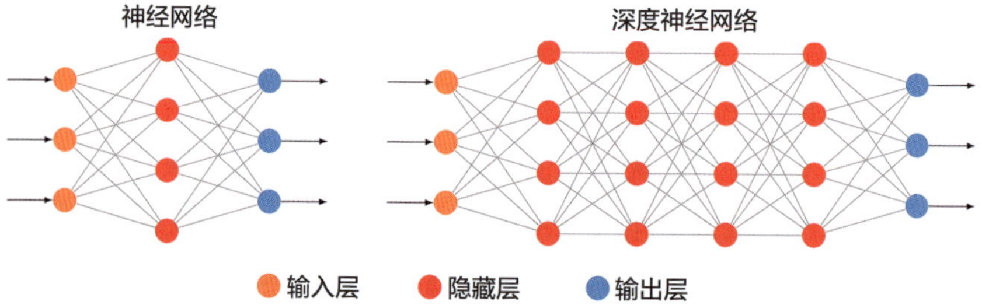

▲ 图 6-1-10　神经网络和深度神经网络

生物启发的学习机制

除了结构上的模仿，仿生神经网络还借鉴了生物神经系统中的学习机制。例如，生物神经系统中广泛存在的“突触可塑性”，即神经突触的强度随经验而变化，启发了强化学习技术的出现。强化学习模型通过与环境的交互，不断调整神经元之间的权重，实现类似生物学习的过程。强化学习在自动控制、博弈理论等领域展现出了强大的能力，成为仿生神经网络的一个重要分支。

仿生神经网络的研究意义

仿生神经网络的研究具有深远的学术和应用价值。通过模拟大脑神经系统的工作原理，人工神经网络能够在许多传统计算方法无法有效处理的复杂任务中取得突破性进展。仿生神经网络的核心优势体现在以下几个方面。

（1）自主学习与智能决策

仿生神经网络可以自主从数据中提取特征，并进行决策与优化，避免了依赖传统规则或人工设计的局限。通过反向传播算法等学习机制，神经网络能够在不断地反馈过程中优化自身的参数，提升决策准确性。

（2）适应性与泛化能力

仿生神经网络具有良好的适应性，能够应对复杂且不断变化的环境。与传统的计算模型不同，神经网络能够从大量数据中进行泛化，避免过拟合问题，因此在各种实际应用中表现出了较强的鲁棒性。

（3）跨领域应用

仿生神经网络的广泛应用，使其在计算机视觉、语音识别、自然语言处理、智能控制等领域发挥了巨大的作用。例如，卷积神经网络在图像识别中表现出色，循环神经网络则在时间序列预测与语言模型中表现优异。

仿生神经网络的关键技术

仿生神经网络的关键技术源自对生物神经系统的模拟，并结合计算机科学、数学、工程学等领域的最新进展，形成了多种复杂的算法和架构。仿生神经网络的关键技术涵盖了神经网络的结构设计、学习机制、训练算法等方面。

神经元模型与网络结构设计

仿生神经网络的基本构成单元是神经元，它模拟了生物神经元的功能。神经元的主要任务是接收输入信号并通过激活函数生成输出信号。网络的设计通常包括以下几种类型的神经元结构和连接方式。

（1）感知器

感知器是早期的神经网络模型，适用于线性可分的任务。感知器的基本构成是一个单一的神经元，通过加权输入信号，使用阶跃函数作为激活函数，将输出结果进行分类。

（2）多层感知器

多层感知器是一个经典的前馈神经网络，包括输入层、隐藏层和输出层。隐藏层由多个神经元组成，通过激活函数进行非线性变换，使网络能够处理更复杂的任务。

（3）卷积神经网络

卷积神经网络模拟人类视觉系统的工作原理，被广泛应用于图像识别、目标检测等任务。通过卷积层、池化层和全连接层，卷积神经网络能够自动提取图像中的特征，并进行图像分类、检测和分割，见图 6-1-11。

（4）循环神经网络

循环神经网络模拟生物神经系统中的记忆机制，特别适合处理序列数据（如时间序列、语言文本等）。与传统的前馈神经网络不同，循环神经网络具有内部循环连接，能够存储并传递先前时间步的信息。

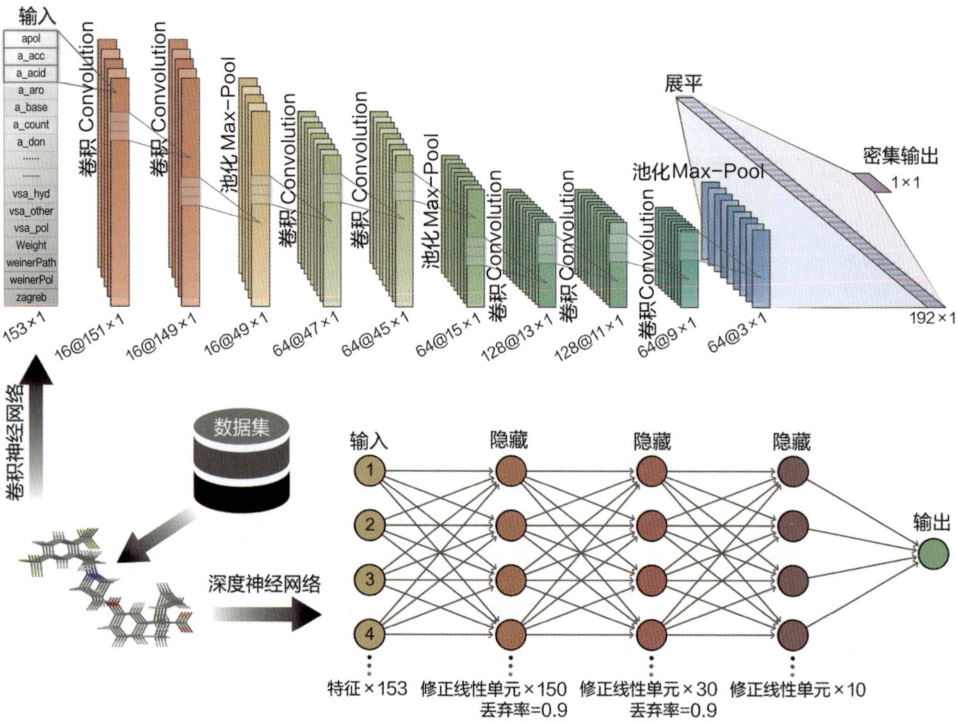

▲ 图 6-1-11 用于预测肽活性的卷积神经网络和深度神经网络的学习架构

（5）长短期记忆和门控循环单元

长短期记忆和门控循环单元是循环神经网络的改进模型，旨在解决标准循环神经网络在长期依赖学习中存在的梯度消失问题。长短期记忆通过引入门控机制，有效地控制信息的传递与遗忘，增强了对长序列数据的建模能力。

仿生神经网络的核心在于其学习能力，通过优化算法不断调整网络中的权重和偏置，从而使网络能够对复杂模式进行分类、识别和预测。常见的学习和优化算法有以下几种。

①反向传播算法

反向传播算法是神经网络训练的基础，通过计算输出误差并将误差反向传播至每一层神经元，使用梯度下降法更新网络中的参数。该算法的提出使得多层神经网络的训练成为可能，是深度学习领域的核心技术之一。

②梯度下降法

梯度下降法是一种优化算法，通过计算损失函数相对于每个参数的梯度，并在每次迭代中调整参数，以最小化损失函数。常见的梯度下降方法包括批量梯度下降、随机梯度下降和小批量梯度下降等。

③ Adam 优化器

Adam 优化器结合了动量法和自适应学习率的方法，是当前深度学习中常用的优化算法。它通过调整每个参数的学习率并利用历史梯度信息，提高了梯度下降的收敛速度和稳定性。

④ RMSprop 算法

RMSprop 是另一种自适应学习率的优化算法，适用于非平稳目标（如动态变化的环境）。它通过计算梯度的指数衰减平均值，避免了梯度消失或梯度爆炸的问题。

激活函数

激活函数在神经元中扮演着重要角色，决定了神经元是否被激活及神经网络的非线性特性。常见的激活函数包括以下几种。

（1）Sigmoid 函数

Sigmoid 函数将输入映射到 0 和 1 之间，常用于二分类问题。然而，由于其饱和区间，容易出现梯度消失问题。

（2）ReLU 函数

ReLU 函数是一种广泛应用的激活函数，将输入值小于 0 的部分置为 0，输出大于 0 的部分保持不变。ReLU 函数具有计算简单、收敛速度快的优点。

（3）Leaky ReLU 函数

Leaky ReLU 是 ReLU 的改进版本，允许小的负值输出，避免了“死神经元”问题，进一步提升了训练过程的稳定性。

（4）Softmax 函数

Softmax 函数常用于多分类问题，它将网络的输出转换为概率分布，使得各类别的预测结果相加为 1。通常用于输出层，进行多类分类任务的预测。

正则化技术

为了防止神经网络在训练过程中过拟合，仿生神经网络引入了多种正则化方法。

（1）L1 与 L2 正则化

L1 正则化通过对权重的绝对值加权惩罚，鼓励稀疏解；L2 正则化通过对权重的平方加权惩罚，促进权重的小规模和泛化能力。两者常用于神经网络的损失函数中，以控制模型的复杂度。

（2）Dropout 法

Dropout 是一种随机丢弃神经网络中部分神经元的训练方法，目的是避免神经元间的过度依赖，从而提高模型的泛化能力。它通过在每次迭代中随机“关闭”部分神经元，迫使网络在训练过程中学习到更为鲁棒的特征。

深度学习架构

深度学习是基于多层神经网络的学习方法，其关键技术包括多层网络结构的设计和大规模数据的处理能力。

（1）深度卷积神经网络

深度卷积神经网络通过多个卷积层、池化层和全连接层，逐步提取数据中的高层次特征，尤其在图像处理和计算机视觉领域得到了广泛应用。卷积神经网络能够自动从原始图像中提取有用特征，显著提高了图像分类和物体检测的性能。

（2）生成对抗网络

生成对抗网络是一种通过生成器和判别器之间的博弈来生成数据的神经网络结构。生成器负责生成数据，判别器则评估生成数据的真实性。生成对抗网络在图像生成、图像修复和风格迁移等任务中取得了突破性进展。

（3）强化学习与深度强化学习

强化学习使得仿生神经网络能够在与环境的交互中学习最优策略。深度强化学习结合了深度学习和强化学习，通过神经网络对复杂任务进行端到端学习，广泛应用于机器人控制、自动驾驶、游戏人工智能等领域。

自适应学习与神经可塑性

仿生神经网络的一个关键技术特性是其自适应学习能力。模拟生物神经系统的神经可塑性，神经网络可以根据输入数据和环境反馈动态调整网络结构与参数。这种自适应机制使得神经网络能够处理多变的任务和复杂的非线性问题。

仿生神经网络的应用实例

仿生神经网络在多个领域的应用已经取得了显著进展，尤其在图像识别、自然语言处理、智能决策等任务中表现出色。

图像识别：卷积神经网络在自动驾驶中的应用

自动驾驶技术是仿生神经网络在现实世界中的一个重要应用，特别是在计算机视觉领域。卷积神经网络被广泛应用于自动驾驶车辆的环境感知系统中，用于图像和视频流的实时处理与分析。

自动驾驶汽车需要“看到”周围的环境，并对障碍物、交通标志、行人、其他车辆等进行实时识别和处理。卷积神经网络通过模拟人眼的视觉感知过程，能够自动提取图像中的重要特征，进行物体识别、目标检测和分类，见图6-1-12。

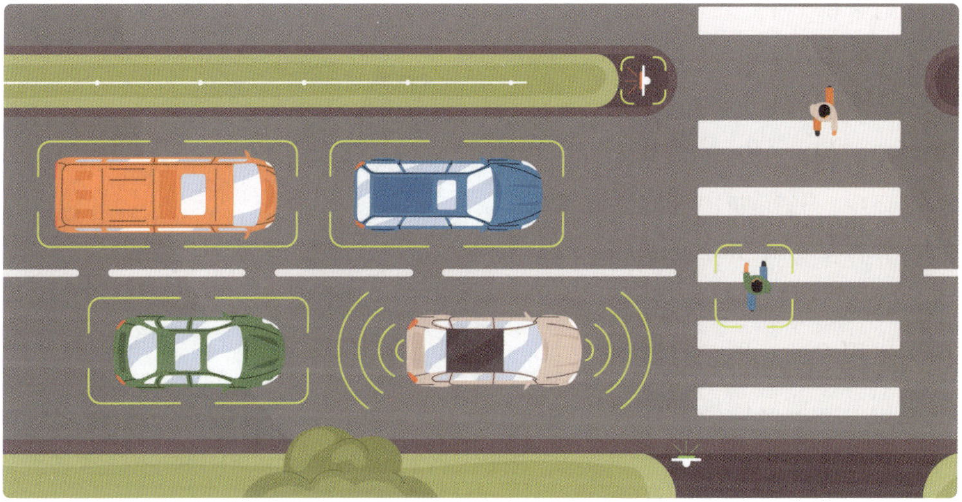

▲ 图 6-1-12　汽车通过卷积神经网络自动识别障碍物

例如，特斯拉和谷歌等公司在其自动驾驶系统中使用了卷积神经网络处理来自车辆摄像头的图像数据。这些系统能够识别和区分不同的物体，如路标、红绿灯、行人和其他交通参与者，进而做出驾驶决策。特斯拉的 Autopilot 系统就使用卷积神经网络来实时分析摄像头捕捉的周围图像，并据此进行路径规划、刹车、转向等操作。

在这一应用中，卷积神经网络能够从海量的图像数据中自动提取特征，如边缘、纹理、形状等，并通过多层神经网络进行分类和预测。这种基于仿生神经网络的自动识别和决策能力，使得自动驾驶系统在动态环境中具备了较高的安全性和可靠性。

自然语言处理：长短期记忆网络在语音识别中的应用

长短期记忆网络是循环神经网络的一个变种，特别适用于处理和预测序列数据，具有长时间记忆和遗忘机制，能够有效解决传统中的梯度消失问题。在自然语言处理领域，长短期记忆网络在语音识别、机器翻译、情感分析等任务中表现优异。

在语音识别任务中，长短期记忆网络被用来将语音信号转化为文本。语音信号是一个高度动态和时序性的数据流，长短期记忆网络通过其独特的记忆单元，能够捕捉语音中的长短期依赖关系，从而准确识别语音中的单词和句子结构，见图 6-1-13。

谷歌的语音识别系统就是一个典型的长短期记忆网络应用实例。在语音转文本的过程中，长短期记忆网络能够处理从麦克风接收到的音频信号，经过特征提取后，识别出用户的意图。谷歌语音识别系统通过深度神经网络和长短期记忆网络模型的结合，提升了语音识别的准确度和速度，特别是在嘈杂环境中表现优异。

▲ 图 6-1-13　语音助手中使用长短期记忆网络模型

此外，长短期记忆网络在语音助手（如 Siri、Google Assistant）中的应用也非常重要。这些语音助手通过长短期记忆网络不断学习和改进语音识别和自然语言理解，提供更加精准的语音交互体验。例如，长短期记忆网络能够理解用户的上下文信息，识别连续语句中的指令关系，甚至在语音中提取情感和语气的变化，做出更加自然的响应。

这两个实例展示了仿生神经网络在现实世界中的广泛应用。从自动驾驶中卷积神经网络的视觉感知到自然语言处理中的长短期记忆网络模型，仿生神经网络技术的进步使得智能系统能够更好地理解和适应环境，完成更复杂的任务和决策。随着技术的不断发展，仿生神经网络将在更多领域发挥重要作用，推动人工智能的普及与应用。

6.2 仿生学的伦理问题与可持续性

6.2.1 仿生学的伦理问题

仿生学，这一融合自然与科技的跨学科领域，正以其独特的方式改变着我们的世界。从仿生机器人到智能材料，从生物仿真到人工智能的深度学习，仿生学不断突破科学与工程的边界，赋予我们无限的创造力与探索的可能。然而，在这场技术革命的背后，潜藏着一系列深刻的伦理问题，要求我们在追求创新的同时，不忘初心，严守技术发展的道德边界。

当我们通过模仿自然界的生命形式和机理，试图创造出更加智能、灵活的“人工生命体”时，我们是否触及了自然的禁忌？当仿生学的技术开始模糊人类与机器的界限，甚至能够替代某些生命功能时，我们应如何定义“人”的独特性和尊严？这些问题不仅考验着我们的科学智慧，也挑战着我们对于伦理、责任和人性的深刻思考。

随着仿生学研究与应用的不断发展，我们迎来的是一片充满机遇的广阔天地，但也必须谨慎面对随之而来的伦理困境。如何在技术的快速发展与人类价值之间找到平衡点，如何确保科学进步能够服务于人类福祉而非违背我们的基本原则，这些问题的答案，将决定我们是否能够在这场科技的盛宴中，保持理性与守住道德底线。

动物实验的伦理问题

▲ 图 6-2-1 试验中的动物

动物实验作为科学研究中的重要手段之一，为医学、药物开发、生物学等领域的进步做出了巨大的贡献（图 6-2-1）。然而，随着科学技术的进步和伦理意识的提高，动物实验的伦理问题逐渐成为社会关注的焦点。如何在追求科学进步的同时，保障动物的基本权利和尊严，已成为一个复杂且深刻的道德议题。

动物的权利与尊严

动物实验的伦理争议首先涉及“动物是否应享有与人类相同的权利”这一根本性问题。许多人认为，动物与人类不同，它们不具备相同的社会地位和认知能力，因此不应当享有和人类一样的道德地位。然而，随着动物行为学、神经科学等领域的发展，我们越来越意识到，许多动物拥有复杂的情感、痛觉和认知能力。实验中对动物的伤害，可能会导致它们的身心健康遭受严重影响，甚至产生长期的生理与心理创伤。基于这些认知，一部分学者和伦理学家提倡，动物实验应当严格控制，并尽可能减少动物的痛苦。

利益与伦理的平衡

进行动物实验通常是为了探索疾病治疗、药物安全性、基础生物学原理等科学问题，这些研究可能为人类的健康和福祉带来巨大的益处。然而，许多人认为，科学研究的利益并不足以成为忽视动物痛苦和尊严的正当理由。伦理学家提到，科学研究必须在“利益”和“伦理”之间找到平衡。具体来说，实验者在进行动物实验时，应当遵循以下几条伦理原则。

必要性原则：仅在无法用其他替代方法（如计算机模拟、细胞培养等）完成实验时，才使用动物实验。

最小痛苦原则：尽量减轻动物所承受的痛苦，采用最人道的实验方式。

科学合理性原则：确保实验设计科学、实验结果具有足够的可信度，避免不必要的重复实验和实验体浪费。

替代实验的探索与发展

随着伦理问题的日益突出，科学界正在积极探索替代动物实验的其他研究方法。近年来，体外实验、计算机模拟、人工智能等技术逐步成为动物实验的有力替代方案。例如，利用人体细胞培养（图 6-2-2）、3D 打印技术等可以模拟人体器官的实验方法，逐渐替代传统的动物实验。这些方法不仅减少了实验室对动物的使用，还能够提供更为直接和精确的实验数据。

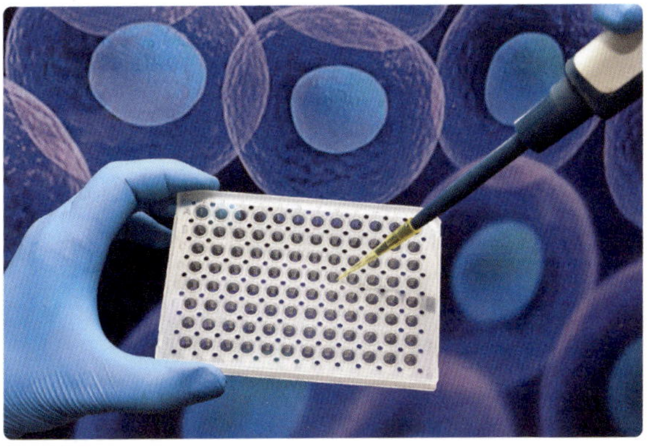

▲ 图 6-2-2　人体细胞培养

此外，器官芯片技术的发展，为替代动物实验提供了新的可能。通过在微型芯片上构建人类或动物的器官模型，研究人员能够模拟人体内复杂的生物反应和疾病机制，进行药物筛选和毒性测试。虽然这些技术仍处于发展阶段，但它们无疑为减少动物实验、保护动物福利提供了积极的方向。

法规与监督机制

为了规范动物实验，许多国家和地区已经制定了相关的法律法规，要求对动物实验进行严格的监督和管理。例如，我国《实验动物管理条例》要求所有动物实验必须经过伦理审查委员会的批准，并确保实验过程中动物的福利得到保障。此外，很多科研机构和大学也设立了专门的伦理委员会，负责对实验的伦理性进行审查，并提出相应的改进建议。

在动物实验中，还要求研究人员定期进行动物福利的监控，确保实验过程符合伦理要求，并采取必要的措施减轻动物的痛苦。例如，在实验过程中尽量使用麻醉或镇痛药物，避免动物在实验中遭受不必要的伤害。

生物多样性的保护

随着仿生学的发展，越来越多的生物特征被提取并应用到技术中。如何确保不对自然界的生物多样性造成威胁，成为一个重要的伦理问题。科研人员应当通过合理的资源管理和保护措施，避免过度开发和资源浪费，保障生态系统的平衡与生物多样性。

生物多样性是地球生态系统健康和稳定的基石，它不仅包括物种的多样性，还涵盖了遗传多样性和生态系统多样性。随着人类活动对自然环境的影响日益加剧，生物多样性面临着前所未有的威胁。对生物多样性的保护不仅是环境保护的重要任务，更关系到人类的可持续发展和全球生态安全。

生物多样性丧失的原因

（1）栖息地破坏与丧失

城市化、农业发展、基础设施建设和森林砍伐等活动导致了大量生物栖息地的破坏，许多物种因此面临栖息地丧失和环境恶化的风险。这种栖息地的碎片化使得物种难以生存和繁衍，导致它们数量锐减，甚至灭绝。

（2）气候变化

气候变化通过温度、降水模式、极端气候事件等影响物种的栖息环境和生存条件。气候变暖使一些物种的栖息地范围发生变化，迫使它们迁移甚至灭绝。

（3）过度开发与资源利用

过度捕捞、非法猎杀、农业和采矿活动等对自然资源的过度利用，直接威胁着许多物种的生存。例如，森林砍伐和水体污染不仅使动物的栖息地减少，还对生物种群的繁衍和种群结构产生了深远的影响。

（4）外来物种入侵

外来物种的引入常常打破原生态系统的平衡。外来物种的竞争、捕食或病原传播，往往使本土物种灭绝或大量减少，影响生态系统的稳定性和导致生态系统的功能受损。

（5）污染

水、空气和土壤的污染直接威胁生物的生存。化学污染物、重金属和农业化肥等进入生态系统后，会污染水源、土壤和空气，严重影响物种的繁衍和生态系统的健康。

生物多样性保护的意义

（1）生态服务

生物多样性维持着地球生态系统的功能，如空气和水的净化、土壤的肥力、气候的调节及食物链的平衡等（如图 6-2-3）。植物、动物和微生物共同作用，确保了生态系统提供的资源和服务，支持人类社会的正常运转。

（2）医药与科技创新

许多现代药物的原材料都来自自然界中的植物、动物和微生物。例如，青蒿素（可用于治疗疟疾）和紫杉醇（可用于治疗癌症）都取自植物。保护生物多样性不仅为医药研究提供了基础，也为农业、食品和能源等领域的创新提供了资源。

▲ 图 6-2-3　生物多样性构成了我们美丽的世界

（3）文化和精神价值

自然界的丰富多样性对人类的文化、艺术、生活方式有着深刻的影响。生物多样性的丧失可能会剥夺我们与自然之间的情感联系，影响人类对自然的理解和尊重。

生物多样性保护的主要策略

（1）建立自然保护区

建立自然保护区是保护物种和生态系统的最有效手段之一。通过划定禁猎区、禁采区及生态恢复区等，保护生物原始栖息地免受人类活动的干扰，促进生态系统的自然恢复（如图 6-2-4）。世界上许多国家和地区已经建立了广泛的保护区网络，如联合国的生物圈保护区（MAB）和世界自然遗产等。截至 2023 年年末，我国已经建立了国家级自然保护区 449 个，面积达 9821.28 万公顷，在全球排名位于前列，为全球的自然保护做出了突出贡献。

（2）加强濒危的物种保护与恢复

保护濒危物种是生物多样性保护的核心任务之一。通过设立野生动物保护项目、实施物种恢复计划、加强对非法捕猎和非法贸易的打击等，保护濒危物种。物种恢复措施则包括栖息地重建、人工繁殖和种群再引入等。

（3）可持续资源管理

推动可持续的资源开发与利用，减少对生态环境和物种的负面影响。例

▲ 图 6-2-4　江苏盐城射阳丹顶鹤自然保护区

如，可持续渔业、绿色农业和可持续林业等实践，旨在实现生态资源的合理利用和保护，确保我们的后代也能够享受自然资源带来的益处。

（4）生态恢复与生态工程

生态恢复是指通过人工干预或自然过程，修复退化的生态系统并恢复其原有功能。这包括植树造林、湿地恢复、荒漠化治理等项目。生态工程不仅有助于恢复生物栖息地，也有助于改善水质、增加碳汇和保护土壤。

（5）加强国际合作

生物多样性保护是全球性问题，需加强国际合作与协调。国际间的合作框架，如《生物多样性公约》《濒危野生动植物种国际贸易公约》等，提供了全球范围内的法律和政策支持，推动各国共同努力保护生物多样性。

（6）公众参与及宣传

提高公众对生物多样性保护的意识，鼓励更多人参与保护行动，是推动生物多样性保护的关键。通过宣传、公益活动、志愿者项目等，增强人们对自然的认知和保护意识，形成全社会共同保护生物多样性的氛围。

（7）持续发展的未来

随着全球对生物多样性保护问题的关注日益加深，更多的国家和地区已经在政策、科研和社会行动等方面做出了积极努力。尽管生物多样性保护面临着巨大的挑战，但通过科学技术的进步、国际合作的加强及公众的广泛参与，我们有望实现人与自然的和谐共生。保护生物多样性不仅是当前的一项任务，更是未来可持续发展的必由之路。

信息利用的伦理

仿生学作为模仿自然界生物的结构、功能和行为来创造新技术的学科，不仅推动了科学技术的迅速发展，还引发了一系列复杂的伦理问题。特别是在人工智能、数据收集和处理、仿生机器人等技术的应用中，如何合理利用信息并确保其合乎伦理，成了技术与道德交织的重要课题。

数据收集与隐私权

仿生学的应用往往依赖大量的数据，尤其是在模仿生物神经系统、运动模式和感知机制时，收集和分析数据是不可或缺的一部分。比如，在仿生机器人领域，通过感知器、传感器等设备收集环境信息，这些信息不仅涉及机器人的性能，也可能包括周围人的活动数据。如何确保这些数据的收集、存储和利用符合隐私保护的伦理标准，是仿生学技术应用中亟待解决的问题（图 6-2-5）。

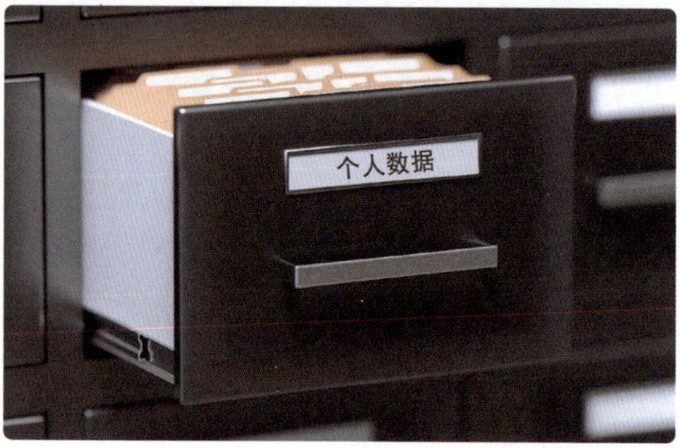

▲ 图 6-2-5　个人数据与隐私

（1）隐私侵犯的风险

仿生技术和机器人系统往往需要持续监控和数据采集，以确保其正常运行，这可能会导致个人隐私的泄露。例如，仿生机器人在家庭或医疗环境中的应用可能收集用户的个人信息、健康数据，甚至日常行为模式。未经用户同意的数据收集或数据滥用，可能会侵犯个人隐私并引发道德争议。

（2）知情同意和数据透明度

在仿生学的应用中，尤其是在生物医学领域，如仿生假肢、智能医疗设备等，如何确保用户了解其数据如何被收集、使用和共享，确保知情同意，是非常重要的伦理考量。

物种和生态伦理

仿生学不仅仅是技术层面上的创新，更是对自然界的深刻理解和模仿。仿生技术的应用有时可能突破了生物界限，甚至在某些情况下可能涉及生物的人工改造或基因编辑。

（1）基因编辑与伦理边界

仿生学与基因技术的结合，可能会导致对生物体的改造，如通过基因编辑创造更适应环境的生物体，甚至可能模拟某些人类功能（如增强记忆、提升体力等）。这种技术的应用虽然具有巨大潜力，但也引发了伦理上的讨论：我们是否有权干预或重塑生命？这种技术的滥用是否会导致社会不公、物种的伦理困境，甚至道德上的冲突？

（2）物种尊严与道德界限

仿生学不仅仅模仿生物的外形和行为，很多技术的核心在于理解生物体如何通过自我调节维持生命活动。将生物机制移植到机器或人工生物中，必须考虑到这种“模仿”是否尊重生物的自然状态，是否在道德上引发了对生命本质的挑战。

公平性与算法偏见

仿生学的一个重要方向是通过人工智能模拟生物的大脑神经网络，产生决策和行为的智能系统。在这一过程中，仿生学技术往往依赖大量的数据来训练人工神经网络。而在这些数据的收集、分析和处理过程中，可能会出现数据的不公平性，甚至导致算法偏见。

（1）算法的不公平性

仿生学中使用的神经网络、机器学习等技术可以在医疗、招聘、金融等多个领域进行数据分析和决策。然而，这些决策往往依赖于大量的历史数据。如果数据存在偏见，或者模型本身没有被充分训练以识别和纠正偏见，算法可能会在执行任务时加剧社会的不公平性。例如，在招聘过程中，仿生系统如果依赖历史数据来判断候选人资格，可能会无意中加剧性别、种族等方面的偏见，导致不公正的决策结果。

（2）数据代表性与公平性

为了避免算法偏见，仿生学中的数据收集需要特别关注数据的代表性，确保所有群体都能公平地在数据中体现。这不仅仅是为了提高技术的准确性，也关系到社会的公正与平等。

责任与透明性

在仿生学技术中，尤其是在仿生机器人和人工智能应用中，责任和透明性是另一个重要的伦理问题。仿生学所创造的智能系统，特别是那些具备自主学习和决策能力的系统，可能在执行任务时做出无法预测的行为。如何确保这些系统的行为符合伦理标准，并能够追溯到责任主体，是保障社会公正和避免技术滥用的关键。

（1）技术责任的界定

如果仿生机器人或人工智能系统在执行任务时发生错误，导致了损害或不公正的结果，谁应承担责任？是技术开发者、数据提供者，还是使用者？这一问题在自动驾驶、医疗机器人等领域尤为突出。随着技术的进步，这类问题将变得更加复杂，要求社会和法律系统应及时做出回应。

（2）算法透明性

仿生技术中使用的算法往往是复杂的“黑箱”模型，缺乏足够的可解释性。为了避免不公平的决策，确保技术的透明性至关重要。公众和监管机构应当有权了解这些算法的工作原理，确保技术的公平性和合法性。

社会影响与生态影响

仿生学不仅仅影响着技术本身，也会对社会结构、文化及生态环境产生深远影响。例如，仿生技术可能会使得一些传统行业面临重大变革，甚至导致大规模的失业。此外，仿生学的应用可能引发对于自然生态系统的二次影响，特别是在大规模推广应用时。

（1）社会变革与适应

随着仿生学的不断发展，传统职业可能会被机器人和人工智能所取代，这将给社会带来就业、教育等方面的挑战。如何平衡技术进步与社会适应，确保科技成果公平惠及每个人，是一个必须严肃对待的伦理问题。

（2）生态影响

仿生学不仅是人工智能与机器人的发展，还对涉及生物体的研究和应用，其广泛应用可能对自然生态系统产生影响。

6.2.2 仿生学的可持续性

自然界的生态系统经过亿万年的演化，已经形成了高效、节能、环保且自我维持的完美循环。仿生学正是试图通过从自然中汲取智慧，将这些生物学原理应用于技术创新，给出符合生态可持续发展的解决方案。无论是仿生材料的开发、模拟自然界的自愈特性，还是仿生机器人在节能、低碳排放方面的应用，仿生学都在引导我们走向一种更加绿色、智能的未来。

在这个充满变革的时代，仿生学的可持续性不仅体现在技术的环保特性上，更在于它倡导的生态思维。通过学习自然的规律，我们可以研发出既不破坏生态系统，又能为人类社会带来福祉的技术与产品。这种思维方式为现代科技带来了深远的启示，科技的发展不应脱离自然，而应是自然智慧的延续与升华。

资源利用的高效性

仿生学通过模仿自然界中的资源利用效率，推动了能源利用、物质循环等方面的技术创新。例如，模仿植物的光合作用机制，设计出了高效能的太阳能电池；模仿自然生态系统的废物处理机制，推动了循环经济的发展。

资源节约与能效优化

仿生学中的资源节约理念，首先体现在能源和物质的高效利用上。例如，仿生材料的研究借鉴了自然界中生物体的结构，如蝴蝶翅膀、鲨鱼皮肤等，其表面微观结构能够显著提高能量利用效率。仿生学通过模拟这些自然界的突出结构设计，推动了新型材料的出现，如超轻、高强度的复合材料，以及自清洁、抗污染的表面材料。这些仿生材料在航空航天、建筑、交通等领域中，能够显著降低能耗、减少资源消耗，并提升性能和耐用性，从而实现资源的最大化利用。

自然系统的循环利用

自然界的生态系统能够通过食物链、物质循环等机制，做到“零浪费”式的资源利用。仿生学通过模拟这一系统的运行方式，推动了闭环经济模式的发展。例如，仿生学中的“生物降解”概念，通过研究自然界中微生物如何分解有机物，促使了可降解材料和环保技术的发展。在农业领域中，仿生学也通过模拟生态系统中的营养循环，推动了生态农业的实践，促进废弃物的资源化利用，减少化学肥料和农药的使用，实现了更加绿色、可持续的农业生产。

高效水资源利用

在水资源的高效利用上，仿生学同样提供了创新的解决方案。自然界中的许多生物，如仙人掌、蜥蜴等，都展现了在极端环境下如何最大化地利用水分。仿生学的应用，如仿生水收集器和仿生冷凝技术，正是模拟这些生物体在干旱环境下的水分收集与存储机制。例如，某些沙漠植物能够通过特殊的表面结构和生理机制，在空气湿度较低的环境中收集露水或雨水，这一机制被应用到新型水收集装置中，用于提高水资源的利用效率，特别是在水资源匮乏的地区。

低碳技术与环保

仿生学的资源利用高效性还体现在低碳技术和环保技术的研发上。仿生学通过模拟自然界中的低能耗、高效能模式，推动了清洁能源的应用和碳排放的减少。例如，模仿叶片形态和结构的太阳能电池板，能够更高效地捕捉和转换太阳能；模仿鲸鱼表皮结构的空气动力学设计，也被应用于交通工具的外形设计，从而减少空气阻力，提高燃油效率，降低能源消耗。此外，仿生学还推动了可持续建筑和绿色城市的发展，利用自然通风、自然采光等原理，减少建筑能耗，实现资源的高效利用。

智能化资源管理

仿生学在智能化资源管理方面同样展现了其高效性。例如，仿生机器人的自主学习能力和适应能力，可以用来优化资源的分配和使用。在智慧城市的建设中，仿生技术被应用于交通管理、能源分配、废弃物处理等领域，通过感知和数据分析，实现资源的精准调度和高效利用。仿生算法的应用，能够根据实时数据动态调整资源的分配策略，提高系统的运行效率，降低浪费，提高资源利用的整体效益。

环境友好技术

在仿生学的启发下，环境友好技术正日益成为推动可持续发展的重要力量。仿生学通过模仿自然界中生物的结构、功能和生态系统的工作原理，帮助我们设计出更加高效、环保且资源节约的技术，带来与自然和谐共生的全新解决方案。

建筑领域

仿生建筑设计模仿自然界中的能量循环和自我调节机制，利用自然通风、采光和温度调节技术，减少能源消耗。通过设计具有自愈功能的材料，仿生学不仅延长了建筑物的使用寿命，也减少了对自然资源的消耗，减轻了建筑行业对环境的负担。

能源领域

仿生学为清洁能源的创新提供了灵感。太阳能电池的设计借鉴了植物光合作用的原理，通过高效吸收和转化太阳能，为新能源技术的发展开辟了新途径。仿生材料的应用，如模仿蜻蜓翅膀结构的风力涡轮机叶片，能够在低风速下有效发电，最大化利用风能，减少对环境的破坏（图 6-2-6）。

▲ 图 6-2-6 风力涡轮机

污水处理领域

仿生学还推动了生态友好的水处理技术的发展。例如，模仿荷花叶表面超疏水性的仿生技术，开发出自清洁和高效过滤的水处理材料。这些材料能够有效去除水中的污染物，同时减少化学品的使用，保护水资源的可持续利用。

仿生学为环境友好的技术提供了宝贵的借鉴，它不仅帮助我们提高资源利用效率，减少能源消耗，还推动了与自然和谐共生的可持续发展道路。通过不断深入探索自然界的智慧，我们将创造出更多创新且环保的技术，走向更加绿色、智能的未来。

循环经济的推进

仿生学同时为我们提供了推动循环经济的强大动力。在大自然中，资源在不断地循环利用。植物通过光合作用吸收太阳能，动物通过食物链传递能量，微生物则通过分解有机物维持生态平衡。这一完美的循环系统，为人类设计更加高效、环保的经济模式提供了灵感。

循环经济强调资源的高效利用、减少浪费和延长产品生命周期，而仿生学则通过模仿自然界中的循环机制，帮助我们在各个领域实现这些目标。

生产制造

在生产制造领域，仿生学也为循环经济的推进提供了新思路。仿生学研究中，许多生物具有“零浪费”的机制，如生态系统中的物种通过食物链实现能量和物质的传递与循环。现代制造业正是借鉴了这一点，推动“闭环生产”的实现。在这种模式下，生产过程中的废弃物不仅不会被丢弃，而是通过回收、再加工等方式，重新进入生产链，转化为新的原材料，从而降低资源消耗，减少环境污染。

绿色设计

仿生学还促进了“绿色设计”的发展，即在产品的设计阶段就考虑到资源的高效使用、可回收性及生命周期的延长。通过模仿自然界的优化结构，如蜂窝状的轻量化设计，许多产品不仅提升了性能，还降低了生产成本和资源消耗。

6.3 如何成为仿生学的探索者与实践者

仿生学新奇有趣且实用，它推动着科学技术的进步，在多个领域改变着我们的生活。在这一节中，将就如何学习仿生学做一个介绍，以期对仿生学感兴趣的读者能够更好地学习仿生学。同时，本节也提供了一些学术期刊、网站及人工智能工具以学习仿生学知识。

6.3.1 如何学习仿生学

学习基础科目并掌握相关知识

生物学

仿生学研究的基础在于深入理解自然界的生物体与系统。学习生物学，尤其是动物学、植物学和生态学，能够帮助学生深入了解生物的结构与功能，揭示自然界如何高效地利用资源和应对环境变化。为仿生设计提供源源不断的灵感源泉。从鸟类翅膀到鲨鱼皮肤，再到蜘蛛丝强度，每一种生物形态或生理功能都是经过自然进化磨砺的结果，完美地适应了各自生态环境需求。生物学家通过观察分析，提炼出可供借鉴的核心原理。

工程学

工程师将理论知识应用于实践，把那些看起来不可能实现的想法变成可用产品，而仿生学的核心之一也是将自然界的设计转化为实际的技术解决方案。掌握工程学知识，特别是机械工程、电子工程和材料科学，对于进行仿生设计至关重要。通过学习工程原理和技术，能够将自然界的灵感与现代科技相结合，研发出创新性的解决方案。

数学与物理学

复杂生命系统往往遵循精确而优雅的数学模式，数学家的任务就是找到其中隐含的公式或算法，以便更深入地理解机理本质。通过建模与仿真计算，数学预测出了生物过程演变趋势，为后续试验设计提供了定量依据，确保创新方案更加可靠精准。而物理定律体现了世间万物运动变化必须遵守的规则，对于解释生物行为表现至关重要。了解流体力学、光学、声学、热力学等分支，能帮助科学家揭示物种进化优势所在，比如为何海豚能如此敏捷游动、猎豹怎样高速奔跑。物理学原理同样指引着技术改进方向，助力仿生材料、机器人领域取得突破性进展。

培养多学科交叉思维

在当今知识爆炸和技术飞速发展的时代，单一学科的思维方式已难以应对复杂的全球性挑战。培养多学科交叉思维，成为推动创新和解决问题的重要途径。多学科交叉思维不仅促进了不同领域的融合，还为我们提供了更广阔的视野和更加全面的解决方案。

多学科交叉思维是将来自不同学科的知识、方法和视角结合，通过跨学科的交流与合作，寻求创新性的突破。例如，多学科融合发展仿生学，这一领域通过模仿自然界的结构和功能，为现代技术创新提供了新的思路。医学与数据科学的融合，则为精准医疗和个性化治疗带来了革命性的进展。通过跨越学科边界，我们能够从多个角度看待问题，识别出其潜在的联系，解决传统学科单一视角下无法解决的难题。

跨学科思维不仅拓宽了我们解决问题的视角，还激发了创造性和系统性思维。它要求我们放弃固守的学科框架，以全局的眼光来看待复杂的现象和问题，从而做出更加精准和有深度的判断。这种思维方式在当今社会中尤为重要，尤其在应对环境变化、科技发展和社会进步等领域时，跨学科的合作和融合能够带来更高效、更具前瞻性的解决方案。

跨学科学习

仿生学是一门跨学科的学科，涉及生物学、工程学、计算机科学、物理学等多个领域。培养跨学科的学习方法，能够帮助我们更好地理解不同学科之间的联系，从而促进创新思维的产生。

创新思维

仿生学的探索不仅仅是对自然界现象的模仿，更是对现有技术和方法的创新应用。培养创新思维，学习如何将不同学科的知识和技术相结合，能够帮助我们突破传统思维的束缚，研发出新的仿生学应用技术。

观察自然，从中汲取灵感

观察自然，仿佛是一场与世界最深邃智慧的对话。在大自然的每一寸土壤、每一阵风中，都蕴藏着无穷的启示与灵感。自然界的生物与生态系统，经过亿万年的演化，展现了无穷的生命智慧与韧性。无论是树木如何借风而舞，还是鸟儿如何借力飞翔，抑或是河流如何弯曲成形，这一切都蕴藏着值得我们学习的奥秘。

自然界中的每一个细节都在默默地诉说着“高效”“和谐”和“循环”的法则。仿生学正是从自然界中汲取灵感，模拟生物的结构与功能，推动科技创新和可持续发展。通过与自然亲密接触，我们不仅可以洞察世界的规律，还能激发出无尽的创造力，为人类文明带来全新的思维方式和解决方案。

亲近自然

自然界是仿生学最宝贵的资源，深入观察自然界中的生物和生态系统，能够激发我们的灵感和创意。通过亲近自然，我们可以更好地了解自然界的规律和智慧，为仿生学的创新发展提供源源不断的灵感（图 6-3-1）。

借鉴自然界的设计

自然界的生物和系统具有极高的效率和适应性。通过研究自然界的设计原

▲ 图 6-3-1 亲近大自然

理，借鉴其结构、功能、形态和行为模式，能够为仿生学的应用提供理论支持和技术依据。

进行仿生研究与实验

进行仿生研究与实验，意味着我们在人类智慧与自然界的无尽奥秘之间架起了一座桥梁。通过仿生实验，我们能够模仿生物的形态、行为和生态系统，设计出更加高效、环保且节约资源的技术。例如，仿生机器人模拟动物的运动方式，提升机器人的灵活性与效率；仿生材料通过模仿自然界的结构，实现自愈功能与高强度性。仿生研究不仅促进了科学的进步，更为解决人类面临的复杂问题提供了新思路。

建立实验平台

仿生学研究往往需要通过实验来验证自然界设计原理的可行性。建立实验平台，进行仿生模型与仿真实验，能够帮助我们深入理解仿生设计的实际应用，并为后续的工程化和产业化提供数据支持。

仿生模型与仿真

仿生学的研究通常涉及对生物体的建模与仿真。通过计算机仿真、三维建模等技术，可以建立仿生模型，模拟自然界中的行为与过程，为设计提供理论依据和实验数据。

实践应用与创新

实践应用与创新是推动社会进步与科技发展的双翼。创新不仅源于思维的突破，更需要将创意与理论转化为可行的实践。在实际应用中，创新的价值得以真正展现，理论与实践的结合创造出无限的可能性。从日常生活到前沿科技，创新无处不在，它带动着产业的革新，改善着人类的生产方式与生活方式。

通过不断的实践与实验，我们将前沿的科学成果转化为切实可行的技术和产品，从而解决现实中的问题。无论是在环境保护、智能制造，还是医疗健康领域，创新应用都为人类社会带来了巨大的变革。而这种变革背后，是对未知领域的探索和对现有问题的挑战，激发了无尽的创造力。实践中的创新不仅仅是技术的突破，更是思维方式和社会模式的不断演进，指引我们走向更加智能和可持续的未来。

持续学习与进步

持续学习与进步，是人类追求智慧与卓越的永恒动力。在知识的海洋中，我们的每一次探索与思考，都是向未知世界迈进的一步。学习让我们保持敏锐的洞察力，进步让我们不断超越自我。通过不断吸收新的知识与经验，我们不仅提升了能力，也塑造了更具适应性的心态。正是这种对学习的执着与对进步的渴望，成就了每一次突破和变革，让我们在人生的道路上不断前行。

参加学术交流

仿生学是一个不断发展的领域，持续学习和参与学术交流能够帮助学生了解最新的研究进展、技术突破和应用案例，从而不断提升自己的专业水平（图 6-3-2）。

▲ 图 6-3-2 参加学术交流

与科研机构合作

与科研机构的合作不仅能够为学生提供更多的研究资源，还能帮助他们将理论研究转化为实际成果。通过与专业机构的合作，学生可以参与前沿的仿生学研究，从而推动个人学术发展。

6.3.2 仿生学的学习资源

在学术期刊和相关网站有很多资源方便了解、学习仿生学。以下是部分学术期刊和网站，虽然有的期刊是综合性期刊，但是也包含了一些仿生学的论文，供读者参考。

学术期刊

自然

《自然》(*Nature*)是世界上最具影响力和最广泛引用的多学科科学期刊之一。该期刊涵盖了各个科学领域，特别是生命科学、物理学、化学、地球科学及医学等。它以其严格的同行评审标准和高质量的科研文章著称。期刊不仅发布原创研究论文，还包括评论、新闻、展望和社论，广泛影响着全球科学界。由于其影响力和高标准的审稿，许多重要的科学发现和创新在其上首次发表，包括基因的结构、量子力学的进展及大气和气候变化的研究等。

《自然》在学术界的地位非常崇高，是科学家希望能在其发表文章的顶级期刊之一。它的影响因子通常位于全球期刊排名的前列。

科学

《科学》(*Science*)是全球顶尖的科学期刊之一，它涵盖了自然科学的各个领域，包括生命科学、物理学、化学、地球科学、医学和社会科学等。作为一个多学科的期刊，《科学》不仅发表原创的研究论文，还包括评论、新闻、特写及科学和技术政策的讨论。它以其高标准的同行评审制度和严谨的编辑流程著称。每一篇文章都要经过严格的审查，确保其科学性和创新性。因此，《科学》上的文章通常具有较高的影响力和引用率。期刊的目标是促进全球范围内的科学交流，推动前沿科学的发现和应用。

许多历史性的科学突破和重大发现首次在《科学》上发布，包括 DNA 结构的揭示、量子力学的研究进展及现代生物学的诸多关键理论。其读者群体较为广泛，不仅包括科学家和学术研究人员，还涉及政府工作人员、工程师、教育工作者及普通公众。

《科学》的影响因子通常排名全球期刊前列，它对推动科学发展、技术创新和政策变化有着重要作用。在科研领域，能在该学术期刊上发表文章被视为科研人员取得成就的重要标志之一。

先进材料

《先进材料》(*Advanced Materials*) 是材料科学领域最具影响力的期刊之一。该期刊专注于报道材料科学及其应用领域中的最新进展，涵盖的主题包括纳米材料、电子材料、能源材料、生物材料、智能材料及复合材料等。期刊强调跨学科的研究，并致力于推动材料科学的前沿创新和技术突破。

该期刊的特点之一是高度重视实验研究和理论分析相结合的文章，期刊上常常发表具有创新性、实验性强、数据丰富的研究成果。此外，它也定期发布有关材料科学的新兴领域、应用技术、行业趋势及未来发展方向的综述文章，帮助学术界与工业界更好地了解该领域的最新动态和技术挑战。

该期刊的文章类型包括原创研究论文、综述文章、通讯和热点评论。每篇文章都经过严格的同行评审，以确保其科学性和质量。由于《先进材料》关注材料领域中的跨学科合作，期刊也吸引了许多涉及不同学科的研究人员投稿，如物理学家、化学家、工程师及生物学家等。

《先进材料》的影响因子通常位于材料科学类期刊的前列，是该领域备受尊敬的期刊之一。它不仅在学术界产生了深远影响，也在材料行业、能源技术及其他高科技领域有着重要的应用价值。

仿生工程学报

《仿生工程学报》（*Journal of Bionic Engineering*）是由吉林大学任露泉院士于2004年创办的一本国际性期刊。它是一本专注于仿生学及其应用领域的学术期刊，致力于推动仿生学与工程技术的融合和发展。该期刊主要刊载与仿生学相关的原创研究文章、综述、技术报告等，涵盖了仿生设计、仿生材料、仿生制造、仿生智能、仿生控制等多个学科领域。

随着科技的进步，仿生学在各个领域的应用越来越广泛，特别是在机械工程、材料科学、生物医学、环境工程和机器人技术等领域。《仿生工程学报》旨在推动这一领域的研究发展，并为相关领域的研究人员提供一个分享创新成果的平台。该期刊注重实践性和应用性，许多文章探讨如何将仿生学的原理应用到实际工程问题中。例如，如何模仿动物的运动方式设计高效的机器人，如何借鉴植物的结构设计出新型环保材料等。同时，《仿生工程学报》也关注仿生学的理论基础，探索自然界中生物系统的结构、功能和机制，进而启发新的工程技术和设计理念。

《仿生工程学报》以其高质量的研究内容和严谨的审稿过程，吸引了大量来自学术界和工业界的专家学者投稿。期刊不仅有助于推动仿生学的学术研究，还在一定程度上促进了仿生技术的产业化应用，尤其是在绿色技术、智能制造等新兴领域。

作为仿生学领域的专业期刊，《仿生工程学报》在国内外学术界具有一定的影响力，连续13年荣获“中国最具影响力学术期刊”，入选“砥砺奋进的五年”大型成就展，是我国前沿学科、优势学科入选的20种英文科技期刊之一，已成为相关领域研究人员获取最新科研成果和技术进展的重要参考资源。

生物灵感与仿生学

《生物灵感与仿生学》（*Bioinspiration & Biomimetics*）是一本国际性学术期刊，专注于仿生学和生物启发设计的研究与应用。该期刊创刊于2006年，致力于发布在生物学原理和自然界现象基础上开展的创新性工程设计和技术开发的最新研究成果。

期刊的主题范围非常广泛，涵盖了从基础生物学原理到具体应用的各个方面，主要包括仿生材料、仿生机械、仿生能源、仿生智能、仿生机器人等领域。其内容不仅涉及物理学、化学、机械工程和材料科学等传统学科，还包括计算科学、生命科学、环境工程和医学等跨学科的研究。

该期刊鼓励采用自然界生物的机制、结构、过程和功能来启发新的设计理念，推动新技术的开发。这些研究往往不仅关注如何模仿生物体的外形和运动方式，还深入探讨自然界如何以高效、节能、可持续的方式解决复杂的工程问题。例如，研究人员可能会从蜻蜓的翅膀、壁虎的足部结构或植物的光合作用中获取灵感，设计出新的材料、设备或系统。

该期刊的一个显著特点是强调理论与实验的结合。许多文章不仅呈现仿生设计的具体实现，还深入探讨了背后的生物学原理、计算模型和实验验证等。期刊鼓励各种类型的研究，包括理论分析、实验研究、数值模拟、设计创新及实际应用案例等，确保为读者提供全面的研究视角。

《生物灵感与仿生学》的受众群体包括来自学术界、工业界及政府科研机构的研究人员、工程师和设计师等。它为科学家和工程师提供了一个交流和分享仿生学创新思路、技术突破及应用成果的平台，对推动仿生学在各个领域的跨学科发展和实际应用有着重要的作用。

由于该期刊注重质量和创新性，已成为仿生学领域内的核心期刊之一。其研究内容不仅具有高度的学术价值，还对实际工程和技术开发具有深远的影响，尤其在绿色技术、智能制造、再生能源等领域，推动了许多新技术的出现和应用。

仿生前沿

《仿生前沿》（*Advanced Bionics*）是由吉林大学主办，专注仿生学领域最新理论及实践研究的一本开放获取全英文学术期刊。

该期刊主要出版原创性研究论文、综述、社论、评论和新闻等多种类型的文章，专注于研究在生物系统中观察到的新原理和功能及将这些知识应用于应对现实世界的科学挑战。

《仿生前沿》旨在引领基础仿生研究的进步，突破新型仿生研究的界限，并在该领域培养颠覆性技术，助力仿生学研究的未来发展。

作为一本多学科交叉的学术期刊，《仿生前沿》所报道的主题广泛，包括但不限于：仿生机器人、仿生电子和生物传感器、仿生智能设备与算法、生物力学与仿生健康工程、仿生表面/界面、仿生材料与能源系统、生物制造与仿生制造、仿生结构和设计等。

网站

AskNature

AskNature 是美国仿生学研究所（The Biomimicry Institute）旗下的一个网站，致力于助力从自然中寻找灵感，以再生方式解决设计问题的实践。

在该网站“生物策略”（Biological Strategies）栏目下，提供了超过 1700 种源自生物的策略，这些策略可以作为我们解决工程问题的仿生原型。正如该网站上所说“不管你面对的是什么挑战，为了解决这个问题，自然可以作为你的模型、衡量标准和导师”。

国际仿生工程学会网站

国际仿生工程学会官网提供最新的仿生学研究动态、学术会议、交流活动等信息，是了解仿生学的重要网站。

国际仿生工程学会（International Society of Bionic Engineering）是在民政部登记的国际性社团，是非政府、非营利性、自愿结成的国际学术组织。学会旨在增进各国仿生学者之间的学术交流与合作，推动仿生工程领域科学研究的发展，提升仿生工程人才的培养教育水平。

中国科普博览网

中国科普博览网是中国科学院权威出品、专业打造的互联网科普云矩阵，传播高品质、有深度、可信任的科普内容，组织新鲜、有趣、好玩的科普教育活动，形成了中国科普博览、格致论道、科学大院、科院少年等优质科普品牌。

在这个网站上可以找到很多关于仿生学的信息，从仿生材料到仿生机械都能找到仿生学的身影。

致　谢

本书的出版得到了国家重点研发计划（2024YFB3813600）、吉林省科学技术协会重点科普项目（2025kpsd-cgzs01）、国家自然科学基金（52375286）、吉林省科技发展计划（20240101131JC），以及汽车底盘集成与仿生全国重点实验室创新团队项目的资助，在此我们深表感谢。

中国科学院院士任露泉先生是我国仿生学的重要开拓者，先生十分重视仿生学的科学普及，积极推动了国际仿生工程学会科普工作委员会的成立，先生常鼓励我们做一些仿生学科普工作，肩负起科普的社会责任，本书即缘于此，由衷感谢先生为我国仿生学的进步和科学普及事业所做出的卓越贡献。

同时，感谢中车长春轨道客车股份有限公司提供的我国高铁CR450BF、CR400BF、CRH380B的相关照片，并在此基础上对部分内容进行了细致修正，极大地提高了本书的严谨性，谨此致谢。

本书的编写参考了大量学术期刊和网络资料，向原作者致以诚挚的感谢。然而，由于本书作者水平有限，可能对部分资料的理解和表述存在不足之处，恳请各位原作者和读者批评指正。